政策引导下的企业扶贫行为研究

——企业社会责任的视角

Research on the Corporate Poverty Alleviation Behavior under the Guidance of Policies

——From the Perspective of Corporate Social Responsibility

张京心 著

中国农业出版社

北 京

图书在版编目（CIP）数据

政策引导下的企业扶贫行为研究：企业社会责任的视角 / 张京心著. -- 北京：中国农业出版社，2025. 5. -- ISBN 978-7-109-33328-4

Ⅰ. F279.2；F126

中国国家版本馆 CIP 数据核字第 2025ST1843 号

中国农业出版社出版

地址：北京市朝阳区麦子店街 18 号楼
邮编：100125
责任编辑：王秀田
版式设计：小荷博睿　　责任校对：张雯婷
印刷：北京中兴印刷有限公司
版次：2025 年 5 月第 1 版
印次：2025 年 5 月北京第 1 次印刷
发行：新华书店北京发行所
开本：700mm×1000mm　1/16
印张：15.5
字数：265 千字
定价：78.00 元

本书得到国家自然科学基金项目"共同富裕政策引导下的企业社会责任转型：扶贫和乡村振兴的视角"（72102075）、广东省哲学社会科学规划学科共建项目"市场准入管制与企业 ESG 表现：基于租金耗散效应和逃脱竞争效应的博弈视角"（GD24XGL043）、广东省普通高校青年创新人才类项目"政策引导下的企业扶贫和助力乡村振兴行为：企业社会责任的视角"（2022WQNCX011）的资助。

前言
FOREWORD

国家精准扶贫政策引导下的企业扶贫行为为激发贫困地区内生发展动力提供了科学方案，也是企业顺应新发展理念要求，为共同富裕道路贡献力量的重要社会责任行为。

企业社会责任的相关理论可以归纳为工具视角、政治视角、融合视角和道德视角四个维度。传统企业社会责任局限于新古典经济学企业与社会二元对立的价值观念，常常陷入成本负担论的争议，仅停留在企业核心业务活动的边缘决策层面，可持续发展受到严重挑战。在政治和融合视角下，企业社会责任因社会期望难以测量以及数据有限，许多相关理论逻辑尚未得到经济学领域的实证验证，并极易被视为企业的成本负担。工具视角下的企业社会责任亟待企业探索将社会问题与商业机会联结起来的共赢模式，即将社会问题和商业需要嵌入公司核心业务的发展路径。道德视角下的企业社会责任则强调其最初发善心行善举的本心，由企业纯粹自愿的利他导向驱动。

作为企业重要且独特的社会责任行为，企业扶贫行为为企业解决传统企业社会责任的固有缺陷提供了新方案，同时也具有其鲜明的自身特征。特殊政策引发的社会重要事件导致国民社会期望激增，企业扶贫的政策意义和社会意义是传统企业社会责任难以比拟的。与单纯慈善捐赠等独立"作秀式"社会责任行为不同，企业扶贫通过开拓市场、投资兴业等方式，与企业核心业务深度融合，更具投资属性，其系统全面的"造血型"扶贫更能够产生可持续减贫效应，促进贫困地区内生增长动力的形成。不同产权性质企业的扶贫行为受到不同扶贫政策压力的驱动和引导，具有"半强制"或"半自愿"性，这使得传统企业社会责任理论逻辑的存在性、适用性和差异性发生了显著变化。

鉴于此，本书从行业层面、企业层面和管理者个体特质层面三个梯度视角出发对企业扶贫行为的新特征及其企业价值和社会价值共益性新后果展开研究。在行业层面，基于政治和融合视角理论，探索受强社会期望压力驱使的市场领先企业带头参与扶贫、其他企业竞相模仿的新行业形态特征；在企业层面，基于进阶的工具视角理论，探索企业扶贫行为深度融合企业核心业务、实现可持续减贫和公司战略共赢的新业态特征；在管理者个体特质层面，基于道德视角理论，探索企业扶贫行为传承企业社会责任的道德追求理念，既由管理者利他主义倾向催生，又表现出与传统企业社会责任的差异性特征。

本书以 2016—2019 年沪深两市所有 A 股上市公司为样本，手工收集企业扶贫行为相关数据，基于企业社会责任理论视角，研究企业扶贫行为新特征及其相关新后果，研究发现：

（1）行业形态层面视角下，政策引发的社会重大事件的特殊情景导致企业承担扶贫责任对特定企业由权利转变为义务。基于政治和融合视角理论，"责任铁律"是社会期望引发企业承担社会责任的重要实现路径。企业拥有的资源越多，权利越大，被要求承担的社会责任越大。具有投资属性的企业扶贫行为还会在行业内部形成标杆示范效应，行业领先企业基于"责任铁律"的逻辑带头投身扶贫行动，其他企业在行业规范性压力和维持相对竞争优势的驱动下，模仿行业领先企业的扶贫行为。"半强制"或"半自愿"性特征使责任铁律的适用性在面临不同产权性质的企业时发生变异，责任铁律对所有国有企业具有普适压力。民营市场领先企业和国有企业在强社会期望的压力下参与扶贫，不仅仅是策略性的扶贫支出，更取得了实质性扶贫绩效。

（2）企业特征层面视角下，企业扶贫行为不再是外挂于企业核心业务的成本负担，而是表现出结合自身业务专长，实现经济效益和社会价值共益化的新特征。基于进阶的工具视角理论，产品业务优质的企业会结合自身产业特征、业务优势和文化规范要求实施扶贫行为，提供可持续减贫方案，形成长效稳定的贫困帮扶机制，企业还会出于声誉和产品差异化的公司战略效应实施扶贫行为，为自身创造新的市场需求增长点，构筑战略竞争优势，民营企业表现更为突出，体现出扶贫的"半强制"或"半自愿"性的特征。后果方面，结合业务专长的可持续扶贫方式在社会功能方面取得了显著的扶贫绩效，还显著提升了企业绩效，实现了"益贫"与"效率"共赢。

（3）管理者个体特质层面视角下，管理者个体的利他主义动机是影响企业扶贫投入的重要因素。基于道德视角理论，CEO 个体特质中的扶危济困倾向——CEO 贫困出身显著提升了企业扶贫投入，集体层面的积极环境因素也是促使贫困出身 CEO 产生亲社会导向的重要外部条件，贫困出身且接受过良好教育的 CEO 回馈社会的责任感更强，扶贫投入程度更高。然而，CEO 个体特质主要影响了民营企业"半自愿"扶贫行为决策，对国有企业"半强制"扶贫行为尤其是更具投资属性的"造血型"扶贫的影响程度较低。CEO 个体利他主义倾向对企业扶贫行为的影响在面临"半强制"或"半自愿"性特征时表现出作用差异。

本书从不同层面深入探索企业扶贫行为相较于以往企业社会责任展现出的显著的新特征、新后果以及对传统企业社会责任的传承、差异和进步，对于探索未来企业社会责任的发展方向具有重要意义，也丰富和补充了企业扶贫行为和宏观产业扶贫研究新的逻辑视角和作用路径。现实意义方面，本书的研究结论为企业顺应时代要求贯彻新发展理念和共同富裕以及高效开展当前乡村振兴实践、未来社会责任实践提供了理论参考，也为政府科学制定相关反贫困政策提供了来自企业微观层面的理论和证据支持。

目 录
CONTENTS

1

导　论

1.1　研究背景与问题

1.1.1　研究背景

"足寒伤心，民寒伤国。"摆脱贫困是人类自古以来的梦想，人类历史在一定意义上也可以看作是一部反贫困史。消除贫困、改善民生，实现共同富裕，是社会主义的本质要求。《中共中央关于制定国民经济和社会发展第十三个五年规划的建议》提出的创新、协调、绿色、开放、共享的新发展理念也强调社会共享，发展成果惠及全体人民。党的十八大之后，我国实施精准扶贫方略，打响脱贫攻坚战，将绝对贫困问题历史性地画上了句号，在世界范围内取得了绝无仅有的成就，是人类反贫困史上浓墨重彩的一笔（蔡昉，2018；王雨磊和苏杨，2020）。在这场举世瞩目的脱贫攻坚实践中，汇聚各方力量，合力帮扶脱贫是脱贫攻坚战取得全面胜利的重要制胜法宝，其中，企业参与扶贫是社会扶贫的重要力量，引入市场机制进行开发式扶贫是将片面"输血型"扶贫转变为可持续的"造血型"扶贫的科学路径（尹志超和郭沛瑶，2021；甄红线和王三法，2021），也是激发贫困地区内生发展动力，带动贫困地区产业兴旺，全面推进乡村振兴的有效途径（檀学文，2018；涂圣伟，2020），更是企业顺应新发展理念要求，在共同富裕的道路上贡献力量的重要体现。

企业扶贫在我国由来已久。改革开放初期至 20 世纪 90 年代（1978—2000年）可以视为我国企业扶贫的萌芽阶段。农业产业化发展模式例如"产、加、销一条龙"等在东部地区大量涌现，产业化这一理念同时开始进入扶贫领域，中国扶贫开发协会于 1993 年成立，尝试通过动员社会各界力量参与扶贫，"希望工程""光彩事业"等扶贫公益品牌逐渐得到推广。1994 年，《国家八七扶贫攻坚计划》统筹安排了完善贫困地区产业发展的基础设施建设、政府补助和税收优惠等政策。然而这一阶段对产业扶贫理念的认知仍然较为模糊和笼统，贫困群体内生动力不足，常常出现"政府热、贫困户冷"的局面。2001 年国家出台的《中国农村扶贫开发纲要（2001—2010 年)》中明确提出的"农业产业化经营"可以视为培育式产业扶贫的开端。经过多年探索，"造血型"扶贫越来越得到政府的重视和推广，创新产业扶贫模式、提升贫困群体科技文化素质是这一时期的政策重点。

当前新的历史时期，产业扶贫理论、实践和政策体系都持续趋向成熟。2011 年国家发布的《中国农村扶贫开发纲要（2011—2020 年)》正式提出了"产业扶贫"理念，2013 年习近平总书记提出"精准扶贫"思想理念，产业扶贫开始迈向精准产业扶贫新阶段。产业结构不断优化、优势资源和特色产业加快培育，"互联网＋"扶贫、乡村旅游等特色产业扶贫和科技扶贫等资产收益扶贫都成为产业扶贫模式创新的亮点。同时，在大力动员全社会万众一心参与"扶贫大格局"的政策背景下，这一时期，企业也由零星参与迅速发展为大规模广泛参与扶贫，扶贫开发工作取得了丰硕成果，国有企业是社会扶贫的主力军，中央企业帮助 248 个国家级贫困县脱贫摘帽，先后直接投入和间接引进资金超千亿元，援建产业扶贫项目 8 000 多个，累计引进扶贫企业 900 多家；民营企业是社会扶贫的重要参与力量，在政府统一组织动员的民营企业"万企帮万村"扶贫行动中，众多民营企业积极响应政府号召，发挥民营经济的社会担当，近 11 万家民营企业帮扶了约 12.71 万个贫困村，惠及 1 500 多万建档立卡贫困人口。

综上所述，承载国民孜孜以求摆脱贫困梦想的精准扶贫政策为企业承担社会责任提供了新的场景和领域。这是一项关乎国计民生的企业新的社会责任行为，具有鲜明特征。首先，就宏观层面而言，在这场利国利民的行动中，企业作为市场主体，能够充分发挥其市场、技术和管理等优势，通过资源开发、吸纳就业、产业培育、技能培训等多种方式参与扶贫开发，产业扶贫是贫困人口获得长远收入保障，取得明显可持续脱贫成效的重要扶贫路径（檀学文，2018)。特殊政策引发的社会重要事件导致国民社会期望激增，基于国家战略的企业扶贫行为的政策意义和社会合法性意义也是其他社会责任方式难以比拟的。其次，就企业自身而言，扶贫行为是企业重要而独特的社会责任行为，与单一的公益捐资等独立"作秀式"社会责任行为不同，它是内嵌于企业核心经营业务的行为方式，更具投资属性，与企业经营和战略发展联系更加密切和深远。运用商业手段解决社会问题的企业扶贫行为能够实现可持续减贫与公司战略共赢，充分体现出企业承担社会责任的进步理念和方向。最后，特殊政策引导下的企业扶贫行为具有"半强制"或"半自愿"性特征。该特征是指，国有企业和民营企业参与扶贫虽然大的背景相同，但不同所有制企业所受政策驱动和引导的"强制性"程度不同，其参与动机、参与程度、参与方式以及行为内容都有差异，国有企业表现为"半强制"扶贫，民营企业表现为"半自愿"扶贫。从微观企业层面研究企业扶贫行为这一新的社会责任的决策动机和行为特征能够为企业改善扶贫实践、践行新发展理念和共同富裕提供理论依据和参考，为国家宏观扶贫政策制定提供微观层面的经验证据，对于提升扶贫和乡村振兴实践的质量，同时完善对企业社会责任实践的认知都具有重要的指导和参考价值。

1.1.2　研究问题

共同富裕是社会主义的本质要求，也是中国特色社会主义现代化的鲜明特征（刘培林等，2021），是人民群众的共同期盼。我们推动经济社会发展，归根结底是要实现全体人民共同富裕。共同富裕的两个核心内涵是富裕和共享，实现发展和共享的有机统一（李实，2021）。共同富裕要求企业不仅有高收入和财产积累以及高水平创新能力，提升社会富裕程度，更要切实解决社会问题，创造社会价值，能积极将资源流向农村、落后地区以及低收入群体，提高基本公共服务均等化水平，缩小城乡差距、地区差距和收入差距，提升社会共享程度，推动实现社会更平衡更充分的发展。共同富裕对企业的社会参与和社会责任着力点有了新的要求。

自 Bowen 于 1953 年开启企业社会责任的研究以来，企业社会责任经历了不同阶段的演变。二十世纪五六十年代处于企业慈善阶段，企业主要出于纯粹的道德伦理追求开展慈善活动。70 年代出现了是否利己的争论（Ackerman，1973），80 年代则强调包含自利因素的满足社会期望和要求（Wartick and Cochran，1985），90 年代以来，利益相关者管理和战略管理工具成为企业社会责任的重要内容（Clarkson，1995），其与财务绩效的结合越来越紧密。2011 年 Porter 和 Kramer 提出企业社会责任的"共享价值"理念，主张利用市场化手段解决社会问题，融合商业逻辑和公益逻辑，这一理念在业界和学界广受欢迎（Moon and Parc，2019）。然而，实证研究对于企业应该承担哪些社会责任、如何承担社会责任以提升企业绩效等问题的研究结论分歧较大（刘玉焕和井润田，2014；李国平和韦晓茜，2014）。目前，战略性社会责任观研究多围绕慈善公益行为带来的声誉和信任资本（山立威等，2008；Lins et al.，2017），以及融入社会责任概念的产品差异化战略展开（Porter and Kramer，2000；王雪冬等，2021）。企业社会责任如何摆脱外挂于企业核心业务、"作秀式"的边缘决策属性，在企业和社会二元对立价值取向中实现突破、深度内嵌于自身核心业务、创造公司战略与社会价值共益的福祉，成为当前企业社会责任健康长久发展的关键（周祖城，2017）。

随着学术界针对企业社会责任的研究不断深入，涌现出大量理论、方法和术语等（Garriga and Mele，2004），归纳来看，主要可以归纳为以政治视角和融合视角相关理论为支撑的基于外部社会期望的企业社会责任，以工具视角相关理论为支撑的基于企业工具理性的企业社会责任，以道德视角相关理论为支撑的基于企业利他导向的企业社会责任三种企业社会责任范式。企业社会责任历经演化终于实现了与企业财务绩效的紧密结合，然而，仍然有着其固有局限。传统企业社会责任游离于企业核心业务之外，在提升还是损害了企业价值之间备受争议，本质上延续了企业价值与社会价值二元对立的权衡取舍观，极易被企业视为成本负担，也易被社会视为企业的"形象工程"或者掩盖不当行为的"遮羞布"。另外，企业纯经济性的功利主义商业模式造成的社会负面影响，滋生出普遍的社会问题又常常为社会公众诟病。企业亟须重塑企业与社会融合共生的关系，探索新的创造企业与社会共享价值的路径。就进一步区分不同企业社会责任范式而言，首先，由于社会期望的难以测量性，经济学中对政治视角和融合视角下的企业社会责任研究主要探索了地区、行业等环境压力催生的企业社会责任，这两类视角中许多理论逻辑受数据所限没有得到实证验证，也常常被视为损害企业财务绩效的成本负担。其次，针对工具视角下的企业社会责任研究亟待企业探索链接社会问题与商业机会的共赢情景（肖红军，2020），将社会问题和商业需要嵌入公司核心业务的发展路径。

改变城乡二元结构，实现农业农村现代化是实现共同富裕的关键举措（黄祖辉，2018）。为彻底解决绝对贫困问题，党的十八大之后，我国实施精准扶贫方略，全面打响脱贫攻坚战将绝对贫困问题历史性地画上了句号（王雨磊和苏杨，2020）。企业作为拥有资本、市场和科技优势的市场主体是政府、市场、社会协同推进的大扶贫格局和乡村振兴"社会参与"的重要力量（黄少安，2018；杨灿明，2021）。在国家动员全社会各界力量参与扶贫的政策引导下，中国企业广泛参与到精准扶贫战略中。这一政策引导下的企业新的社会责任行为具有鲜明的切实解决社会问题、创造社会价值的特征，即不再是流于表面的物质捐赠，而是致力于提供可持续减贫模式切实实现扶贫绩效，并在这一过程中创造企业社会责任新业态和新模式。

解决人的基本需求，消除绝对贫困后，乡村振兴战略全面推进，"超常规"扶贫动员机制逐渐向常态化普惠性机制转型（涂圣伟，2020）。全面推进乡村振兴要实现乡村高质量发展，充分挖掘农业除了食物生产之外的生态服务、文化休闲美学载体、生物多样性和可再生资源持续利用等诸多功能，提升乡村产业链供应链现代化水平，深化乡村供给侧结构性改革，打通绿水青山向金山银山的转化渠道，企业也是其中重要的参与力量（姜长云，2018）。企业助力乡村振兴致力于形成农业农村多功能发展、农村产业融合和带动小农共赢的格局，在这一过程中寻求新的市场需求增长点，从自身战略出发创新产品和服务，将社会问题和需求转化为自身差异化竞争优势，实现"益贫"与"效率"的共益，完成政策驱动和引导的企业社会责任向共创共享的自愿性企业社会责任转型。

本书聚焦党的十八大之后，党中央带领全国人民向贫困发起总攻而催生的企业广泛参与的扶贫行为，试图探索企业扶贫行为相较于传统企业社会责任展现出的新特征和新后果，深入挖掘企业扶贫行为针对传统企业社会责任固有局限的新解决方案以及其自身具有的鲜明特征，深刻理解企业扶贫行为对传统企业社会责任的传承、差异和进步。特殊扶贫国家战略激起了国人强烈的扶危济困帮扶渴望，使企业扶贫行为呈现出特定条件下企业社会责任对特定企业会由权利转化为义务的新特征，为研究政治和融合视角理论的压力机制及其行业内部引导机制提供了重要场景，与传统纯粹自愿性的企业社会责任形成显著差异。企业扶贫行为呈现出的另一个新特征是结合自身业务专长构建可持续减贫路径，创造经济效率与社会功能的共享价值，为发现将社会问题和社会需求嵌入公司核心业务的共赢情景提供了重要场景，是对传统企业社会责任固有局限的重要进步。另外，企业扶贫行为的扶危济困特征使得考察其传承传统企业社会责任道德视角驱动因素的影响及其影响的差异性成为可能。最后，与纯粹自愿性传统企业社会责任不同，政策引导产生的企业扶贫行为"半强制"或"半自愿"性特征使得传统企业社会责任理论逻辑在新的扶贫场景中的存在性和异质性发生了显著变化。企业扶贫行为的新特征既基于企业社会责任理论提炼得出，又将企业社会责任推向更深远的发展理念。

基于此，本书分别从行业层面、企业层面和管理者个体特质层面三个方面对政策引导的企业扶贫行为展开研究。行业层面，基于政治和融合视角，探索市场领先企业带头参与扶贫、其他企业竞相模仿的新行业形态特征；企业层面，基于进阶的工具视角理论，探索企业扶贫行为深度融合企业核心业务、实现可持续减贫和公司战略共赢的新业态特征；管理者个体特质层面，基于道德视角理论，探索企业扶贫行为传承企业社会责任的道德追求理念，由管理者利他主义倾向催生的扶危济困特征。同时，结合当前政策制度对国有企业和民营企业参与扶贫工作不同压力和引导的"半强制"或"半自愿"性特征，细致考察企业社会责任理论在解释企业扶贫行为时不同产权性质企业的行为差异及其体现的后果差异；结合企业扶贫行为实践自身特征，区分扶贫披露特征、扶贫投入、扶贫方式（"造血型"扶贫和"慈善型"扶贫），详细考察企业扶贫行为特征。

本书还进一步考察这些不同影响因素引发的企业扶贫行为创造的企业与社会的共享价值后果，即企业扶贫的扶贫绩效（针对具体扶贫对象——帮助建档立卡贫困人口脱贫数）后果以及结合业务专长的企业扶贫的企业绩效（资本市场股票收益以及产品市场会计收益）后果，进而论证企业扶贫行为这一政策引导的长期性高投入性社会导向行为是否能够实现"益贫性"与"效率性"的统一，进而促使其可持续性发展。基于以上行业、企业和管理者个体特质三个层面的证据，强社会期望、利他主义和进阶的工具理性实现了统一，三者呈现出共生共赢的关系，是对传统企业社会责任的重要进步。

综上所述，本书的研究内容围绕企业社会责任视角下，政策引导的企业扶贫行为在行业、企业和管理者个体特质方面呈现出的新特征和新后果及其对传统企业社会责任的传承、差异和进步。旨在重点解决以下问题：

第一，行业层面，社会期望与合法性压力如何影响企业扶贫行为，其影响方式和路径呈现出何种新特征，将对扶贫绩效和企业价值产生什么新后果？

第二，企业扶贫行为如何实现与其业务的深度融合，其具体机制和路径呈现出何种新特征，将对扶贫绩效和企业价值产生什么新后果？

第三，管理者个体利他主义倾向如何影响企业扶贫行为，其影响方式和路径呈现出何种新特征，将对扶贫绩效产生什么新后果？

第四，企业扶贫行为对企业价值产生的新后果有直接证据吗？其作用路径如何体现？

第五，以上分析中，政策引导的企业扶贫行为独具的"半强制"或"半自愿"性特征扮演着什么角色？将会发生什么作用？

1.2　研究思路与方法

本书围绕政策引导的企业扶贫行为展开，基于企业社会责任的理论视角，分别从行业、企业和管理者个体特质三个层面讨论企业扶贫行为凸显的新特征及其对社会绩效和企业价值两方面产生的新后果。具体研究思路如下。

第一，简要回顾我国扶贫实践尤其是产业扶贫的产生和发展历程，梳理总结企业扶贫行为相较于传统企业社会责任的新的制度背景和实践特征，为后文从行业、企业和管理者个体特质三方面深入分析企业扶贫行为的新特征以及不同产权性质企业的扶贫行为及后果差异提供现实依据。

第二，详细梳理归纳国内外扶贫领域相关理论和文献，分析评述现有扶贫领域的研究成果和文献不足，同时梳理归纳国内外企业社会责任相关研究观点，对企业社会责任相关理论观点及经验证据进行全景式的归纳和分解，为后续企业扶贫行为理论分析提供理论基础。

第三，基于制度背景和文献综述，分析传统企业社会责任的主要特征及其固有局限，归纳总结企业扶贫行为对传统企业社会责任固有缺陷新的解决方案及其自身具有的鲜明特征，并从行业、企业和管理者个体特质三个层面深入分析企业扶贫行为对传统企业社会责任的传承、差异和进步，为后文开展的实证分析提供理论依据。

第四，基于以上理论分析，在公司年报和企业社会责任报告中手工收集企业扶贫行为数据，从行业层面、企业层面和管理者个体特质层面三个梯度视角出发，实证检验企业扶贫行为中市场领先企业带头参与、其他企业竞相模仿的新行业形态特征，深度融合企业核心业务、实现可持续减贫和公司战略共赢的新业态特征，以及继承的受管理者利他倾向引发的传统社会责任特征及其新的差异性体现，同时证明特殊制度背景导致的企业社会责任理论在解释不同产权性质企业的扶贫行为时表现出的作用机制和后果差异。本书进一步综合验证了企业扶贫行为的经济后果，为企业扶贫行为的共益性新后果提供具体证据支持。

第五，结合以上制度背景特征分析、文献综述和理论分析以及实证检验结果对全书进行总结，并提出相关政策建议。本书的研究思路具体如图1-1所示。

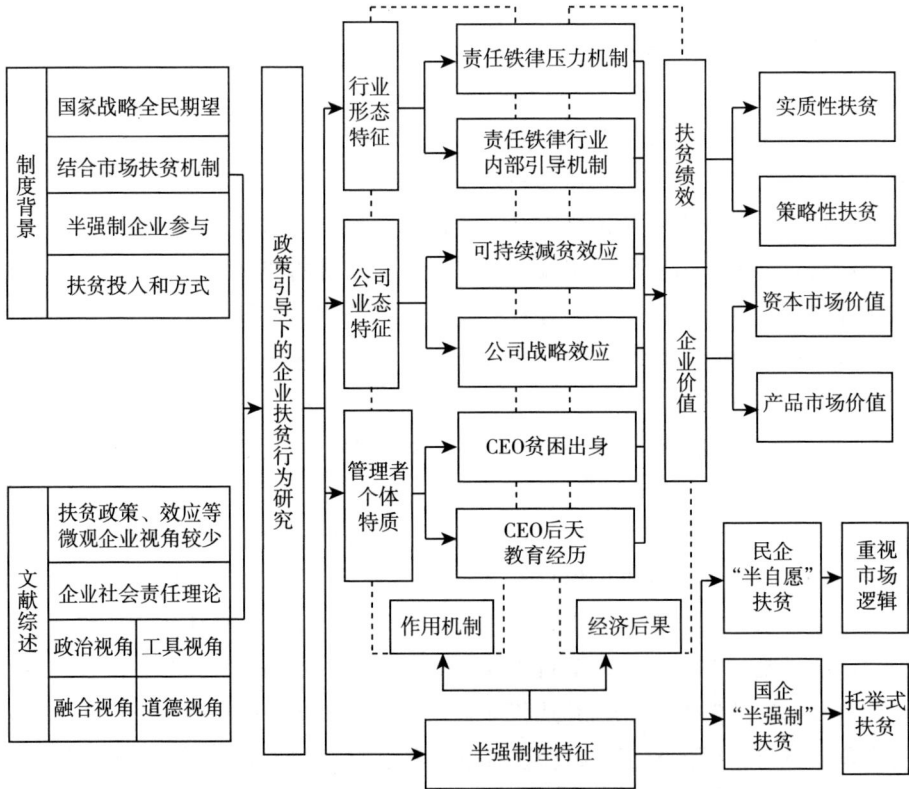

图1-1 本书研究思路

本书主要采用以下研究方法：

首先，回顾梳理我国扶贫历程，并归纳提炼企业扶贫行为的实践和制度背景特征，再结合企业社会责任理论具体展开企业扶贫行为的新特征分析。

其次，本书对现有扶贫领域相关文献进行回顾和总结，梳理现有扶贫研究的文献缺口，并对企业社会责任的相关理论观点和文献结论进行归纳和演绎，从企业微观视角构建企业扶贫行为新特征和新后果以及对传统企业社会责任传承、差异和进步的理论分析框架。

最后，对上市公司公开数据采用多种不同的方法构建实证模型进行大样本数据分析，运用单变量分析、多元回归分析等方法检验企业扶贫行为的新特征新后果。对于实证模型设计中可能存在的内生性问题，努力寻找合适的工具变量和外生冲击事件，运用 Heckman 两阶段法、工具变量法（IV）、倾向得分匹配法（PSM）和双重差分法（DID）等方法以期获得稳健的研究结论。

本书的数据来自上市公司年报、企业社会责任报告和公司官网、巨潮资讯网、中国证监会等网站，以及 WIND 数据库、国泰安数据库和 CNRDS 数据库，主要变量数据经过了手工收集和处理，数据处理主要使用 Stata16.0 完成，部分涉及文本分析的数据处理使用 Python 完成。

1.3　研究内容与框架

本书围绕行业层面行业形态特征、企业层面业态特征和管理者个体层面利他倾向特征，基于企业社会责任相关理论，深入解读企业扶贫行为，如图 1-2 所示，具体内容结构如下。

第1章，导论。在阐述精准扶贫政策制度背景和企业扶贫实践特征以及传统企业社会责任研究缺口的基础上，提出本书研究问题，给出相应研究思路，并论述本书创新、贡献及意义。

第2章，制度背景。回顾我国扶贫事业历史沿革，尤其是政府主导与市场机制相结合的产业扶贫的发展历程，梳理和总结当前阶段我国特殊政策催生的企业广泛参与的扶贫行动的制度背景特征，为企业扶贫行为这一特殊的社会责任行为引入"政府引导""半强制"或"半自愿"性、"全民期望""结合产业特点""可持续减贫"等特殊制度环境因素引发的新特征，在此基础上初步描述企业扶贫行为具体情况，为下文企业扶贫行为不同层面特征分析选取合适的切入点奠定现实基础。

第3章，文献综述。产业扶贫具有明显的中国特性，是各级政府通过政治

政策引导下的企业扶贫行为研究——企业社会责任的视角		
第1章 导论	研究问题、研究思路、研究内容、研究意义	
第2章 制度背景	扶贫制度背景与企业扶贫实践	
第3章 文献综述	扶贫相关研究	反贫困理论
		微观企业视角文献不足
	企业社会责任相关研究	政治视角 ┊ 工具视角
		融合视角 ┊ 道德视角
第4章 理论分析	传统企业社会责任特征和主要缺陷	
	企业扶贫行为新特征和新后果	
	企业扶贫行为对传统企业社会责任的传承、差异和进步	
第5、6、7章 实证分析	企业扶贫行为及其后果	
	行业层面	责任铁律、模仿效应与企业扶贫
	企业层面	公司业务与企业扶贫
	管理者特质层面	CEO贫困出身与企业扶贫
第8章 总结与讨论	研究结论、启示、局限及展望	

图1-2 本书研究内容

力量干预市场实现其政治诉求的结果，对产业扶贫的实践逻辑进行全面综合的认知和探索需要从微观企业视角对企业扶贫行为特征进行全面而细致的解读，该视角研究对补充现有产业扶贫研究，提升产业扶贫路径选择智慧，理清扶贫政策定位，优化政策体系调整具有重要意义。文献综述首先梳理和评述现有扶贫领域研究，发现现有文献的不足，并进一步梳理总结企业社会责任的相关研究，为归纳提炼传统企业社会责任的特征和缺陷、企业扶贫行为新特征和新后果以及实证分析奠定理论基础。

第4章，理论分析。在以上制度背景分析、案例分析和文献综述的基础上，构建企业扶贫行为的理论分析框架，深入分析传统企业社会责任的特征和固有缺陷，包括本质上延续企业价值与社会价值的权衡取舍观，游离于企业核心业务之外的边缘性企业决策以及企业和社会双重合法性挑战三个方面。揭示企业扶贫行为的新特征和新后果，包括政策引导下的强政策意义和社会期望以及"半强制"或"半自愿"性新特征，内嵌于企业核心业务、创造企业与社会共享价值新特征以及"造血型"扶贫的可持续减贫效应新特征三个方面。最后分别从行业、企业和管理者个体特质三个层面深入分析企业扶贫行为对传统企业社会责任的传承、差异和进步以及三个层面特征之间的内在联系。

第 5 章，行业形态特征视角：责任铁律、模仿效应与企业扶贫行为。脱贫攻坚承载着国民实现全面小康的梦想，政策引发的社会重大事件的特殊情景导致承担扶贫责任对特定企业由权利转变为义务。"责任铁律"是社会期望引发企业承担社会责任的重要实现路径。现实中，社会公众对大公司往往抱有更高的社会期望，企业拥有的资源越多，权利越大，相应地应该承担的社会责任也越多（Davis，1960）。具有投资属性的企业扶贫行为还会在行业内部形成标杆示范效应，行业领先企业基于"责任铁律"的逻辑带头投身扶贫行动，其他企业在行业规范性压力和维持相对竞争优势的驱动下，会模仿市场领先企业的扶贫行为，履行相应的社会责任，参与扶贫行动。同时，"半强制"或"半自愿"性企业扶贫行为特征使责任铁律的适用性在面临企业产权性质时发生变异，责任铁律对所有国有企业具有普适压力。

第 6 章，公司特征视角：公司业务与企业扶贫行为。不再是外挂于企业核心业务的成本负担，企业扶贫行为利用企业自身技术、市场优势，通过产业扶贫形成长效稳定的可持续贫困帮扶机制，也为自身创造新的市场需求增长点，实现"益贫"与"效率"兼得。产品业务优质的企业会结合自身产业实践特征、业务优势和文化规范要求实施扶贫行为，提供可持续减贫方案，企业也会出于声誉和产品差异化的公司战略效应实施扶贫行为，构筑战略竞争优势，民营企业的战略效应表现更加突出，与企业扶贫"半强制"或"半自愿"性特征一致。企业扶贫行为后果方面，结合经营业务的可持续扶贫方式显著提升了扶贫绩效，同时也与企业绩效呈显著正相关，实现了企业价值与社会价值的共赢。

第 7 章，管理者个体特质视角：CEO 贫困出身、后天教育经历与企业扶贫行为。从企业社会责任利他主义动机中管理者个人的利他主义动机视角研究企业扶贫行为中的利他主义动机。本章尝试从 CEO 贫困出身这一视角识别CEO 个体特质中的扶危济困倾向。从心理学的危机—成长理论视角出发，发现贫困出身的 CEO 显著提升了企业扶贫投入，集体层面的积极环境因素——良好的受教育条件也是促使贫困出身 CEO 产生亲社会导向、更加回馈社会的重要外部条件。然而，CEO 个体利他主义倾向主要影响了自愿参与程度更高的民营企业扶贫行为决策，对强制参与程度更高的国有企业扶贫行为尤其是更具投资属性的"造血型"扶贫的影响程度较低。

第 8 章，总结与讨论。总结全书研究发现，提出相关启示建议，探讨本书的局限性及未来展望。

1.4　研究创新与贡献

本书可能的创新点在于：

第一，与传统企业社会责任纯粹自愿性行为不同，本书结合典型中国属性的扶贫制度背景特征，发掘企业扶贫行为自身独具的政策引导特征，以及不同产权性质的企业受不同政策驱动压力而产生的"半强制"或"半自愿"性新特征，进而探索这一新特征导致的传统企业社会责任逻辑机制的存在性、适用性和作用差异以及不同产权性质企业扶贫的行为动机、参与方式、参与程度、扶贫成效以及经济效率后果的差异。

第二，与传统企业社会责任停滞于企业边缘性决策、极易沦为成本负担的固有局限不同，本书深入探索企业扶贫行为深度融合企业核心业务创造共同实现可持续减贫和公司战略资源获取的企业和社会共享价值，进而发现其对传统企业社会责任的传承、差异和进步，对探索未来企业社会责任的进阶方向和发展趋势具有重要意义。

第三，与新古典经济学企业与社会二元对立的价值取向不同，本书摒弃企业与社会对立割裂的关系以及企业纯功利主义至上的取向，探索企业如何在承担社会责任的过程中创造企业与社会共益的价值增量，重新塑造企业与社会融合共生的关系，进而探索企业顺应新发展理念和共同富裕要求的新发展道路。

本书具有较强的学术价值和现实意义，主要体现在：

（1）学术价值

第一，宏观反贫困相关研究方面，经济学中现有反贫困理论观点主要从宏观市场和政策视角，解释贫困的成因、贫困治理的认知、影响因素、体制机制、措施、成效评价和未来路径等（Banerjee et al.，2015；Mitchell et al.，2018），我国的扶贫事业为世界减贫事业提供了宝贵的"中国经验"和"中国智慧"，同时也催生了企业广泛参与扶贫事业的特殊现象，产业扶贫是具有典型中国属性的扶贫道路重要成功经验（李芳华等，2020；尹志超和郭沛瑶，2021），本书从微观企业层面视角构建了企业扶贫行为的理论分析模型，重点关注企业如何创造可持续减贫效应，为深入理解微观企业主体的减贫逻辑和减贫效应提供了重要参考，也为日后扶贫领域的相关研究提供了来自微观企业视角的理论和实证证据支持。

第二，微观企业扶贫行为相关研究方面，现有针对企业扶贫行为的研究主要关注了企业扶贫行为的影响因素，包括制度因素（Chang et al.，2020）、企业规模（杜世风等，2019）、产权性质（易玄等，2020）、CEO 境外居留权（文雯等，2021）等，以及企业扶贫行为对企业创新（刘春等，2020）、投资效率（王帆等，2020）、融资约束（胡浩志和张秀萍，2020）、政治资源（严若森和唐上兴，2020）、财务绩效（张曾莲和董志愿，2020）、企业信心（祝丽敏等，2021）、企业风险（甄红线和王三法，2021），以及地区经济发展（潘健平等，2021）等经济后果，较少关注企业扶贫行为这一新的社会责任方式新的行业形态特征以及融合核心业务创造共享价值的具体逻辑路径，这些逻辑路径的研究更能够深入理解企业作为市场主体如何影响扶贫成效这一宏观扶贫效应后果以及企业与社会融合共生的新后果，而非仅仅局限于利用传统企业社会责任理论解释企业扶贫行为以及导致的企业自身经济后果方面的影响。这些方面的研究为企业扶贫行为领域研究提供了新的视角、理论观点和经验证据。

第三，企业社会责任相关研究方面，传统企业社会责任在新古典经济学理论倡导的社会与企业二元对立关系下，创造企业价值的因果链条较为模糊，提升还是损害了企业价值备受争议（Porter and Kramer，2011；Shanahan and Seele，2017；肖红军，2020），现有企业社会责任理论亟须探索新的共享价值创造以及塑造企业和社会融合共生关系的现实情景，解决企业承担社会责任的市场困境和企业纯功利主义的社会困境的双输问题。另外，新出现的共享价值式企业社会责任理念也需要系统的扎实的实践模式探索和支持，解决共享价值难以衡量甚至"伪共享"问题（Reyes et al.，2017；Osorio‐Vega，2019），使具有强实践性的企业社会责任理念具有现实支撑。

本书从不同层面深入探索企业扶贫行为相较于以往企业社会责任展现出的显著的新特征和新后果及其对传统企业社会责任的传承、差异和进步，将突破企业社会责任现有研究内容和视角的局限，为企业社会责任理论的进化提供了现实可实践性视角支持，对企业社会责任领域的研究具有重要的学术价值。

从责任铁律视角分析企业扶贫行为呈现的行业形态，能够深入揭示企业扶贫行为中责任铁律的新机制并提供企业赖以生存的更高视野的行业层面信息和证据。紧密结合业务特征的企业扶贫行为特征，为发现将社会问题和社会需求嵌入公司核心业务的共赢情景提供了新机制和新证据，是从根本上改变传统企业社会责任"形象工程"和"成本负担"论的治本之策，也是对传统企业社会责任的重要进步。从CEO利他主义催生的企业扶贫行为也为研究这一新的社会责任方式受到传统企业社会责任道德视角纯粹利他选择倾向影响提供了新证据，并进一步发现了该影响面临"半强制"或"半自愿"性企业扶贫行为特征时表现出作用差异的新特征。最后三个梯度视角发现的企业扶贫行为新特征都指向了创造企业与社会共享价值的新后果，企业扶贫受外部社会期望和内部利他主义的社会导向驱使取得了实质性扶贫绩效，也深度融合企业自身核心业务和经营战略，提升了企业绩效，实现了企业价值与社会价值的共赢，指明了传统企业社会责任发展进步的新方向。

（2）现实意义

第一，消除贫困是社会主义的本质要求，是共同富裕和中华民族伟大复兴的重要内容。创新、协调、绿色、开放、共享的新发展理念是当前我国经济社会发展的总体思路和根本遵循。新发展阶段，消减贫困、环境保护、食品安全、绿色生活等承载更多民生期盼的社会问题受到高度关注，成为企业重要的社会责任领域。本书的研究结论也为企业贯彻新发展理念顺应时代要求和高效开展当前乡村振兴实践为共同富裕道路贡献力量以及政府科学制定相关反贫困政策提供了来自企业微观层面的理论参考。

第二，扶贫事业是我国全面建成小康社会决胜阶段的重大时代课题。在全社会动员参与扶贫事业的时代洪流之中，企业扶贫行为是扶贫事业总体布局的重要组成部分，对企业扶贫行为进行深入细致的研究将有助于为下一阶段扶贫事业面临的现实困难做好现实性和前瞻性研究，提升扶贫实践的质量。贫困是伴随人类历史发展的一个长期现象，当前我国强调的全面脱贫是基于自己设定的一个极端贫困标准，新的乡村振兴战略发展以及处于培育成长阶段的产业扶贫项目的长期需求，政府相关部门制定政策等，都需要对企业扶贫行为进行具体研究。

第三，本书对企业扶贫行为动机的深入研究为中国特色企业扶贫行为的实践提供理论参考和经验证据，同时，也能够帮助理解企业如何更好地履行社会责任，实现其最佳效果，进而使企业履行社会责任成为促使企业与社会融合共生的长久之策。传统企业社会责任局限于新古典经济学理论下的企业与社会关系，将两者对立割裂开来，企业社会责任摇摆在两者之间举步维艰，常常陷入"市场失灵"或"社会失灵"的双输困境。企业扶贫行为探索出了一条内嵌入企业核心业务，创造企业和社会共享价值的新路径，是企业社会责任进阶方向的体现。

第 2 章

制度背景

2.1 我国扶贫历史沿革与阶段特征

2.1.1 我国扶贫实践发展历程演进

我国扶贫先后经历了救济式扶贫、体制改革推动下的扶贫、开发式扶贫和精准扶贫四个阶段（蓝志勇等，2018）。1949—1978 年，我国主要通过五保制度、赈灾和烈属优先等救济方式扶贫，为扶贫事业奠定基础。改革开放后（1978—1994 年），我国改变了单纯救济的扶贫观点，依靠改革开放带来的经济发展和制度红利的溢出效应，通过因地制宜发展生产、惠农金融、乡镇企业发展、以工代赈和开展专项扶贫工作等实现扶贫和发展的有机结合，1986 年，国务院贫困地区经济开发领导小组成立，设立扶贫专项资金，认定国家级贫困县，标志着扶贫事业向开发式扶贫的转型。1994—2012 年，随着我国综合国力的不断提升，国家接连制定了多项扶贫开发规划，我国逐渐转向大规模开发式扶贫阶段。1994 年，《国家八七扶贫攻坚计划》提出解决温饱问题目标和实行开发式扶贫方针。以贫困县为单位，完善贫困地区基础设施建设，通过专项扶贫、教育和医疗扶贫等多种举措，以及"希望工程""光彩事业"等扶贫公益品牌建设，大力调动社会各方面力量参与扶贫，贫困地区的面貌发生了深刻变化，贫困人口减半的千年发展目标提前实现。

为克服"大水漫灌"式扶贫的缺陷以及深度贫困问题等难啃的扶贫工作"硬骨头"，2013 年以来，精准扶贫成为国家基本扶贫方略，这是实现共同富裕的本质要求。党中央更是把扶贫开发提高到国家战略高度，摆到了治国理政的重要位置，提出"到 2020 年，我国现行标准下农村贫困人口实现脱贫，贫困县全部摘帽，解决区域性整体贫困"的全面脱贫承诺。"五级书记挂帅"和全社会动员成为这一时期脱贫事业最显著的特点（李小云等，2018）。截至2018 年年底，中央发布的总纲要性扶贫政策文件共 8 个，"精准扶贫""扶贫攻坚"等成为时代的高频词汇。2014 年 12 月 4 日，国务院办公厅发布了《国务院办公厅关于进一步动员社会各方面力量参与扶贫开发的意见》，提出"充分发挥各类市场主体、社会组织和社会各界作用，多种形式推进，形成强大合力。"2014 年 12 月 24 日，国务院办公厅发布开展中央企业定点帮扶贫困革命老区百县万村活动的通知；2015 年 9 月 22 日，国务院扶贫开发领导小组办公室（以下简称"国务院扶贫办"）又发布了组织民营企业开展"万企帮万村"精准扶贫行动；2016 年 10 月 17 日发布的《脱贫攻坚责任制实施办法》明确了"中央统筹、省总负责、市县落实、合力攻坚"的管理体制，细致分配从中央到地方各级政府的扶贫任务职责，制定了考核问责办法，层层立下军令状，推动各级政府对扶贫事业的重视。《脱贫攻坚责任制实施办法》中也明确指出了国有企业（定点扶贫单位）和民营企业对参与扶贫的责任："各定点扶贫单位应当紧盯建档立卡贫困人口，细化实化帮扶措施，督促政策落实和工作到位……民营企业、社会组织和公民个人应当积极履行社会责任，主动支持和参与脱贫攻坚。"

2021 年 2 月 25 日，全国脱贫攻坚总结表彰大会上，习近平总书记庄严宣告，我国完成了消除绝对贫困的艰巨任务。在脱贫攻坚实践中，我们走出了一条中国特色减贫道路，形成了中国特色反贫困理论。脱贫攻坚目标完成之后，设立 5 年过渡期，逐步实现由集中资源支持脱贫攻坚向全面推进乡村振兴的平稳过渡。乡村振兴，产业兴旺是重点。要继续强化对贫困地区产业的长期帮扶和支持，提升贫困地区产业质量和竞争力，促进内生可持续发展。

在多种扶贫政策相互影响和协同推动的背景下，我国已构建起政府主导、多元参与相结合的具有社会主义特质的扶贫发展政策体系，并呈现出大扶贫总体格局，在减贫方面取得了显著成就（罗良清等，2022）。脱贫攻坚和乡村振兴有机衔接、接续共通（胡德宝和翟晨喆，2022）。2017 年，乡村振兴发展战略在党的十九大被首次提出，并作为党和国家的"七大战略"之一被编入党章；2018 年中央 1 号文件对实施乡村振兴战略作出了重大决策部署，提出了总体要求；随后，中共中央、国务院连续发布《乡村振兴战略规划（2018—2022 年）》《中共中央 国务院关于全面推进乡村振兴加快农业农村现代化的意见》等多份指导性文件，强调将巩固拓展脱贫攻坚成果放在重要位置，并坚持政策引导、政府动员和社会市场协同发力，明确企业是参与的重要力量。为了促进农业农村现代化发展，使乡村振兴战略有法可依，国务院于 2021 年颁布了《中华人民共和国乡村振兴促进法》，从制度和法律上强化各主体落实乡村振兴战略的职责和任务；在党的二十大报告中，习近平总书记再次对推动乡村振兴作出深刻论述和全面部署，明确乡村振兴在全面建设社会主义现代化国家中的重要地位；2023 年中央 1 号文件提出深入推进"万企兴万村"行动，完善企业帮扶政策，推动乡村产业的高质量发展。这一系列的举措通过各种不同的实施机制自上而下，从内而外全面释放了国家减贫治理体系的内在潜力和活力，共同凝成了一股推动乡村全面振兴的强大力量。

2.1.2 国家扶贫战略与企业扶贫行为的产生

扶贫是社会主义制度优越性的内在要求，扶危济困，共同富裕，"全面建成小康社会一个都不能少"也是全体中华儿女的共同心愿。2015 年 11 月 23 日，中共中央政治局审议通过的《关于打赢脱贫攻坚战的决定》，明确提出："采取超常规措施，拿出过硬办法，举全党全社会之力，坚决打赢脱贫攻坚战。"国家相继出台了一系列超常规扶贫政策举措，涵盖财政、土地、健康、教育、交通等各个领域，并明确构建脱贫攻坚六大体系：责任、政策、投入、动员、监督和考核，为脱贫攻坚提供了全面坚实的政策支持和组织保障。

在责任体系方面，坚持中央统筹、省负总责、市县抓落实的责任体系，从中央部门开始，层层落实责任分工，中央国家机关落实了 76 个相关部门的责任分工。通过落实一把手负责制，形成省、市、县、乡、村五级书记抓脱贫的扶贫领导体制，县级政府负主体责任，县委书记是第一责任人，中西部 22 个省份从省级党委到市县党委和乡镇党委都分别向上级党委签订脱贫攻坚责任书，层层压实扶贫责任。值得一提的是，在脱贫攻坚战中，全国共派出 25.5 万个驻村工作队，290 多万名第一书记和驻村干部，确保一线扶贫工作责任落实到位。

在政策体系方面，中央相继出台了 173 个针对各个部门的配套政策文件，各地区也相继出台"1＋N"政策文件，对扶贫工作各个方面的问题尤其是老大难问题，都发布了针对性的措施方案。

在投入体系方面，扶贫专项资金按照"三三制"原则在中央、省和具体市县之间分配，2013 年至 2019 年间，中央财政扶贫款年均提升 21%，省级财政扶贫款年均提升 27%，扶贫专项资金每年新增约 200 亿元。

在监督体系方面，为确保国家扶贫政策落到实处，各级纪检检察机关对扶贫工作中出现的弄虚作假、假扶贫、被扶贫问题，形式主义、官僚主义问题，贪污挪用、挥霍浪费问题等进行严肃整治。中央巡视将扶贫工作作为巡视的重要内容，将巡视监督结果用于考核评估和督查巡查中。在执纪问责利剑之下，那些伸向扶贫资金的黑手无所遁形，彰显了国家对扶贫资金监管的坚定决心。

在考核体系方面，脱贫攻坚事业实施了最严格的考核制度。2015 年 11 月的中央扶贫开发工作会议上，22 个省份与中央签订了脱贫攻坚责任书，这意味着立下了军令状，接受问责。国务院扶贫办领导小组每年组织开展对省级党委和政府的扶贫工作考核，对考核结果好的 8 个省份通报表扬，并在接下来一年的扶贫财政专项资金支持中给予奖励，对考核结果差且有突出问题的 4 个省份，约谈其党政主要负责人，对考核结果中某些方面有突出问题的 4 个省，约谈分管扶贫负责人，并将考核的结果作为党政负责人综合政绩考核的重要依据。接下来一年的督查巡查工作中，国务院扶贫办对 8 个被约谈的省份开展巡查，其他 14 个省份开展督查。2017 年 8 月，国家颁布实施了《东西部扶贫协作考核办法》和《中央单位定点扶贫工作考核办法》，将东西部扶贫协作和定点扶贫也纳入了考核范围，进一步完善了脱贫攻坚的考核体系。

在动员体系方面，汇聚全社会各界力量和衷共济，群策群力，形成政府、市场和社会"三位一体"的大扶贫格局是脱贫攻坚的关键，也是我国政治优势和制度优势的重要体现。动员全社会力量参与扶贫主要包括以下三个方面的内容：各级党政机关和国有企事业单位等率先开展定点扶贫，东部发达地区与西部贫困地区结对扶贫协作，大力倡导民营企业和社会组织多渠道参与扶贫。

东西部扶贫协作有着悠久的历史，早在 20 世纪的五六十年代，中央就曾经出台过援藏和援疆政策，这可以看作东西部扶贫协作和对口支援政策的开端。改革开放之后，1979 年，时任统战部部长在全国边防工作会议中首次提出"组织内地发达省、市实行对口支援边疆地区和少数民族地区政策"，对口支援政策正式确立。之后的二十多年间，对口支援政策不断发展完善，2016 年 12 月国家新颁布的《关于进一步加强东西部扶贫协作工作的指导意见》，对东西部扶贫协作和对口支援政策进行进一步的调整和完善，实现了对民族自治州和西部贫困程度高的市和自治州的全覆盖。东西部扶贫协作的主要任务包括：产业合作、劳务协作、人才支援和资金支持等。

定点扶贫政策同样也由来已久，1986 年，科技部、农业部和林业部等 10 个部委开始分别对 18 个集中连片特困地区的联系点进行定点扶贫。2002 年，全国已经有 272 个中央机关部门和企事业单位定点帮扶 481 个国家级贫困县。2012 年，国家进一步对定点扶贫结对关系进行了调整，首次实现了对全国 592 个国家级贫困县的全覆盖，涉及中央单位 310 个（2015 年 9 月进一步调整参与单位达到 320 个），结对覆盖 547 个乡镇和 2 856 个贫困村。其中，国资委和中央企业是定点扶贫单位中的重要力量，作为执行国家意志的排头兵，央企扛起重任，深入深度贫困地区，肩负起脱贫重任，为解决深度贫困地区的贫困问题付出巨大努力，作出了巨大贡献。他们承担着全国 246 个国家级贫困县的定点帮扶工作，占 592 个国家级贫困县的 42％，在 2019 年中央单位定点扶贫的考核中，考核结果为"好"和"较好"的央企占 90％以上。

在这场如火如荼开展的脱贫攻坚战中，还有一支生力军——民营企业。2015 年 10 月 17 日国家扶贫日正式确立，民营企业"万企帮万村"行动也正式启动。"万企帮万村"行动由全国工商联、国务院扶贫办和光彩事业促进会共同组织开展，各地工商联也纷纷效仿，组织开展"百企帮百村"等行动。"万企帮万村"行动是民营企业参与扶贫行动的主要平台，他们八仙过海各显神通，根据自身业务特点进行产业扶贫、就业扶贫、公益基金捐助、捐资助学、医疗和生活救助等，在脱贫攻坚战中发挥了重要作用。在"万企帮万村"行动中，政府负责行动的统一组织指导、统筹安排、交流宣传和考核验收等工作。民营企业的参与帮扶建立了适应贫困地区生产力现状的生产关系，营造了扶危济困、守望相助的全社会共同参与扶贫的浓厚氛围。例如：碧桂园集团先后与 9 个省份 14 个县市结对帮扶，福耀集团的河仁慈善基金会在西藏、青海、甘肃、云南、贵州的几十个村结对帮扶，泛海集团制定了"公益性扶贫"和"产业投资扶贫"两个五年实施计划等。

综上所述，脱贫攻坚承载着我国全民共赴小康的梦想。这些涉及方方面面的扶贫行动体系体现出国家对扶贫工作的高度重视和狠抓实干的决心，本轮企业大规模参与的扶贫行为产生于扶贫国家战略中的扶贫动员政策体系。国有企业扶贫受定点扶贫政策引导驱动。2015 年的"万企帮万村"政策之后，受政府统一组织感召，民营企业也开始大规模参与扶贫行动。作为三大攻坚战之一，脱贫攻坚受到国家高度重视的同时也深受全社会关注。国家通过媒体大力宣传"励志"的政治社会话语，营造"进取型脱贫文化"氛围，并大力动员全社会各方面力量参与扶贫，媒体中关于企业、各类社会组织和个人等参与的事迹不绝于耳。国有企业作为定点扶贫单位，自定点扶贫诞生以来，央企即率先承担起定点扶贫任务，国有企业作为执行国家意志和市场地位双重属性的企业，其承担扶贫责任重在深入深度贫困地区，向深度贫困地区注入资源，进行"托举式"扶贫，彻底改变贫困地区深度贫困面貌。民营企业扶贫行为作为社会扶贫的重要力量是扶贫国家战略动员体系的重要组成部分，在国家特征政策引导和全民期望高涨的背景下产生，在全社会扶贫大格局中扮演着重要角色。积极响应政策号召，参与扶贫行动成为民营企业体现责任担当的重要方式。

2.2　产业扶贫历史沿革与阶段特征

2.2.1　产业扶贫历史沿革

在改革开放初期，我国没有明晰的扶贫整体战略思路，但是改革开放的制度红利不断释放，农民生产积极性得到极大解放，农业产业化发展模式例如"产、加、销一条龙"等在东部地区大量涌现，产业化这一理念同时开始进入扶贫领域，中国扶贫开发协会于 1993 年成立，尝试通过动员社会各界力量参与扶贫，"希望工程""光彩事业"等扶贫公益品牌逐渐得到推广。1994 年，《国家八七扶贫攻坚计划》统筹安排了完善贫困地区产业发展的基础设施建设、政府补助和税收优惠等政策。这一时期，可以视为我国产业扶贫的萌芽阶段。然而，这一阶段学界和业界对产业扶贫理念的认知仍然较为模糊和笼统，贫困群体内生动力不足，常常出现"政府热、贫困户冷"的局面。

进入 21 世纪，贫困人口致贫原因逐渐从疾病、灾荒等极端原因变为机会和权利不平等等隐性因素，贫困逐渐呈现出集聚性、地域性和顽固性特征。2001 年国家出台的《中国农村扶贫开发纲要（2001—2010 年）》中明确提出的"农业产业化经营"可以视为培育式产业扶贫的开端。经过多年探索，"造血型"扶贫越来越得到政府的重视和推广，创新产业扶贫模式、提升贫困群体科技文化素质是这一时期的政策重点。《中国农村扶贫开发纲要（2001—2010 年）》也明确了"整村推进"的扶贫战略思想，教育领域的义务教育"两免一补"、医疗领域的新农合社会保障措施以及农业税改革等配套措施的实施，进一步降低了贫困人口的负担，"整村推进""项目式扶贫"和"新农村建设"三者相结合，使贫困问题得到了进一步解决。

新的历史时期，产业扶贫理论、实践和政策体系都持续趋向成熟。2011年国家发布的《中国农村扶贫开发纲要（2011—2020年）》正式提出了"产业扶贫"理念，2013年习近平总书记又提出"精准扶贫"思想理念，产业扶贫开始迈向精准产业扶贫新阶段。产业结构不断优化、优势资源和特色产业加快培育，"互联网＋"扶贫、乡村旅游等特色产业扶贫、科技扶贫以及光伏扶贫等资产收益扶贫都成为产业扶贫模式创新的亮点。

2.2.2　产业扶贫模式与企业扶贫行为的优势

当前新时期的产业扶贫实践中，可以将产业扶贫划分为三种主要模式：龙头企业和农户、合作社和农户以及政府和农户。

龙头企业和农户的扶贫模式一方面能够转移贫困人口的信贷风险，利用龙头企业的市场优势地位、实力和信誉增强信贷机构的信贷意愿，降低信贷违约的可能性，从而确保贫困地区再生产资本的可持续性；另一方面，龙头企业能够帮助贫困人口降低再生产价值转化和销售风险，通过降低贫困人口的技术和市场门槛，提升其市场讨价还价能力，并通过规模经济促进贫困人口价值增值和稳定增收。这种模式不仅为贫困人口提供了稳定的收入来源，还通过产业主体的市场优势带动了贫困地区经济的整体发展。

合作社和农户的扶贫模式是以农户自发组织的农村合作社作为载体，对接扶贫资源和农户需求的模式。这一模式通过引入合作社这种产销一体化组织，规模化、集约化地整合贫困人口的再生产能力，从而提升贫困人口的经营能力和市场议价能力。合作社是一种高度信息共享的自发组织，内部存在较强的道德约束和声誉机制（黄胜忠等，2008），这种机制能够确保扶贫资源被最贫困的群体接收，并降低扶贫资源被滥用（比如群体懒惰等）问题。通过这种模式，贫困人口不仅能够获得必要的生产支持，还能在合作社的组织下提升自身的经营能力和市场竞争力，实现可持续的脱贫与发展。

政府和农户的扶贫模式是在一些极度贫困地区，龙头企业因为交通不便，贫困人口分布零散等难以规模化拉动贫困人口生产，农户之间生产异质性较大，难以统一成合作社组织，由政府承担经营、技术和销售指导及服务职能，对贫困人口进行帮扶的模式。政府信用背书能够提升信贷机构针对贫困人口的信贷意愿，其帮扶服务也能够增强贫困户再生产能力，降低其再生产难度，帮助其摆脱贫困。这种模式充分发挥了政府在资源配置和公共服务中的主导作用，为贫困人口提供了全方位的支持与保障。

产业扶贫能够部分替代政府扶贫的制度优势表现为"高效率""低门槛"和"强信用"三个方面（顾天翊，2019）。贫困人口再生产能力不足，意识落后，产业扶贫通过引入先行者——产业主体，依托其市场、技术优势，与贫困人口形成利益联结体，构建完整的利益输送系统，克服分散的贫困群体"小农户与大市场"的矛盾，形成长效稳定的贫困帮扶机制。"高效率"由于产业扶贫具有稳定的产业基础，能够承受一定的市场风险，为贫困人口提供再生产能力和持续的收入来源，产业主体作为市场优势方，带动帮扶贫困人口参与再生产过程，并大大提升贫困人口的再生产增值能力，加速贫困群体的资本培育和形成；"低门槛"是产业扶贫大大降低了贫困人口技术、价值转化和销售等再生产能力方面的门槛；"强信用"指信贷资本提供给产业主体，形成集约优势，相对于单个贫困人口信用水平更高，违约风险也大大降低（王定祥等，2011）。同时，产业主体与贫困人口的一体化经营模式，也能够提升信贷机构的监管效率，提高信贷扶贫资源的利用效率。

除了产业扶贫与其他扶贫方式的比较优势，从产业主体——企业自身方面来看，利用商业手段解决社会问题，提供高效可持续的社会问题解决方案，也从社会问题解决中发现商业机遇，创造新的市场增长点和竞争优势，创造经济效益和社会效能的共享价值成为近年来企业践行社会责任的重要方向。企业扶贫行为与单纯进行资金耗费的慈善捐赠等社会责任行为不同，它在开拓市场、投资兴业方面与企业经营业务密切相关，与企业价值联系更加密切深远。新时代的扶贫行为显示出企业承担社会责任的新优势特征，即不再仅作为企业成本支出，而是紧密结合企业经营业务专长，实现经济效益和社会效用深度融合的战略行为。"造血型"产业扶贫需要企业充分结合自身专长、新时期数字经济特征以及贫困地区特色资源禀赋适当选取扶贫项目，例如科技扶贫、互联网＋扶贫、就业扶贫等，从而既能够高效率实现可持续减贫，从根本上改变贫困人口生产力现状，也成为企业开拓业务、创造效益的重要战略资源。企业承担社会责任脱离自身主营业务、徘徊于企业边缘决策无法可持续发展的困境在企业扶贫行为决策中得到化解和进化，企业扶贫行为不仅是传承企业责任担当的新社会责任形式，也是对企业社会责任的进步探索。

综上所述，产业扶贫存在诸多社会和企业共赢的优势以及践行推广的必要性，也有政府强监管和政策支持下的可行性，进一步从微观企业层面了解产业扶贫中产业主体的实践特征对于更好地理解其行为逻辑，进而充分发挥产业扶贫的制度优势，合理解决产业扶贫中的问题和隐忧，也为企业探索布局新的利润增长点，获取竞争优势提供了重要参考。

2.3　微观层面企业扶贫行为情况概述

从上述制度背景梳理分析可以看出，企业扶贫行为是在政策引导下开始大规模广泛开展的、具有典型中国属性的新的企业承担社会责任的方式。它受政府统一组织、安排和监督，政府提供贫困地区贫困人口的具体信息，企业深入这些贫困地区，在摸清贫困户具体情况和当地资源禀赋条件的基础上，因地制宜地发展产业扶贫项目，为贫困人口提供可持续减贫方案，助力其从根本上摆脱贫困，也为贫困地区内生增长动力的形成提供支持。

扶贫是一项多方参与、通力合作的系统工程，包括"扶志""扶智"等多方面系统性工作内容，企业参与扶贫受政府政策的高度影响。如何优化产业扶贫环境，顺畅企业与贫困人口之间的对接与信息交流，完善企业与贫困人口的利益联结，明确扶贫双方利益主体间的利益分配机制，提升深度贫困地区公共服务能力，宣传推广扶贫荣誉，营造引导扶贫氛围等，都不仅仅关乎企业作为，更与政府作为息息相关。

企业是扶贫工作的执行主体，政府扮演的是引导者的角色，扶贫的对象是贫困人口或贫困地区。企业通常情况下会出于社会责任感或政策的硬性要求而投入扶贫工作。企业在扶贫工作中动用的基础资源包括其自身的财力和技术。此外，参与扶贫的形式和手段也是多种多样的。

根据已有的研究成果，本书将企业扶贫行为划分为两类：一类是企业通过直接的资金援助，物资捐赠、生活救助等方式来帮助贫困地区解决当前面临的紧迫问题，又称"输血式"扶贫。另一类是通过发展自身产业，帮助贫困人口和贫困家庭实现脱贫致富的目标。通过建立在产业项目上的政府支持，这些政策旨在帮助贫困地区的人们获得更好的工作机会，同时也可以让他们获得更好的职业技能。企业的经营成果与该行业的发展密不可分。企业采取明确的优惠措施或补偿政策，以便让受助者直接从中受益，又称"造血式"扶贫，目的是"授人以渔"。企业通过利用贫困地区的资源和劳动力开办实业，增强当地群众的商品经济意识，打破长期以来的封闭和落后思想观念，使贫困对象在市场经济中获得生存和发展的能力。通过"造血细胞"当地可以获得更多的经济收益，从而达成"治本脱贫"的预期目标。企业也可以通过扶贫工作来拓展更多的发展机会。

企业扶贫活动的覆盖面极其广泛，不仅仅局限于特定的贫困地区，而且还涉及全社会的慈善捐赠。与传统的企业慈善行为不同，这种扶贫活动的特点在于：它以企业的名义进行，旨在帮助那些处于贫困状态的人们，而非仅仅是企业家个人的行为。通过企业的慷慨捐助，贫困群体可以从中获得实实在在的收益，而这种慷慨捐助也将持续至今。企业扶贫应该包括上述两类行为，但无论是哪一类，都应遵循以下原则：首先，企业应作为扶贫的主体，对象应为贫困地区或贫困人口；其次，企业可以采取主导或合作的方式参与扶贫工作；企业扶贫开发项目应当避免任何形式的资源掠夺行为，也不应该对贫困人口实施"挤兑效应"政策；企业的扶贫行为应当让贫困群体受益，这种受益可以通过直接的经济收入增长来体现出来；企业在扶贫过程中应当遵循可持续发展的原则，不能以破坏环境和资源为代价。

为实现"造血型"扶贫目的，形成可持续减贫效应和贫困地区内生增长动力，企业扶贫行为不仅是"投入"，更是"投资"。由于扶贫具有明确的绩效指标要求，需要取得实际社会价值，企业单纯进行物资等捐赠方式不能从根本上解决贫困人口的贫困问题，企业需要切实投入人力、物力、精力等因地制宜因人定策地实施扶贫开发项目。这个过程中，企业能够结合自身战略需求，探索和布局新的市场和利润增长点，创造经济效益和社会价值的共赢。

因此，企业扶贫行为的会计处理也与其他单一慈善捐赠不同，慈善捐赠仅仅列入营业外支出项目，表现为企业边缘性的、附属性决策。而企业扶贫行为的投资属性常常与企业主营业务深度融合，在会计处理中融入企业收入和成本的确认、计量和报告之中，内嵌于企业核心战略决策。

2.3.1　企业扶贫行为相较于其他企业社会责任行为的特性

作为微观层面企业承担社会责任的方式之一，企业扶贫行为具有其他之前的社会责任所不具备的特征。具体体现为以下几个方面：

第一，政策引导且全民期望的企业新的社会责任方式。扶贫行为作为社会主义制度优越性的内在要求，承载着全民小康的梦想，是基于国家战略的由政府主导多方参与、通力合作的系统工程。特殊扶贫国家战略激起了国人对帮扶贫困的高度重视和强烈渴望，并期望与其长期社会交换已形成信任和默契的企业也积极行动，体现其责任担当。为应对这一特殊制度背景引发的重要社会事件，企业参与扶贫的政策意义和社会合法性意义是其他社会责任方式难以比拟的（Chang et al.，2020）。特殊政策驱动引发的社会重要事件导致国民社会期望激增，为企业承担社会责任以体现责任担当形成了巨大的合法性压力。

第二，"半强制"或"半自愿"性特征。2014年12月4日，国务院办公厅发布了《国务院办公厅关于进一步动员社会各方面力量参与扶贫开发的意见》，提出"充分发挥各类市场主体、社会组织和社会各界作用，多种形式推进，形成强大合力。"2014年12月24日国务院办公厅发布开展中央企业定点帮扶贫困革命老区百县万村活动的通知；2015年9月22日，国务院扶贫办又发布了组织民营企业开展"万企帮万村"精准扶贫行动；2016年10月17日发布的《脱贫攻坚责任制实施办法》明确了"中央统筹、省总负责、市县落实、合力攻坚"的管理体制，细致分配了从中央到地方各级政府的扶贫任务职责。《脱贫攻坚责任制实施办法》中也明确指出了国有企业（定点扶贫单位）和民营企业对参与扶贫的责任："各定点扶贫单位应当紧盯建档立卡贫困人口，细化实化帮扶措施，督促政策落实和工作到位……民营企业、社会组织和公民个人应当积极履行社会责任，主动支持和参与脱贫攻坚。"明确了国有企业和民营企业参与扶贫的责任，与以往企业自主自愿承担社会责任不同，国有企业出于政策任务驱动承担扶贫任务，具有强制执行色彩，国家明确设置扶贫目标——到2020年实现全体贫困人口脱贫，国有企业也承担着脱贫任务，且定点扶贫任务多为深度贫困地区，需要向深度贫困地区注入资源，改善其薄弱的生产条件，加速深度贫困地区的资本培育。这与国有企业作为市场主体与执行国家意志双重职责于一身的身份特征一致，因此，国有企业在扶贫举措中更可能采取向贫困地区注入资源的"托举式"扶贫，为未来贫困地区内生增长动力的形成奠定坚实的基础。民营企业则是出于响应政策号召的目的参与扶贫行动，虽然也具有较强的政策意义和社会期望的感召，相较于国有企业，自愿参与的程度更高，也更可能从结合自身利益出发采取扶贫措施，其扶贫模式更强调符合市场逻辑，创造共享收益。因此，不同产权性质企业的扶贫行为受不同政策引导和压力的不同，具有"半强制"或"半自愿"性特征，具体表现为国有企业的"半强制"扶贫行为和民营企业的"半自愿"扶贫行为。

第三，可持续减贫与公司战略共赢。当前"造血型"扶贫目标需要企业利用自身技术、市场优势，通过产业扶贫形成长效稳定的贫困帮扶机制，为贫困人口再生产能力的培育和形成以及持续的收入来源提供重要保障（尹志超和郭沛瑶，2021；甄红线和王三法，2021），与仅仅是成本负担的外挂于企业核心业务的慈善公益行为不同，企业扶贫行为更具投资属性，实施方式也包括产业扶贫、就业扶贫、生态保护扶贫、健康扶贫、教育扶贫等多种类型，切实开展扶贫开发项目，取得实质性可持续扶贫绩效。同时，企业也可以在此过程中探索和布局结合自身战略需求的投资项目，为企业自身获取战略性竞争优势。企业扶贫行为不仅是扶危济困的公益行为，更是可以内嵌于企业核心业务的战略行为，体现出新数字经济时期智能化、平台化、共益化特征。

2.3.2　企业扶贫行为初探

为充分发挥资本市场服务国家脱贫攻坚战略作用，证监会于 2016 年 9 月 8 日发布了《中国证监会关于发挥资本市场作用服务国家脱贫攻坚战略的意见》，明确要求自 2016 年起，上市公司需要在其年报中对履行扶贫社会责任的信息进行披露。以下是对企业扶贫行为具体情况的初步描述。

2016—2019 年，参与扶贫（有扶贫资金投入或有帮助建档立卡贫困人口脱贫）的上市公司共 3 744 家，剔除金融行业公司，共 3 480 家公司。每家上市公司每年扶贫金额投入平均值为 2 129.87 万元，中位数为 72.18 万元。扶贫投入总金额与对应企业数量具体分布情况如图 2-1 所示。

按照年份划分，上市公司扶贫投入总金额的描述性统计如表 2-1 所示。2016—2019 年，上市公司参与扶贫行动的数量呈现出逐年增长的趋势，每年平均扶贫投入总金额也呈现出逐年增长的趋势。扶贫投入总金额中，如果有扶贫投入总金额大于 0 或帮助建档立卡贫困人口脱贫数大于 0，即为参与扶贫行动，因此，其金额最小值为 0。

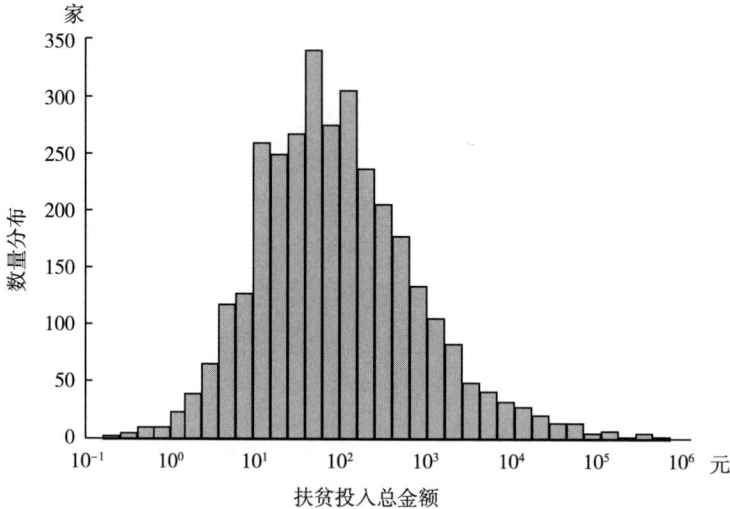

图 2-1　扶贫投入总金额与对应企业数量分布

表 2-1　上市公司扶贫投入总金额年度分布描述性统计

单位：万元

年份	参与扶贫行动上市公司（家）	均值	标准差	最小值	最大值
2016	551	1 669.615 0	12 801.460 0	0.000 0	254 116.000 0
2017	811	1 860.457 0	12 218.400 0	0.000 0	268 395.000 0
2018	1 020	2 285.388 0	19 666.970 0	0.000 0	522 586.000 0
2019	1 098	2 415.370 0	20 016.230 0	0.000 0	457 140.000 0
总计	3 480	2 129.874 0	17 331.270 0	0.000 0	522 586.000 0

　　按照行业划分，上市公司扶贫投入总金额的描述性统计如表 2-2 所示。化学原料和化学制品制造业、医药制造业、计算机、通信和其他电子设备制造业、电力、热力、燃气及水生产和供应业等行业上市公司参与数量较多，与这些行业本身上市公司数量较多有关。废弃资源综合利用业、电气机械和器材制造业、农副食品加工制造业、批发和零售业、金属冶炼和压延加工业，以及农、林、牧、渔业扶贫平均投入总金额较高，表明执行国家定点扶贫任务的国有重工业行业以及与农业和农民生计结合较为密切的行业投入较高。

表 2-2　上市公司扶贫投入总金额行业分布描述性统计

单位：万元

产业	观测值（家）	观测值比例（%）	平均值	标准差	最小值	最大值
农、林、牧、渔业	70	2.010 0	3 519.000 0	10 446.000 0	0.000 0	58 586.000 0
煤炭开采业	57	1.640 0	1 277.000 0	2 967.000 0	0.700 0	13 507.000 0
石油和天然气开采加工业	40	1.150 0	2 183.000 0	5 305.000 0	2.205 0	22 847.000 0
金属矿采选业	59	1.700 0	917.700 0	1 937.000 0	6.400 0	10 145.000 0
开采辅助服务业	20	0.570 0	188.700 0	345.600 0	1.040 0	1 288.000 0
农副食品加工制造业	140	4.020 0	6 614.000 0	26 993.000 0	0.000 0	260 000.000 0
酒、饮料和精制茶制造业	75	2.160 0	2 370.000 0	5 488.000 0	0.270 0	33 575.000 0
纺织服装业	39	1.120 0	155.700 0	203.800 0	2.060 0	1 194.000 0
家具制造业	12	0.340 0	3 488.000 0	11 500.000 0	10.000 0	40 000.000 0
造纸、印刷、文教、工艺美术等用品制造业	69	1.980 0	633.100 0	2 398.000 0	2.880 0	12 900.000 0
化学原料和化学制品制造业	273	7.840 0	368.600 0	2 032.000 0	0.230 0	29 624.000 0
医药制造业	267	7.670 0	441.600 0	1 002.000 0	1.700 0	9 008.000 0
化学纤维、橡胶、塑料制品业	49	1.410 0	127.200 0	208.100 0	2.850 0	1 121.000 0
非金属矿物制品业	87	2.500 0	1 856.000 0	7 869.000 0	3.500 0	54 079.000 0
金属冶炼和压延加工业	162	4.660 0	5 828.000 0	34 480.000 0	0.400 0	312 864.000 0
金属制品业	49	1.410 0	820.200 0	4 978.000 0	0.000 0	34 940.000 0
一般设备制造业	202	5.800 0	649.000 0	4 196.000 0	0.000 0	48 379.000 0
汽车制造业	105	3.020 0	437.100 0	1 047.000 0	1.000 0	5 635.000 0
铁路、船舶、航空航天和其他运输设备制造业	67	1.930 0	204.000 0	285.500 0	3.200 0	1 390.000 0
电气机械和器材制造业	160	4.600 0	8 854.000 0	32 949.000 0	0.400 0	268 395.000 0
计算机、通信和其他电子设备制造业	256	7.360 0	272.700 0	1 040.000 0	0.000 0	10 272.000 0
仪器仪表和其他制造业	35	1.010 0	306.400 0	733.900 0	0.000 0	3 162.000 0
废弃资源综合利用业	7	0.200 0	9 123.000 0	14 508.000 0	12.210 0	32 943.000 0

（续）

产业	观测值（家）	观测值比例（%）	平均值	标准差	最小值	最大值
电力、热力、燃气及水生产和供应业	234	6.720 0	1 917.000 0	7 905.000 0	0.170 0	53 270.000 0
建筑业	125	3.590 0	3 188.000 0	13 061.000 0	2.000 0	117 640.000 0
批发和零售业	191	5.490 0	6 237.000 0	50 678.000 0	0.000 0	522 586.000 0
交通运输、仓储和邮政业	157	4.510 0	433.400 0	1 133.000 0	0.620 0	8 733.000 0
住宿业和餐饮业	6	0.170 0	529.300 0	679.300 0	4.400 0	1 496.000 0
信息传输、软件和信息技术服务业	146	4.200 0	595.200 0	2 545.000 0	1.000 0	23 419.000 0
房地产业	130	3.740 0	1 831.000 0	5 185.000 0	1.222 0	35 973.000 0
租赁和商务服务业	27	0.780 0	233.200 0	428.200 0	0.000 0	1 810.000 0
科学研究和技术服务业	24	0.690 0	55.180 0	67.660 0	0.500 0	279.700 0
水利、环境和公共设施管理业	50	1.440 0	3 002.000 0	7 710.000 0	0.600 0	36 197.000 0
教育、卫生、社会工作	18	0.520 0	1 315.000 0	1 942.000 0	6.550 0	5 892.000 0
文化、体育和娱乐业	66	1.900 0	192.800 0	275.100 0	6.516 0	1 260.000 0
综合门类	6	0.170 0	273.200 0	377.800 0	1.200 0	784.700 0

按照扶贫项目性质划分，上市公司分类扶贫投入金额的描述性统计如表2-3所示。教育扶贫和兜底保障扶贫中，如果救济建档立卡贫困学生以及残疾人和"三留守"人数大于0，即为参与该项扶贫行动，因此，其金额最小值为0。可以看出，产业扶贫占比最高，共有1 471家上市公司参与，企业投入金额也最高，平均每年为3 155.86万元，高出扶贫投入总金额的均值2 129.87万元的近1/2。进一步，按照具有"造血"和投资兴业性质与否的不同，将更具投资属性，能够提供可持续扶贫方案从根本上改变贫困人口贫困状况的产业发展扶贫、转移就业扶贫、生态保护扶贫、健康扶贫、东西部扶贫协作和定点扶贫工作归纳为"造血型"扶贫行为。将其他教育扶贫、兜底保障扶贫、扶贫公益基金和其他扶贫归纳为"慈善型"扶贫行为进行汇总统计，可以看出，"造血型"扶贫是企业扶贫行为的重要内容，而不是单一进行物资捐赠类的"慈善型"扶贫。

表 2－3　上市公司扶贫分类投入金额分布描述性统计

单位：万元

		参与扶贫上市公司（家）	平均值	标准差	最小值	最大值
分类扶贫投入	产业扶贫	1 471	3 155.863 0	18 367.260 0	0.070 0	312 535.800 0
	转移就业扶贫	491	105.502 6	597.059 5	0.035 0	9 466.070 0
	教育扶贫	1 826	162.996 5	1 320.623 0	0.000 0	40 000.000 0
	健康扶贫	491	431.357 8	2 790.148 0	0.008 0	48 379.010 0
	生态保护扶贫	306	582.389 5	3 885.563 0	0.050 0	46 277.830 0
	兜底保障扶贫	1 801	30.580 3	295.340 1	0.000 0	5 548.940 0
	社会扶贫	1 502	378.800 7	3 772.342 0	0.100 0	117 640.400 0
	其他项目扶贫	491	105.502 6	597.059 5	0.035 0	9 466.070 0
汇总扶贫投入	"造血型"扶贫	2 403	2 216.165 0	14 590.720 0	0.035 0	312 743.200 0
	"慈善型"扶贫	2 485	438.947 6	3 249.461 0	0.030 0	112 685.400 0
	总扶贫投入	3 480	2 129.874 0	17 331.270 0	0.000 0	522 586.000 0

　　综上所述，企业扶贫在精准扶贫政策大力倡导下，表现出大规模广泛参与且参与数量和程度迅速增长的态势，其中，有投入几千元的慈善性参与，也有投入几十亿元的企业实质性参与。相较于民营企业，国有企业参与程度更高。相较于单一"输血"的慈善捐赠，企业扶贫方式和类型多样，包括产业扶贫、转移就业扶贫、生态保护扶贫等，为贫困群体提供了尽可能广泛的帮扶渠道，致力于"造血型"扶贫目标。与农业农村问题更贴合的行业参与程度更高，体现出企业结合自身专业优势为贫困群体提供可持续减贫模式。企业扶贫行为对于企业而言更具投资属性，也为社会创造了实实在在的社会功绩，是对新发展理念和共同富裕根本原则的践行。

第 3 章

文献综述

3.1　共同富裕相关研究与评述

党的十九届五中全会在科学分析国际国内形势和我国发展具体实际的基础上，描绘了全面建设社会主义现代化国家的宏伟蓝图，把"全体人民共同富裕取得更为明显的实质性进展"作为重要奋斗目标。共同富裕的科学内涵、战略目标和实践途径等重大问题研究成了重要的时代课题（刘培林等，2021）。学者们纷纷对其展开了深入研究。

一些学者系统分析了共同富裕的内涵和目标、实践路径和测度方法（刘培林等，2021；李实，2021；逢锦聚，2022），对于全面深化对共同富裕的认识，做好实现共同富裕的顶层设计具有重要意义。另一些学者则从具体现实问题出发，为共同富裕目标提供现实依据和路径建议。郭凯明和王钰冰（2022）从供需结构优化和分配结构演化的视角出发，研究了优化供需结构实现共同富裕的理论机制。李实和杨一心（2022）从基本公共服务均等化的行动逻辑视角出发，分析了从基本公共服务均等化视角推动实现共同富裕的路径选择机制。徐凤增等（2022）结合案例分析了乡村迈向共同富裕的治理机制。这些针对具体现实问题的研究对于推动共同富裕迈出坚实步伐提供了重要的实践路径和选择方案。本书与该类文献一致，从企业社会责任面向共同富裕的转型质变视角出发，为企业推动构建企业与社会双循环共同富裕新发展格局的路径选择提供了理论和经验证据支持。

3.2 扶贫相关理论基础和文献综述

3.2.1 贫困概念界定

自亚当·斯密提出贫困人口的生存与发展的议题之后，贫困经济学始终是经济学的重要内容。随着经济社会的发展进步，学者们对贫困的定义也随之动态演变，从最初的"收入贫困"发展为"能力贫困"，再发展到"权利贫困"，贫困概念表现出多维动态变化特征，并与人们对提升人类福祉的期望和关注息息相关（周晔馨和叶静怡，2014；顾天翔，2019）。

早期经济学对贫困的界定集中于关注物质条件的匮乏，当人们不能获取满足其基本生存条件的资源时，例如饮食、衣着、住房等生活资料和服务，其福祉将被剥夺而产生贫困（世界银行，1980；Ravallion，1997）。贫困与收入直接相关，根据必要购买力和支付能力的差异，贫困概念又分化为绝对贫困和相对贫困两个概念。绝对贫困强调生存的可能性，这部分群体难以满足基本生存条件的实现，是个体单一状态。相对贫困超越了对维持基本生活的要求，根据收入的差异而定，相对贫困长期存在（Goldsmith，1996）。

除了关注收入水平，另一些学者认为，个体收入与其福利水平不能完全对等，贫困概念成为一个福利实现概念，能力贫困概念由此产生。之所以产生贫困，是贫困人口缺乏享有正常生活的能力，收入仅仅是改善生活条件的工具之一，贫困人口还存在其他能力被剥夺的可能（Li，1998）。贫困与福利实现挂钩，强调贫困人口福利水平较低的原因是能力剥夺和缺失导致，贫困表现出异质性，并更具政策意义。

随着人们对贫困认知的深化，福利经济学家们进一步认为，贫困的产生以及代际传承不仅出于收入低下、机会缺失等表面原因，更是社会地位不平等、分配体系不公的结果，贫困的根本原因是贫困人口被排斥在现有福利制度之外，就业等生存权利被忽视（Agion，1997）。收入贫困是权利贫困的结果和表征，贫困还表现为贫困人口的脆弱性、被排斥性等现象（Warby，2007），例如农村地区金融抑制导致的贫困人口信贷权利匮乏、就业机会稀少、收入来源短缺以及城乡二元经济结构导致的社会保障的缺乏等（林毅夫，2006）。

综上所述，学界对贫困的认知不断丰富和深入，除了贫困人口的生活水准低于社会所接受的最低标准这一普遍认知，致贫原因表现出多维属性，相互联系，互为表里。从二十世纪五六十年代的基础设施投资反贫困路径，到二十世纪七八十年代通过教育和医疗提升穷人福利（世界银行，1980），再到 20 世纪 90 年代以来，反贫困战略主要围绕直接向贫困群体输入资源的"输血型"扶贫和消除致贫机制创新的"造血型"扶贫两方面展开，反贫困不是采取单一物质资本补给措施即可消除贫困的，需要综合经济、政治、文化、社会等多维结构构建反贫困系统。

3.2.2　反贫困相关理论基础

消除贫困是人类社会发展的基本要求，人类社会发展史在一定意义上也可以看作一部反贫困史。反贫困理论作为经济学的核心内容之一，也逐渐得到了发展和完善。

（1）临界最小努力理论

以 Leibenstein 和 Harvey（1975）以及 Maudos 和 Guevara（2007）为代表的研究基于对拉美发展中国家的观察，提出临界最小努力理论，用于发展中国家的发展赶超和摆脱贫困。他们认为，发展中国家的贫困问题根源在于资本稀释了工业部门的资本形成率，导致资源无法向工业集中。因此，发展中国家要解决贫困问题，其投资率需要超过人口增长，从而实现生产规模的扩大和收入的长期增长。人口增速是投资率的"临界最小努力"，否则收入增长将被人口增长稀释而永远无法摆脱贫困。

临界最小努力理论主张资本形成对经济增长和摆脱贫困的重要性。以该理论为基础的"赶超战略"和"投资驱动战略"成为众多发展中国家的基本发展战略。例如：资源向重点行业或企业集中和倾斜，实施强制性剪刀差定价测度等产业政策，以加速资本形成（张军，2007）。虽然这些阶段性产业政策可能产生较大的副作用，然而，这种资本集中确实有效地加速了发展中国家的资本形成，保障其经济快速增长和工业化进程。

（2）二元经济结构理论

Lewis（1954）提出了二元劳动力流动理论，他强调发展中国家的经济结构调整和转型是减贫的关键。发展中国家通常处于低效的农业部门和高效的工业部门二元结构并存的状态，农业部门生产效率低下，导致大规模贫困。如果实现劳动力由农业部门向工业部门的转移，则一方面农业部门劳动力过剩问题得到缓解，农业劳动力过去被摊薄的收入得到提升，转移至工业部门的劳动力获得工资收入，收入也得到提升；另一方面，由于转移劳动力的工资普遍较低，工业部门在吸纳劳动力的同时也有利于其资本积累和规模经济的实现。这一减贫方式在改良农村家庭收入结构的同时还能够帮助其实现人力资本的积累，例如工业技术培训和熟练、能力提升意识等，保障脱贫的稳定性和可持续性（Manski，1993）。

二元经济结构理论主张要素流动对贫困人口提升收入的重要性，它既解释了为何贫困人口大量集中于农村，也为发展中国家的加速工业化战略提供了理论支撑，成为发展中国家减贫的重要路径选择。

（3）益贫式增长理论

经济增长本身即是摆脱贫困的有效手段，是大多数经济理论的共识。经济增长通过消费旺盛、收入和税收的增加扩大政府支出降低贫困发生率（王雨磊和苏杨，2020）。然而，众多国家的经济现实表明，收入分配过度倾斜，利益集团逐渐形成并导致阶层固化后，优势利益集团将对低收入群体进一步剥削，收入分配不公进一步加剧，低收入群体获得的收益将更少，经济增长难以惠及（Liang and Tokunaga，2010）。益贫式增长理论由此逐渐形成，旨在保障贫困人口的福利水平。"益贫式增长"的本质是利用政府干预替代市场失灵，通过社会再分配中的福利分配补偿贫困人口，加强机会均等，保障所有人尤其是被市场排斥在外的人共享经济增长的成果（Lucas，2004；Selina，2013）。Liu和Xu（2016）进一步提出了"包容性增长"概念，强调将经济增长的成果惠及所有国家和地区的所有人群。通过权利、规则、机会、分配等各方面公平机制的构建，不断消除贫困群体参与经济增长并分享经济增长成果的障碍。

3.2.3　扶贫模式及其减贫效应

Jalilian 和 Kirkpatrick（2002）指出，"无论是民主政府抑或集权政府，贫困从来都是其无法逃避并决定其执政成败的重点问题"。反贫困本质上是一个政府问题，政府是贫困治理的主体和责任人。

政府通过公共财政手段救济贫困人口是世界范围内扶贫的主要内容。Montalvo 和 Ravallion（2009）研究表明，政府救济金能够增加消费，拉动贫困地区产业发展，进而增加就业，消减贫困。然而，单纯"输血型"的扶贫救济仅仅只是有助于贫困群体维持生存，不能从根本上帮助贫困群体解决再生产资本的匮乏进而摆脱贫困（Azpitarte，2014）。因此，学界在肯定"输血型"

扶贫作用的同时，也开始积极探索"造血型"扶贫路径，即如何通过财政支持促使贫困群体形成再生产和稳定增收的能力（汪三贵，2005）。Sarah（2009）通过对非洲国家贫困问题的实证研究表明，基础设施建设和就业培训的扶贫方式相较于直接救济在短期内效果不显著，但在长期内减贫作用更强。Fisher（2013）也提出，基础设施建设、技术培训和就业机会创造是重要的扶贫策略。Azpitarte（2014）进一步指出，教育扶贫能够消减贫困。

具体到我国的扶贫实践，我国扶贫工作经历了以"面"为主的开发式扶贫、"点面结合"的多维扶贫和以"点"为主的精准扶贫的不同阶段，逐渐演化成多种扶贫政策手段、扶贫模式相结合的综合立体的扶贫政策系统（刘彦随等，2016；孔繁金，2018）。在这个过程中，学者们就政府的扶贫责任、扶贫体系构建、扶贫模式创新及其减贫效应、扶贫工作监督效率、财政资金使用及其效率等方面对扶贫进行了研究。汪三贵和曾小溪（2018）总结了改革开放以来的扶贫成效并提出了现阶段扶贫的应对策略。就扶贫政策影响因素而言，学者们纷纷从资金投入机制、群众受益机制、外部经济环境挑战、社会保障因素等方面展开了深入探讨（尤亮等，2018）。王国勇和邢溦（2015）证明了设立扶贫工作重点县以及对其财政倾斜显著提升了贫困县收入。李卓和左停（2018）以东部扶贫改革试验区为切入点，檀学文（2018）以皖北辛村精准扶贫为例等，通过对现实扶贫实践的探索，深入分析了扶贫工作的减贫机理和实践困境。

3.2.4　产业扶贫研究

产业扶贫是依托产业降低再生产和技术门槛，形成再生产能力，构建稳定增收机制的扶贫路径（李志平，2017）。虽然政府是扶贫主体机构，然而，由于产业扶贫使得产业主体与贫困人口的利益联结在一起，产业主体部分承担了扶贫职能，然而，这恰恰与经济学理论中市场主体完全自利性的定位存在冲突，因此，学者们关注到了产业发展对贫困人口的激励带动作用。Openshaw（2010）对非洲地区的研究表明，贫困地区林业发展，木材砍伐效率的提高能够降低贫困发生率。Wang 和 Androws（2012）认为，企业通过与农户签订的订单可以为农户提供资金、技术、信息等方面的服务，降低市场交易成本。但是，这些研究并没有形成明确的"产业扶贫"概念，或者将其单独视为一种扶贫模式，只是在经济增长的减贫效应的框架下进行讨论。

中国特殊的政府强干预能力的制度特征使得基于政府行政管理构建产业主体与贫困群体之间的利益联结成为可能，政府强行政约束和监督能够缓解产业主体与贫困群体之间的利益目标差异和冲突（顾天翊，2019）。新的历史时期，我国扶贫有机融合国际两大减贫思路——经济学家 Sachs 采用的以村为单位的"大推动"策略（Mitchell et al.，2018）以及经济学家 Banerjee 和 Duflo 为代表的"极端贫困毕业计划"（Banerjee et al.，2015），并结合我国基本国情，逐步形成了世界上政策覆盖面最广的精准扶贫政策体系，为贫困人口摆脱贫困提供了最广泛的帮扶渠道（李芳华等，2020；尹志超和郭沛瑶，2021）。

自 2013 年精准扶贫战略实施以来，产业扶贫的概念逐渐清晰，政府产业扶贫推进思路明确，产业扶贫成为我国扶贫工作的重要手段，相关研究也逐渐丰富，学者们纷纷从产业扶贫的减贫效应、减贫模式和政策路径等视角对其进行探讨（申云和李小兵，2016；莫光辉，2016）。引入市场机制，使市场机制的优越性与政府干预互为补充，相辅相成，政府为市场力量创造良好的扶贫政策条件，提供必要的信息和资源，吸引市场主体参与并监督市场主体的扶贫效果，构建政府主导下的市场化扶贫模式，从而提升脱贫成效和可持续性是当下我国扶贫道路的重要成功经验（宫留记，2016；刘明月等，2019）。精准扶贫的实践，表现出了以下特征：尽一切可能实现全面脱贫；政府主导、多方参与的超常社会动员；识别贫困人口采用指标控制、逆向排序方式；多渠道扶贫路径可以归纳为发展生产和社会保障两大机制；社会保障兜底机制蓬勃兴起等（檀学文和李静，2017）。政府也在系统推进各方面扶贫措施，为企业顺利开展产业扶贫创造条件。然而，由于过去我国企业参与扶贫行动较为零散，缺乏相关扶贫数据，从微观企业视角研究由当前国家战略催生的微观市场主体企业广泛参与的扶贫行为仍然较少。

3.2.5　企业扶贫行为研究

国际社会也不乏企业参与扶贫的成功实践。学者们利用津巴布韦、约旦、印度、斯里兰卡等国家通过企业承担社会责任实现减贫的成功经验表明，发展中国家面临着大量的失业、贫困等社会经济问题，企业家承担社会责任时对这一社会问题表现出高度关注，重视程度往往超越环境等社会问题，通过对企业分配社会责任的方式改善教育、就业、医疗等民生问题以消减贫困是发展中国家反贫困战略的重要途径（Abdelrahim，2014；Baldo，2014；Wuttke and

Vilks，2014；Muruviwa et al.，2018）。企业作为社会力量积极履行社会责任，对巩固拓展脱贫攻坚成果具有重要作用（刘莉亚等，2022）。扶贫开发政策通过增加补贴红利、提升企业业绩和获取金融资本，显著促进了贫困地区企业资本增长，尤其对高劳动生产率企业效果更为明显，同时有效缓解了贫困地区高效益企业的流失问题（王书斌，2021）。

近两年来，国内外几篇最新的文献从企业微观视角研究了企业扶贫行为的相关动因和经济后果。A 股上市公司在承担扶贫社会责任方面存在显著的行业同群效应，行业内其他企业的平均扶贫投入会正向影响个体企业的扶贫责任承担（高志辉等，2022）。潘健平等（2021）指出企业的精准扶贫行为更多源于利他性和战略性动机的结合，而非管理者的私利驱动，实现了企业、社会与环境的共赢。Chang 等（2020）发现，国有企业属性和当地干部的个人激励是推动企业扶贫的重要因素。杜世风等（2019）研究表明，财务实力强，国有性质的公司参与扶贫的程度更高。杨义东和程宏伟（2021）研究表明，企业拥有政治资源参与扶贫的程度也更高。同时，政府应进一步扩大和加强对民营企业扶贫的支持，以增强其扶贫的正向溢出效应（杨国成等，2021）。文雯等（2021）发现，CEO 拥有境外居留权将会降低其参与扶贫意愿。张功富和张木子（2021）发现，CEO 党员身份和贫困经历将积极提升其参与扶贫意愿。另外，还有学者研究了企业扶贫行为在企业决策、资本市场和政府资源等方面的经济后果。刘春等（2020）发现，企业扶贫行为促进了企业创新。王帆等（2020）发现，企业扶贫行为提升了企业投资效率。上市公司参与政府主导的精准扶贫工作能够显著降低其风险水平，尤其在国有企业、融资约束较低及内部控制较差的企业中表现更为显著（岳佳彬等，2021）。甄红线和王三法（2021）发现，企业精准扶贫参与度越高，股票市场风险越低，且在信息透明度较低和制度环境薄弱的地区，这一作用更为显著。张玉明和邢超（2019）、胡志浩和张秀萍（2020）以及谢懿等（2022）都证明；企业扶贫行为提升了企业财务绩效。易玄等（2020）发现企业扶贫行为披露收获了积极的市场反应。徐娟等（2022）提出通过政企合作及政策引导，企业扶贫行为不仅有助于巩固拓展脱贫攻坚成果，还能提升企业价值，从而激发企业持续参与扶贫，形成长效机制。杨国成和王智敏（2021）发现企业扶贫行为披露有助于降低企业股价崩盘风险。严若森和唐上兴（2020）发现，企业扶贫行为帮助企业获得了更多政府补贴等政府资源。潘健平等（2021）认为，企业扶贫降低了企业融资约束。张京心等（2022）发现，企业的业务质量与扶贫成效密切相关，企业的"造血型"扶贫具有可持续的减贫效应和积极的战略价值。吕鹏和刘学（2021）指出，企业通过将主营业务优势与乡村治理相结合，推动了"生产型治理"模式的形成，缓解了生产目标与治理责任的张力，为社会治理能力现代化提供了积极效应。阮荣平等（2022）基于涉农扶贫企业的调查数据发现，疫情对其生产经营和扶贫带动能力造成了显著冲击。可以看出，这些文献主要从公司特征、高管特质等层面研究其影响因素，以及其在公司决策、资本市场和政府资源等方面的经济后果。对企业扶贫行为的认知和探索仍然基于其传统企业社会责任普遍特征的视角，对其重要的社会期望分析以及实施过程中体现的结合企业核心业务优势创造企业和社会共享价值的重要特征研究不足。

3.3　企业社会责任相关理论基础和文献综述

3.3.1　企业社会责任溯源和历史演变

企业社会责任的发展演变过程是理论研究与现实实践相互推动共同进步的过程。现有针对企业社会责任历史演变的研究大多将企业社会责任追溯到二十世纪五六十年代（Lee，2008）。Bowen 认为，企业行为决策的重大影响力和深远的影响范围及后果要求企业必须考虑其社会责任和后果。他试图从规范和制度导向的视角解释企业应该承担社会责任的原因，与新制度理论强调的环境对企业行为的调节和规范作用殊途同归（Scott，2001）。与此同时，这一时期（尤其在美国），实践中社会运动蓬勃兴起，包括民权运动、环境保护运动、消费者权利运动等一系列保护雇员、消费者、环境资源的法律也相继颁布实施。剧烈的社会环境变革，尤其是社会导向激进分子的压力推动了企业社会责任观点、态度和做法的转变，企业社会责任的研究聚焦于其内涵界定以及对企业和社会的重要性（Davis，1960）。然而，对企业社会责任的关注和宣扬也引发了激烈的批评和争论。最突出的反对观点来自弗里德曼的古典经济学理论，该理论认为企业应该承担的社会责任是为股东创造财富，企业社会责任是威胁企业自由社会基础的"颠覆性学说"（Friedman，1962）。莱维特也发出了社会责任警告，认为社会福利是政府责任，企业承担社会责任将削弱其商业成就（Levitt，1958）。围绕企业社会责任合法性的争论成为 Bowen 一书出版之后二十年间的研究焦点（Wartick and Cochran，1985）。此时，企业社会责任与企业价值之间的基本假设截然不同甚至相互对立，被称为CSR1.0时代。

1970年，Wallich和McGowan提出的企业社会责任的新范式使企业社会责任概念发展取得了巨大突破。Wallich和McGowan（1970）提供了在不损害股东利益的情况下企业承担社会责任的"新理由"——符合股东长期利益的开明利己主义模式。由此，关于企业社会责任正式定义的研究开始激增，大部分研究围绕通过企业社会责任优化企业所属环境以支持企业长期利益展开，关注与企业基本利益不冲突的社会责任内容和过程（Ackerman，1973；Fitch，1976；Murray，1976）。"企业社会响应"成为这十年讨论的中心，强调企业对社会环境的响应能力以及社会反应取得的成果。对企业社会责任结果的关注也为尝试衡量企业社会责任后果和绩效奠定了基础（Lee，2008）。20世纪70年代的企业社会责任概念试图与企业财务绩效达成和解，然而，相关因果关系构成没有得以说明，二者仍然保持各自的独立身份和逻辑分离。

20世纪80年代，企业社会绩效三维概念模型成为普遍接受的理论范式。它最早由Carroll（1979）提出，成为企业社会责任领域被引用最多的文章之一，后被其他人进一步发展（Wartick and Cochran，1985；Wood，1991）。Carroll（1979）将企业社会绩效的3个维度——企业社会责任、社会问题和企业社会响应能力整合在一起，企业社会目标和经济目标被统一纳入该社会责任总体框架，具体包括经济、法律、道德和自由裁量四方面类别，每个企业的不同类别的社会责任轻重大小可能不同，企业可以选择4种可能的行动策略：防御、反应、适应和主动。Wartick和Cochran（1985）进一步发展了该模型，将3个维度修改为原则、流程和决策。企业社会绩效模型试图整合以前的一些理论，然而，它仍然面临一个关键的缺陷，缺乏明确客观的社会绩效衡量标准，导致企业社会责任实践结果的不确定性。除了企业社会绩效模型，20世纪80年代的企业社会责任概念研究的新定义较少，关于企业社会责任与企业财务绩效之间关系的实证研究呈现爆炸式增长（Lee，2008），由于实证方法、样本等的差异，实证研究结论有正相关、负相关、不相关等，差异较大（Margolis and Walsh，2001）。这一时期，企业社会责任与企业财务绩效之间的关系变得更加敏感，联系也更加紧密，然而，仍然缺乏紧密联系两个概念的理论机制。

20 世纪 90 年代，管理学的研究成果开始被应用于企业社会责任领域，这一时期最突出的应用结合是利益相关者理论。利益相关者理论最初在 20 世纪 60 年代出现在管理学文献中，经过 20 年的发展，Freeman（1984）收集了利益相关者分析的各类思想、方法，构建了系统的利益相关者理论，1995 年，同年在 AMR 上发表文章的 Clarkson（1995）和 Jones（1995）将该理论应用在企业社会责任领域。Clarkson（1995）认为应当区分利益相关者问题和社会问题以定义不同的问题级别（法规、组织、个人等），帮助管理者有效分析和评价社会绩效。Jones（1995）将利益相关者理论、委托代理理论、团队生产理论和交易成本理论联系起来，强调企业对利益相关者负责的工具理性。利益相关者理论逐渐成为企业与社会关系研究的中心观点，取得了大量研究成果（Rowley，1997；Berman et al.，1999）。为使特定利益相关者对应更明确的企业社会责任，许多新的企业社会责任类别也被创建出来，例如环境责任、透明会计信息披露等。20 世纪 70 年代至 90 年代，学者们在不断加深对企业社会责任的认知，也在不断试图将企业社会责任与企业财务绩效相联系，只是，还没有找到将二者直接相连的路径机制，这一时期的企业社会责任被称为 CSR2.0。

21 世纪之后，战略管理领域的学者更深入地将战略管理思想应用于企业社会责任研究，提出战略慈善观，开辟了前所未有的研究图景，战略性社会责任能够为企业创造价值性稀缺资源，对企业价值产生着重要的直接影响。例如，Porter 和 Kramer（2002）认为，企业慈善捐赠能够帮助企业构建声誉和品牌形象，是提升企业利润的战略投资。营销学学者们借鉴社会和组织认同理论，发现具有社会导向偏好的消费者是存在的，并愿意为环保和对社会负责的产品付费，部分承担企业社会责任的成本（Sen and Bhattacharya，2001；Bhattacharya and Sen，2003），进而使企业社会责任成为构建声誉和产品差异化战略竞争优势的常用手段（Loureiro and Lotade，2005；Johnston and Roheim，2006）。首先，企业慈善能够提升企业声誉，从而改善现有和潜在消费者对公司及其产品的偏好，提升公司收益（Lev et al.，2010）。企业社会责任能够帮助企业构建良好的品牌形象和品牌忠诚度（Klein et al.，2004；童泽林等，2016）。其次，承担社会责任有助于企业形成产品差异化战略，构建竞争优势。绿色、健康、公益等社会价值理念是企业区分和宣传其产品的重要战略选择（Porter and Kramer，2000）。无论是声誉效应还是产品差异化效应都表明，这一时期，企业社会责任是直接提升企业价值的战略资源，这一时期的企业社会责任被称为 CSR3.0。

21 世纪的第二个十年，共享价值——视社会问题为企业商业机会，在增强企业竞争优势的同时创造社会价值，重塑企业与社会关系，成为应运而生的时代新主题。共享价值理念最早由 Porter 和 Kramer（2011）提出，企业可以通过创新产品和市场、重塑价值链生产力、改善当地产业集群配套环境 3 条途径实现共享价值是企业社会责任的价值创造（Porter and Kramer，2011）。共享价值式企业社会责任的实施程序包括搜寻识别目标社会议题、制定和推行社会议题的商业化解决方案、跟踪方案推进过程、考察新价值创造 4 个环节（Porter，2012）。从第一步搜寻目标社会议题可以看出，不是所有社会问题都适合成为商业机会，企业需要审慎探索链接社会问题与商业机会的共赢情景，将社会问题和需要嵌入公司核心业务，转化为企业差异化竞争战略优势（Schramm，2017）。当前时期，企业社会责任已经走在了通向企业与社会共生共益的 CSR4.0 的时代（肖红军，2020）。可以看出，企业社会责任的演化史是一部与企业价值越来越紧密关联直至共赢共生的历史（表 3-1）。现有实证研究关于企业社会责任的战略工具理性取得了大量经验证据成果，实践中，许多企业也竞相成为共享价值的践行者，然而，关于共享价值创造的实证证据却少有发现。当前我国企业广泛参与的扶贫行为是新的具有典型中国属性的联结社会问题与商业机会的共享价值式企业社会责任，实现了可持续减贫、社会价值与公司商业战略共赢。

表 3-1　企业社会责任与企业价值历史演变

时期	关键文献	主导主题	与企业财务绩效关联	动机	不确定性水平
20 世纪 50 年代至 60 年代	Bowen（1953）	企业道德和社会责任	没有关联	企业外部要求	非常高
20 世纪 70 年代	Wallich and McGowan（1970）	开明利己主义（CSR 支持企业长期绩效）	松散关联（二者仍然保持各自的身份和逻辑分离）	关于 CSR 是否利己的争论	高

（续）

时期	关键文献	主导主题	与企业财务绩效关联	动机	不确定性水平
20 世纪 80 年代	Carroll（1979）；Wartick and Cochran（1985）；Wood（1991）	企业社会绩效模型	关联增强（但仍然难以度量 CSR 的社会绩效）	务实的全面的概念模型	中
20 世纪 90 年代	Clarkson（1995）；Jones（1995）	工具理性和利益相关者渠道	关联紧密	商业价值和实证证据	低
21 世纪以后	Porter and Kramer（2002）	战略管理资源	直接关联	竞争优势	非常低
21 世纪 10 年代	Porter and Kramer（2011）	共享价值	直接关联	企业与社会共赢	非常低

3.3.2　企业社会责任相关理论观点

从一个充满争议、矛盾的概念到得到整个社会的普遍认可和支持。关于企业社会责任的研究涌现出大量理论、方法和术语等，归纳来看，企业社会责任的相关理论可以归纳为以下四个视角：政治视角、融合视角、工具视角和道德视角（Garriga and Mele，2004），具体如表 3-2 所示，继而形成了以政治视角和融合视角相关理论为支撑的基于外部社会期望的企业社会责任，以工具视角相关理论为支撑的基于企业工具理性的企业社会责任和以道德视角相关理论为支撑的基于企业利他导向的企业社会责任的三类不同逻辑起点发展而来的企业社会责任范式。

表 3-2　企业社会责任相关理论梳理

理论类型	渠道	简要说明	关键文献
政治视角	企业宪政理论	企业社会责任来源于企业拥有的权力	Davis（1960，1967）
	企业公民理论	公司被理解为像公民一样参与到社区中	Wood and Lodgson（2002），Andriof and McIntosh（2001）

（续）

理论类型	渠道	简要说明	关键文献
融合视角	社会契约理论	企业承担社会责任源于对契约精神的遵循	Freeman and Evan（1990），Donaldson and Preston（1995）
	社会回应观	公司对其具有重大影响的政治和社会问题作出回应的过程	Sethi（1975），Ackerman（1973），Jones（1980），Vogel（1986），Wartick and Mahon（1994）
	因果责任观	企业社会责任动因的内在因果链条，并在此基础上确定了企业社会责任的具体内容	ISO（2010）
	公共责任观	公共责任隐藏于公共政策之中	Preston and Post（1975，1981）
	社会绩效观	一个由企业社会责任原则、企业社会反应过程和企业行为结果组成的企业社会绩效模型	Carroll（1979），Wartick and Cochran（1985），Wood（1991b），Swanson（1995）
工具视角	利益相关者理论	企业社会责任是针对不同利益相关者对企业施加的压力以及对企业的价值而做出的努力	Jones（1995），Berman et al.（1999），Park et al.（2014）
	资源基础理论	竞争环境中的社会投资是基于企业自然资源观和企业动态能力的战略	Porter and Kramer（2002），Hart（1995），Lizt（1996）
	信号理论	企业社会责任能够传达关于企业隐藏的道德本质的信息，并据此选择交易伙伴	Connelly et al.（2011），Zerbini et al.（2017）
道德视角	管理理论	企业社会责任源于管理者超越外部激励延伸至内在自我激励的动机	Donaldson and Davis（1991），Daviset et al.（1997）
	利益相关者规范理论	考虑利益相关者的受托责任	Freeman（1984，1994），Evan and Freeman（1988），Freeman and Phillips（2002），Phillips et al.（2003）
	可持续发展观	实现人类现在和后代可持续发展的目标	Wheeler et al.（2003）
	共同利益理论	社会共同利益为导向	Alford and Naughton（2002），Mele'（2002），Kaku（1997）

（1）政治视角

政治视角关注企业与社会的互动和联系，关注企业的权力地位及其固有责任。政治视角主要可以被区分为两大理论：企业宪政理论和企业公民理论。

第一，企业宪政理论。Davis（1960）第一个探究了企业在社会中扮演的权力角色以及这种权力角色的社会影响。企业是一种社会制度，它必须负责任地使用权力。Davis 提出了管理社会权力的两个原则："社会权力等式"和"责任铁律"。社会权力等式原则上认为商人的社会责任源于他们所拥有的社会权力。责任铁律指向了不使用权力的消极后果，谁不负责任地使用其社会权力，谁就会失去它，因为其他团体将最终介入承担这些责任（Davis，1960）。企业需要承担的社会责任来自不同的社会压力。

第二，企业公民理论。企业公民的概念由来已久（Davis，1973），但是随着经济社会的不断发展，尤其是全球化现象的出现，一些大型跨国公司比一些国家的政府有更强的经济和社会力量，企业公民框架试图对这一新现实做出解释（Matten et al.，2003）。企业是在政府保护公民失败的情况下进入公民领域的。这种观点的产生是由于一些公司逐渐取代了传统公民概念中最强大的机构——政府。"公民"一词源于政治学，是"企业公民"概念的核心，"企业公民"理论关注社会中企业的权利、责任和可能的伙伴关系。

（2）融合视角

融合视角着眼于企业是如何整合社会需求的，认为企业的存在、延续和增长都依赖于社会需求。这一视角关注为实现社会合法性、社会接受度和社会威望，对社会需求的觉察、识别和回应。至于企业为何要对社会期望做出回应，学者们也提出了不同的观点。

第一，社会契约理论。新制度经济学认为，企业是一系列契约的联结，包括企业、所有者、管理者、员工、政府、供应商、客户和社区等利益相关者之间的契约（Freeman and Evan，1990），企业承担社会责任源于对契约精神的遵循。每一个利益相关者都为企业提供了不同形式的资源，其权益也应当得到考虑，以维护契约公平（Donaldson and Preston，1995）。社会契约理论将企业社会责任具体转化为了与利益相关者之间的责任，将企业社会责任的对象和内涵明确化、具体化。利益相关者理论在此理论的基础上，进一步提出了企业在追求自身利益最大化过程中的利益相关者管理问题。

第二，社会回应观。Wartick 和 Rude（1986）将问题管理定义为企业识别、评估和回应那些可能对其产生重大影响的社会和政治问题的过程。通过充当潜在环境威胁和机会的早期预警系统，问题管理试图尽量减少伴随社会和政治变化的"意外"。此外，它作为公司内部的一种协调和整合力量，促使企业对特定问题做出更系统和有效的反应。社会回应观研究一直受到战略领域的影响，它被视为一种特殊的战略问题。

第三，因果责任观。因果责任观认为每个行为主体都应当为其行为承担责任，企业作为社会系统中的重要组成单位，其行为必然对社会环境产生影响，企业需要对其行为的社会后果担责（满河军，2008）。这一观点既关注企业自愿为行为外部性担责的道德追求，也关注企业承担社会责任的客观社会需求，强调企业社会责任动因的内在因果链条，并在此基础上确定了企业社会责任的具体内容，即从企业行为的社会环境影响出发，产生哪些影响就承担哪些责任。ISO 26000 立足这一逻辑观点确立了企业应该承担的社会责任的 7 个核心主题和 37 个具体议题。

第四，公共责任观。Preston 和 Post（1981）认为，为了有效指引企业承担社会责任，应当限制其社会责任范围，他们提出了公共责任概念。公共责任隐藏于公共政策之中，涵盖法律法规、社会规范、热点问题等广泛的社会导向模式。实践中，发现公共责任的内容是一项复杂而艰巨的任务，需要引起管理层的高度重视。这一理论与政企关系的研究相伴而生（Vogel，1986）。

第五，社会绩效观。社会绩效观试图整合以前的一些理论。企业社会绩效包括对社会合法性的探索，以及给出适当回应的过程。Wood（1991）提出了一个由企业社会责任原则、企业社会反应过程和企业行为结果组成的企业社会绩效模型。企业社会责任的原则被理解为具有可操作性的价值内容的分析形式。它们包括：企业社会责任的原则，体现在制度、组织和个人层面；企业社会反应的过程，如环境评估、利益相关者管理和问题管理；企业行为的结果，包括社会影响、社会计划和社会政策。

（3）工具视角

另一组文献将企业社会责任视为企业出于自身逐利动机而采取的行动，社会福利不是终点，而是要发挥其最大化企业利益的战略工具价值。这一观点由经济建模的学者们提出，为之后的实证研究铺平了道路（Baron，2001），目前，战略社会责任领域研究已和战略管理领域研究以及市场结果领域研究紧密结合。工具视角的战略社会责任主要包括利益相关者理论、资源基础理论和信号理论三类逻辑视角。

第一，利益相关者理论。它提出，在承认企业与各利益相关方有显性和隐性契约的基础上，根据其实际构成的不同，企业可以优先考虑选择那些能够最大化自身收益的合作伙伴（Jones，1995）。这一观点将企业利益相关者、企业战略和企业绩效联系起来，得到了实证检验的支持（Servaes and Tamayo，2013）。目前，该领域已取得大量研究成果，涉及如何确定企业利益相关者关系中的最佳实践、利益相关者对管理者的重要性、利益相关者管理对财务绩效的影响、企业通过社会责任投资与具体利益相关方构建共赢机制，例如提升雇员工作满意度和忠诚度，积累与政府之间的政治资本等。

第二，资源基础理论。它探索企业社会责任与构建竞争优势以及企业财务绩效之间的关系。这一观点认为，企业社会责任是能够实现企业经济目标并最终创造财富的一种战略工具。企业社会责任创造竞争优势可以通过以下两种方式实现：资源基础理论与企业动态能力和善因营销。

资源基础理论与企业动态能力方面：企业资源基础理论（Barney，1991；Wernerfelt，1984）认为，最有可能导致竞争优势的资源是那些满足以下四个标准的资源：它们应该是有价值的、稀缺的和不可模仿的，并得到有效的组织和部署。学者们识别出了一些可以成为企业竞争优势来源的社会资源及能力，例如道德伦理决策（Petrick and Quinn，2001）；道德感知以及社会问题反应和处理能力（Litz，1996）；声誉的累积以及由此带来的缓解其他败德行为的声誉损失风险（Hart，1995；Reinhardt，1998；綦好东等，2013；傅超和吉利，2017）；与主要利益相关者：员工、政府、客户、供应商和社区等建立的良好关系（Hillman and Keim，2001）等。

善因营销是指当客户愿意参与实现特定社会目标时，公司将其营销活动与该社会公益事业相结合，其目标是通过与道德和社会责任相关联，构建公司品牌声誉，从而创造或提高销售收入并建立良好的客户关系（Murray and Montanari，1986）。某种限度上，善因营销是通过创造公司的社会责任特性影响公司声誉，以寻求公司产品差异化。

第三，信号理论。将信号理论引入企业社会责任研究领域，是对其他经济学观点的有益补充。信号理论旨在揭示企业社会责任的线索性价值，该观点认为，企业社会责任能够向市场传递关于企业隐藏特征的信息（Spence，1976）。信号理论和代理理论都以信息不对称为假设前提，信息不对称会影响市场参与者行为，进而导致市场失灵。不同的是，代理理论主要关注企业作为缺乏信息方——委托人的解决方案，包括缓解信息不对称和基于结果订立契约等举措（Eisenhardt，1989）。信号理论关注的是企业作为信息优势方——信号发送者的视角（Kirmani and Rao，2000），信号理论表明，企业能够利用社会责任投资信息缓解市场中的逆向选择问题，进而提升市场效率和企业绩效（Spence，2002；Connelly et al.，2011）。

（4）道德视角

道德视角侧重于强调企业与社会关系的伦理要求。它们建立在"做对的事"或实现良好社会的必要性的原则上。主要理论可以划分为以下几点：

第一，管理理论。管理理论支持企业社会责任损害企业利益的观点，不同的是，它否认代理理论认为的管理者行为是功利主义的解释，该理论认为，管理者有意投资企业社会责任是出于自身道德追求的结果（Donaldson and Davis，1991；Davis et al.，1997）。这些管理者制定社会责任计划仅仅因为他们认为这样做是对的，尽管这一决策将牺牲企业的财务绩效。

第二，利益相关者规范理论。Freeman（1984）提出，企业应当对利益相关者承担受托责任。Donaldson 和 Preston（1995）认为，规范利益相关者理论有两个核心观点：①公司行为将会切实影响利益相关者的合法利益；②所有利益相关者都有利益的内在价值，即每个利益相关者都有其考虑的自身价值。

第三，可持续发展观。"可持续发展"概念是从宏观层面而不是公司层面发展而来，但它也要求公司作出贡献。"可持续发展"寻求既满足现代人的需求又不损害满足未来下一代人需求的能力。企业可持续发展问题是公司在战略实施和发展过程中满足企业可持续发展的挑战。Wheeler 等（2003）认为，可持续性是一个社会和企业能够保持持续生机的理想，创造与社会环境和经济方面的可持续性理想一致的结果。一个务实的建议是，将传统的"底线"会计（总盈利能力）扩大到"三重底线"，扩展到企业的经济、社会和环境方面。

第四，共同利益理论。共同利益理论是一个植根于亚里士多德经典哲学的概念（Smith，1999），认为社会共同利益是企业社会责任的参照价值（Velasquez，1992）。共同利益理论认为，企业同社会中任何其他社会团体或个人一样，必须为公共利益作出贡献，因为它是社会的一部分。在这方面，有人认为企业是一个中介机构（Fort，1996）。企业既不应该对社会有害，也不应该成为社会的寄生虫，而应该纯粹是社会福利的积极贡献者。

综合比较来看，道德视角理论强调管理者决策的内在价值驱动，政治视角和融合视角理论强调管理者决策的外部社会期望回应，社会期望既是积极的引导激励，也是强有力的倒逼压力。工具视角理论符合企业决策的经济理性，利益相关者理论、资源基础理论和信号理论的假设目标是企业的逐利动机。在企业社会责任能够帮助企业构建相关资产（例如声誉）这一点上，资源基础理论和信号理论一致。不过，信号理论具体揭示了企业社会责任影响市场反应的作用机制——提示过程，相较于资源基础理论在揭示战略资产、竞争优势和企业绩效之间的因果模糊性（Peteraf，1993），信号理论是资源基础理论的进步。信号理论、资源基础理论与利益相关者理论之间也存在交叉领域。利益相关者理论致力于解决企业与利益相关者之间的资源分配问题，信号理论关注企业选择利益相关者时的筛选和进一步确认等问题，弥补利益相关者问题研究常常忽视的决策问题。利益相关者理论和资源基础理论都支持良好的利益相关者关系能够提升企业绩效，比较来看，利益相关者理论从契约视角更关注企业与各利益相关方之间的互动，资源基础理论更重视利益相关者关系为企业带来的战略资源。企业社会责任相关理论关系具体如图 3-1 所示。另外，由于企业社会责任诞生之初的慈善烙印和绩效的难以测量性，代理理论认为，企业社会责任可能会沦为管理者牺牲企业利益，谋取私利的工具（Wright and Ferris，1997；Friedman，2007）。

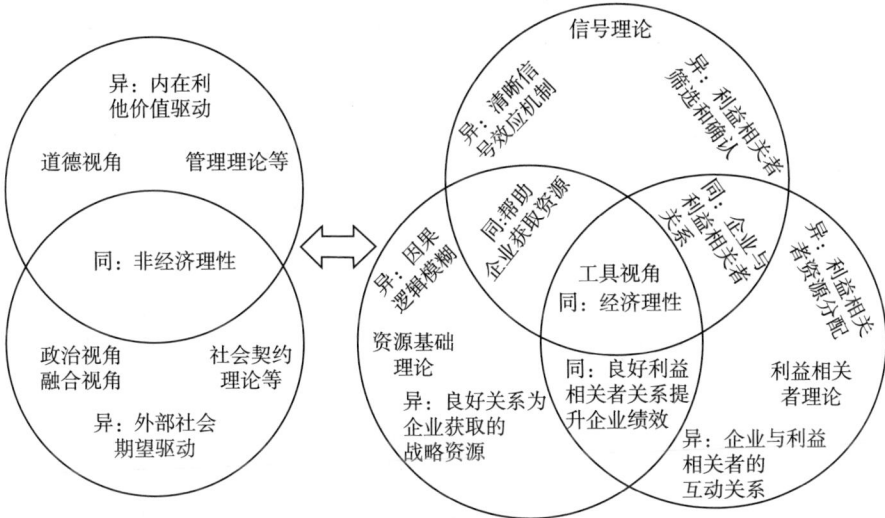

图 3-1　企业社会责任理论关系

3.3.3　企业社会责任的影响因素研究

（1）非工具理性视角下的企业社会责任与外部环境因素相关研究

结合企业社会责任的理论逻辑，现有研究从众多视角考察了企业社会责任的驱动因素。按照驱动因素是否来源于企业内部，可以划分为外部环境因素和企业自身因素。

非工具理性视角下的外部环境因素主要基于政治视角和融合视角下的合法性理论，强调环境对企业社会责任的要求和预期。现有社会期望要求引发企业承担社会责任的研究可以归纳为地区文化环境的要求、责任铁律的要求和行业自我监督的要求3个方面。其驱动机制不是源自物质激励，而是价值观的规范指引和企业负外部性的抵制惩罚，形成要求企业承担社会责任的隐性约束。

社会期望可能源自地区文化环境的要求。Campbell（1999）认为，政府和非营利组织对企业社会责任监督较强的环境中，企业社会绩效更好。Eesley和 Lenox（2006）指出，1971—2003 年间，有 300 多家大公司遭受了至少一次抗议、抵制、投诉或公民诉讼等。Husted 和 Allen（2006）研究发现，国别制度压力是跨国公司进行企业社会责任决策的重要驱动力。Liang 和 Renne-boog（2017）研究表明，相较于普通法系背景，大陆法系国家社会法律制度更关注利益相关者福利，政府对经济的参与度更高，其企业社会责任绩效较高。即使控制了与消费者偏好相关的法律法规和人口因素等，社区特征也会影响企业的污染排放（Earnhart，2004）。Dyck 等（2019）研究表明，地区文化对企业社会责任的要求更高时，该地区企业的社会责任绩效更高。国内李彬等（2011）将制度背景压力区分为规范压力、认知压力和规制压力，实证检验证明，规范压力对企业社会责任的影响程度最高，认知压力次之，规制压力影响不显著。唐跃军等（2014）发现，市场化改革进程降低了国内企业的慈善捐赠动机。

社会期望还可能出现在行业内部，导致整个行业的自我监督。DiMaggio 和 Powell（1983）认为，某一地区或行业内公司越多，依赖共同的外部因素越多，例如工会、以学历作为招聘的先决条件、政企关系、技术不确定性、可供选择的组织形式和法律形式的数量等，组织同化、形式与实践同质性越强。祝继高等（2017）发现，企业社会责任投入具有"锚定效应"，同行业其他企业的捐赠水平以及企业原来捐赠水平也会对企业捐赠产生影响。工业设施测量并报告其温室气体排放，通过同行的披露数据对自身相对温室气体排放绩效进行基准评估，从而促进了温室气体排放减少（Tomar，2022）。Lins 等（2017）和 Dyck 等（2019）都发现，当行业发生重大社会责任丑闻后，社会对企业承担社会责任的要求更高时，企业的社会责任绩效更高。全球化背景下，供应链压力也将影响企业社会责任。Christmann 和 Taylor（2001）研究表明，贸易壁垒促使出口企业改善其社会责任绩效以满足劳工标准、环保标准等准入限制；贸易强度越高，企业社会责任绩效越高；国内黄伟和陈钊（2015）的研究也表明，外资企业通过供应链压力提升了其客户——中国企业的社会责任表现。CSR 评级较低的供应商经历了合同数量和企业客户的减少，主要原因是企业客户对供应商的 CSR 进行基准评估以及与 CSR 相关的公共压力（Darendeli et al.，2022）。受 CSR 指令约束的公司通过增加其 CSR 活动做出回应，且这些公司在该指令生效前就已开始实施这些活动（Fiechter et al.，2022）。

社会期望基于"责任铁律"的压力传导机制是企业社会责任理论中为数不多的被广泛认同的基本定律，不过，相关的实证研究普遍停留在企业规模越大，社会责任绩效越好的实证结论（Muller and Kolk，2010）。另有一些学者关注了企业拥有的资源丰裕度与企业社会责任的关系（Voss et al.，2008；Shahzad et al.，2016）。肖红军和李井林（2018）认为企业并购导致企业外延式边界扩张，进而提升了企业社会权力边界，导致企业合法性压力提升，社会责任水平也相应提升。

（2）非工具理性视角下的企业社会责任与企业自身因素相关研究

现有考察非工具理性视角下的企业自身因素对企业承担社会责任的影响，主要从代理理论和道德视角下的管理理论出发，研究管理者出于谋取私利或管理者社会导向主导的企业社会责任。

高管个人特质。根据管理理论，企业社会责任源自管理者内在社会价值导向。学者们从高阶梯队理论的视角出发，研究管理者人口特征、经历和认知能力等因素对其社会责任意愿及决策的影响。Borghesi 等（2014）提出，利他主义 CEO 出于利他动机，其社会责任投资更多，女性 CEO、年轻 CEO 以及为无论共和党或民主党捐赠更多的 CEO 社会责任投资也更多，后者可能不仅出于利他动机，还可能出于政治资本动机。曾建光等（2016）研究发现，有宗教信仰的高管捐赠和社会责任投入水平更高，主要出于其"祈求平安"的内心诉求。许年行和李哲（2016）认为，具有贫困经历的高管更愿意从事社会责任活动。Cronqvist 和 Yu（2017）发现，当 CEO 有女儿时，其认知和决策会受到女儿影响，公司社会责任绩效将更高。胡珺等（2017）发现高管在家乡任职时，环境投资更多，反映了高管的"家乡认同"心理。Davidson 等（2019）研究发现，拜金主义 CEO 因为更重视个人物质财富，对他人需求较为漠视和吝啬，其社会责任投入较低。

董事会特征。从利他主义视角研究董事会特征对企业社会责任的影响，和高管个人特质一致，主要从董事个人特质中的社会导向出发进行研究。Ben - Amar 等（2017）认为，女性董事对企业社会绩效更加敏感，更愿意投身社会事业。

另外，靳小翠（2017）认为，良好的企业社会责任文化能够指引企业更好地从事企业社会责任活动。李志斌和章铁生（2017）证明，企业内部控制能够将制度环境中合法性要求落到实处，提升企业社会责任水平。郑登津和谢德仁（2019）发现，民营企业党组织能够提升企业捐赠水平。

（3）工具理性视角下的企业社会责任与外部环境因素相关研究

工具理性视角下的外部环境因素主要从利益相关者理论、资源基础理论和信号理论出发，认为企业社会责任能够帮助企业获取重要的战略资源，因此，出于政治资本动机、声誉动机、战略动机等的驱使，诸多环境因素会对企业社会责任产生影响。

媒体关注度。媒体关注通过优化内部控制和强化外部监督，显著提升了企业 ESG 信息披露质量（翟胜宝等，2022）。媒体关注也是影响企业社会责任的重要因素，作为企业重要的外部治理机制和企业声誉的重要方面，媒体关注对企业行为产生着重要影响，国内外的研究都表明，媒体关注显著提高了企业的社会责任感，提升了他们的捐赠水平和社会责任绩效（Zyglidopoulos et al.，2012；徐莉萍等，2011；孔东民等，2013）。朱焱和杨青（2021）研究了企业应对负面事件的策略对其市场价值的影响。杨珊华等（2021）指出疫情对经营可控性、考核目标、考核重点以及社会责任定位产生了重要影响。

市场竞争。还有学者关注了市场竞争对企业社会责任的双面影响。从"工具视角"来看，如果把企业社会责任作为一种产品差异化策略，市场竞争将会促使企业承担社会责任，经验研究也提供了相关证据，市场竞争越激烈，企业捐赠等社会责任投入越高（Fernandez and Santalo，2010）；从"道德视角"来看，企业社会责任是一种利他行为，将牺牲企业利润，使企业在市场竞争中处于不利地位。周浩和汤丽荣（2015）研究发现，市场竞争对企业善待员工存在显著的负向影响。

政治资源。政府采购作为纽带，有助于建立政企协同扶贫机制，促进企业社会责任履行与长期运营效率的结合（韩旭和武威，2021）。政府补助越多的民营亏损企业捐赠意愿越强（李四海等，2012）；彭飞和范子英（2016）发现，税收优惠政策能够激励企业从事社会责任行为。黎文靖（2012）研究表明，我国企业社会责任信息的使用效率低下，社会责任报告主要由政策引导和企业寻租产生。社会责任报告的信号效应对投资决策具有重要参考价值（李四海和李震，2022）。吴丹红等（2021）指出，企业通过适时的 CSR 报告策略来应对制度复杂性，以维持合法性和获取关键资源，从而实现企业结构与制度要求的协调。

（4）工具理性视角下的企业社会责任与内部环境因素相关研究

现有研究考察工具理性视角下的企业自身因素对企业承担社会责任的影响，主要从利益相关者理论、资源基础理论和信号理论出发，强调企业社会责任决策的工具理性。

高管个人特质。根据代理理论，企业社会责任是管理者谋取私利的手段，意味着高代理成本和股东价值损害（Friedman，2007）。学者们从公司治理失败的情景机制和高管个人职业前景、财富和声誉等经济后果视角展开了丰富的研究。Manchiraju 和 Rajgopal（2017）发现，强制实施企业社会责任降低了股东财富。Masulis 和 Reza（2015）证明，捐赠与股利支付、CEO 持股和公司治理质量呈负相关。在激励相容的情况下，如果企业社会责任不能最大化股东财富则管理者不会履行社会责任（Harjoto and Jo，2011；王海妹等，2014）。Cespa 和 Cestone（2007）发现，低效率的管理者更可能实施社会责任构建利益相关者保护机制，作为一种有效地保护其就业的堡垒战略。

董事会特征。董事会特征也是影响企业社会责任的重要治理因素。现有研究主要考察了女性董事和独立董事对企业社会责任的影响。女性董事主要出于自身利他主义倾向促使企业投身社会责任，独立董事则主要出于企业的声誉动机促使企业承担社会责任（Manner，2010；尹美群等，2014；王士红，2016）。Lanis 和 Richardson（2018）实证检验发现，独立董事更关注企业的社会声誉，独立董事比例与企业社会责任绩效呈正相关。

股权特征。多年来，股权特征对企业社会责任的影响受到了学者们的广泛关注，相关研究成果丰硕。就股权性质而言，有学者认为，公众企业面临更大的社会准则、制度等监督压力，更在意公司声誉；私有企业没有最大化季度收益的压力，能够将更多财务资源投入到社会和环境目标的实现中（Ervin et al.，2013）。然而，对机构持股、管理层持股、家族持股、国有持股等不同股权性质对企业社会责任的影响，目前尚没有形成一致的结论。机构投资者可能出于降低风险的目的，关注企业社会责任投资（Dyck et al.，2019）；也可能由于短视或视社会责任投资为管理层谋取私利的手段等，对企业社会责任投资持否定态度（Delgado-Garcia et al.，2010）。管理层可能不以企业价值最大化为目标从事企业社会责任活动，或者管理层更关注与个人职业前景、财富和声誉息息相关的企业声誉，则会从事更多企业社会责任活动（Johnson and Greening，1999）；管理层也可能在激励相容的情况下，如果企业社会责任不能最大化股东财富则不会从事（Harjoto and Jo，2011；王海妹等，2014）。家族持股可能出于关注企业声誉和形象或者其长期利益导向而积极从事社会责任投资（陈凌和陈丽华，2014）；家族持股也可能更关注自身利益，而不是社会利益，从而排斥社会责任投资（Mackenzie et al.，2013）。国有持股通常被认为是政治工具，更会遵从社会和环境目标，政府会通过国有企业实现社会稳定和其他政治目标（Li and Zhang，2010）；国有股东也可能因为缺乏经济和市场优势，利益相关者对其社会责任期望较低，企业的社会责任投资热情也将更低（Chun，2009）。

就股权结构而言，有学者认为，股权和企业联系更紧密的所有者更在意企业声誉和形象，对公司资源有更强的控制，将投资更多社会责任活动（Earnhart and Li'et al.，2006），也有学者持相反观点：企业社会责任不仅有利于股东，也有利于其他利益相关者，它还将产生成本降低和短期收益，股权集中度越高，企业社会责任成本和收益的背离越大，其他利益相关者越有"搭便车"倾向，集中度较高的股东将不再愿意进行社会责任投资（Dam and Scholtens，2013；Mackenzie et al.，2013）。还有学者没有发现两者之间的显著相关关系（Li and Zhang，2010）。

财务特征。关于企业社会责任是否会影响企业财务绩效的问题学界存在不同的声音，然而，财务实力代表着公司拥有的可支配资源的多寡，作为企业一项重要的投资决策，企业实施社会责任活动必须拥有较强的财务实力。第一，众多研究表明，企业社会责任投入与企业盈利能力呈正相关（McGuire et al.，

1988；Waddock and Graves，1997；Crampton and Patten，2008）。王菁等（2014）研究表明，当企业未实现其期望绩效时，会增加捐赠等社会责任投入，以获取竞争优势。第二，还有学者关注了企业规模与企业社会责任之间的关系。无论是国外研究还是国内研究，结论基本一致表明，企业规模越大，越会受到利益相关者的关注和重视，企业社会责任投入越多（Adams and Hardwick，1998；山立威等，2008；张建君，2013）。第三，现金实力也是公司财务实力的重要方面。公司拥有的现金资源越多，企业社会责任投入越多（山立威等，2008）。第四，有学者关注了债权人的存在对企业社会责任的影响。实证结果表明，企业资产负债率越高，企业社会责任投入越少（Adams and Hardwick，1998），因为社会责任投入占用的财务资源将会降低企业的偿债能力，债权人会制约企业的社会责任投入。Qiping Xu 和 Taehyun Kim（2021）发现放松财务约束能够减少美国上市公司的有毒排放。

3.3.4　企业社会责任的经济后果研究

（1）企业社会责任与企业财务绩效的关系

由上文理论观点梳理可以看出，企业社会责任概念的发展和演变具有诸多非股东财富最大化的目标导向动机，然而，这些目标导向最终也会衍变成企业合法性压力对股东财富造成影响，经济利益动机导致的企业社会责任则直接意味着企业社会责任与企业财务绩效之间的紧密结合，但是这一关系的实证研究结论仍然莫衷一是，具体如图 3-2 所示。

Bragdon 和 Marlin（1972）第一次实证检验了企业社会责任和企业财务绩效之间的关系，之后，许多学者应用各种不同的方法和情景对这两者之间的关系进行了验证，相关文献层出不穷。由于研究方法和研究视角等的差异，实证研究结论有正相关、负相关、不相关等，差异较大（Margolis and Walsh，2003；Brammer et al.，2006；Campbell，2007；苏东蔚和贺星星，2011）。另外还有学者区分短期财务绩效和长期财务绩效考察两者结果（张兆国等，2013；朱乃平等，2014；李百兴等，2018）。除了试图探索企业社会责任和企业财务绩效之间的线性相关关系，还有学者试图证明两者之间复杂的非线性关系，然而，非线性关系中也有 U 形关系和倒 U 形关系等大相径庭的研究结论（Wang et al.，2008；Bouquetc and Deutsch，2008）。步丹璐等（2021）指出较高持股比例和长期投资有助于提升外资股东对企业社会责任的积极作用。

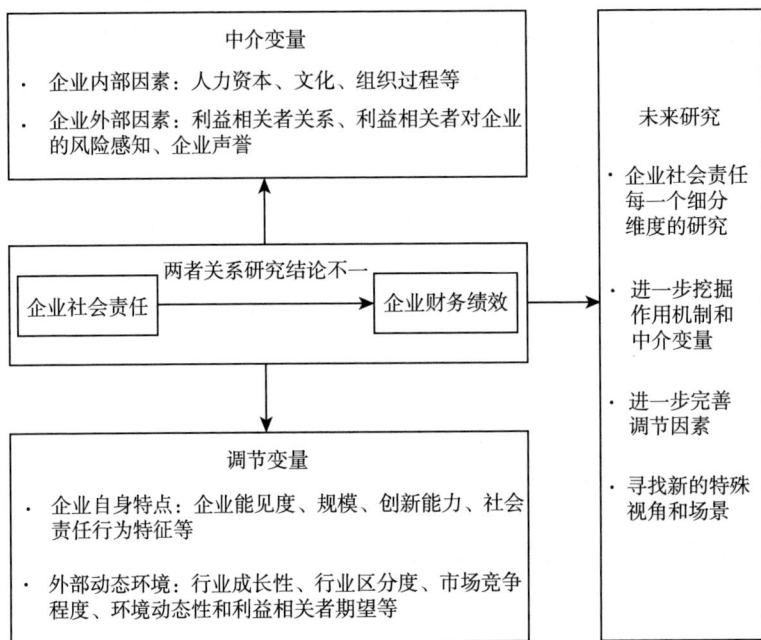

图 3-2　企业社会责任与企业财务绩效的关系研究

针对这些大相径庭的研究证据，学者们认为，企业社会责任是一个多维度概念，实证检验中对它的衡量缺乏全面统一的指标，企业社会责任与企业财务绩效之间的关系还需要考虑具体情景因素和逻辑机制。现有研究已经不再仅仅局限于考察两者之间简单的线性关系，而开始试图打开企业社会责任影响企业财务绩效内在机制的"黑箱"。依据文献梳理，现有研究证明，企业社会责任通过影响企业外部因素，包括企业与利益相关者的良好关系（例如：客户满意度、员工忠诚度、债权人信任等）、利益相关者对企业的风险感知和企业声誉影响企业财务绩效（Lev et al.，2010；Lins et al.，2017）；还有研究表明，企业社会责任通过影响企业自身内部因素，包括人力资本、文化、组织过程等最终影响企业财务绩效（Surroca et al.，2010）。

除了揭开社会责任影响企业财务绩效内在机制的"黑箱"，学者们还考察了不同企业自身特点和外部动态环境等情景因素对企业社会责任与企业财务绩效之间关系的调节作用，或者通过寻找特殊场景和视角来考察。首先，企业自身特点，包括企业可视化能见度（广告强度）、规模、创新能力、所处生命周期阶段、社会责任行为自身特征（参与速度、一致性和参与路径等）等对企业社会责任与企业财务绩效之间的关系发挥着显著的调节作用（Hull and Rothenberg，2008；Al - Hadi et al.，2017；顾雷雷和欧阳文静，2017）。另外，外部动态环境，包括行业成长性、行业区分度、市场竞争程度、环境动态性和利益相关者期望等，也是调节企业社会责任和企业财务绩效之间关系的重要因素（Russo and Fouts，1997；Hull and Rothenberg，2008）。Manchiraju 和 Rajgopal（2017）研究印度强制公司实施企业社会责任法案的影响，结果发现，强制企业实施社会责任行为降低了企业股票收益，企业应该自愿选择社会责任行为以最大化股东财富。

（2）企业社会责任的不同经济后果

第一，资本市场后果。由于企业承担社会责任能够满足利益相关者需求和合法性要求，众多研究表明，企业社会责任具有积极的资本市场后果。Dhaliwal 等（2011）、孟晓俊等（2010）以及张正勇和邓博夫（2017）证明，企业社会责任评级能够降低权益资本成本，吸引更多的机构持股和分析师跟踪。Lee 和 Faff（2009）认为，公司社会绩效降低了公司特质风险和财务危机可能性；冯丽艳等（2016）和 Albuquerque 等（2018）认为，公司社会绩效降低了系统风险，增加了企业价值。然而，企业社会责任还可能是高代理成本的产物，损害股东价值，即企业社会责任的代理观。Hillman 和 Keim（2001）认为，社会责任中的投资者关系管理（雇员、产品多元化与安全、环境、社区）将提升股东财富，参与社会问题（拒绝罪恶产业、限制与非人权地区贸易、拒绝核能）将损害股东财富。肖红军等（2010）也发现了类似的结论。另外也有学者发现 CSR 评级与公司未来股票收益和资产报酬率呈负相关（Manchiraju and Shivaramrajgopal，2017）。由于企业社会责任可能的双面作用，企业社会责任与企业股价崩盘风险之间的关系也有正负两种对立的结论（宋献中等，2017；田利辉和王可第，2017）。李正和李增泉（2012）还研究发现企业社会责任的鉴证行为具有股价信息含量，能够获得正的市场反应。净正面语调通过提升信息透明度和减少投资者非理性行为，缓解了资产误定价（刘建秋等，2022）。这表明，企业社会责任的鉴证行为能够向市场传递企业履行社会责任的真实性和可靠性，增强投资者对企业社会责任表现的信任，从而提升企业的市场价值。

第二，产品市场后果。大量研究认为，企业社会责任是企业提升声誉、获取合法性认同的重要手段，会在产品市场产生积极影响，包括顾客认同与支持（Simmons and Becker－Olsen，2006；童泽林等，2016），良好的品牌形象（Klein et al.，2004）、声誉效应等社会资本（石军伟等，2009）、更高的社会关注（山立威等，2008）降低了利益相关者对下滑业绩的感知和信用资源流失（李四海等，2016）等。除了关注企业承担社会责任对自身的影响，还有学者关注了社会责任在企业之间的传染效应。费显政等（2010）研究提出，企业社会责任不仅具有传染效应（产品危机等），还有对比效应，具体程度受发讯企业和受讯企业相似度、公众卷入度和受讯企业澄清策略影响。宋晓华等（2015）发现，企业社会责任提升了企业对外收入和跨区域经营能力。

第三，债务市场后果。国外众多研究表明，企业承担社会责任能够帮助企业获取更多信贷资源，提升借款规模（Goss and Roberts，2011）和信贷评级（Attig et al.，2013）。国内周宏等（2016）也发现，企业承担社会责任能够降低公司信息不对称程度和非系统性风险，从而降低公司债券信用利差。钱明等（2016）发现，企业社会责任缓解了企业融资约束。章君瑶（2022）指出企业在社会责任尚处于建设期、信任水平较低的环境中，无法通过良好的信号提升与供应商的信任，进而影响商业信用融资。另外，李维安等（2015）发现中国企业出于政治动机的社会责任行为也能帮助企业获取更多信贷资源，是企业"购买"金融资源的重要方式。企业参与精准扶贫活动显著提高了其债务融资规模并降低了融资成本（何康等，2022）。同时，绿色信贷通过提高资金成本、收窄融资渠道以及增加企业对环境的关注来增强企业的环境社会责任（斯丽娟和曹昊煜，2022）。贷款关系在将 ESG 披露法规的实际影响从银行传导至借款企业中起到了重要作用（Lynn Linghuan et al.，2023）。

第四，劳动力市场后果。有一些学者关注了企业承担社会责任在劳动力市场中的影响，结论普遍是积极的。Mueller 等（2012）认为，企业承担社会责任能够提升员工的情感承诺和工作满意度。Behrend 等（2009）发现，企业发布环保信息能够提升求职者的求职意愿。国内学者张麟等（2017）也指出，企业承担社会责任能够有效提升其在劳动力市场的吸引力，吸引和留住更多人才。

第五，高管个人激励后果。企业社会责任对高管个人激励的正方观点认为，企业社会责任增强公司的核心竞争力和长期价值，并能够提高高管激励效率。Mahoney 和 Thorn（2005）发现，高管薪酬激励和企业社会责任呈正相关，企业社会责任能够发挥长期激励的作用。陈丽蓉等（2015）以及 Chiu 和 Sharfman（2018）发现，企业社会责任缺失行为加速了高管更替。另外，企业社会责任的代理观认为，企业社会责任也可能是代理问题的产物。Fabrizi 等（2014）发现，企业社会责任和高管薪酬呈显著负相关。

第六，其他经济后果。还有学者关注了企业社会责任对企业的其他影响。近年来，众多研究表明，中国企业的捐赠行为是一种"政治献金"，能够为企业带来更多的政府补贴等实惠（张敏等，2013；戴亦一等，2014；贾明等，2015）。企业承担社会责任与企业税收规避之间有显著的替代关系，企业通过承担社会责任来弥补税收规避带来的企业风险，企业社会责任与企业实际税率显著负相关（Hoi et al.，2013），企业承担超额的不负责的社会责任活动则更可能从事激进的税收规避。Ahn 和 Park（2018）发现，企业承担社会责任能够延长企业寿命。Cui 等（2018）发现，企业承担社会责任能够通过提升公司声誉和利益相关者关系而降低公司信息不对称程度。由于企业社会责任可能兼具增益或损害企业价值的双重属性。学者们发现，企业社会责任与企业盈余管理和投资效率之间的关系也有正负不同的结论（Benlemlih and Bitar，2016；Bhandari and Javakhadze，2017；王雅芳和钟雅译，2016；陈国辉等，2018）。陈峻等（2016）认为，企业通过良好的社会责任表现掩饰其盈余管理行为，并可能因此提升审计收费。

第七，社会价值后果。随着近两年来共享价值成为企业追求的目标，学者们也在试图发现企业社会责任对企业外部社会环境产生的影响。Akey 和 Appel（2021）发现了法律法规规定的母公司承担污染支出有限责任可能导致子公司污染排放的提升。Shen 等（2021）发现了盈余压力可能导致的企业二氧化硫排放的提升。国内学者陈登科（2020）发现了贸易壁垒的下降减少了企业的二氧化硫排放。潘健平等（2021）则利用企业扶贫行为场景发现了企业扶贫行为在提升自身股东财富水平的同时也显著提高了贫困地区经济增长速度，并且没有造成贫困地区的环境污染，实现了企业价值和社会价值的共赢。

3.4 文献述评与分析思路提炼

随着经济学理论的发展完善，贫困和扶贫问题研究也日渐成熟，相关理论框架基本确立，扶贫路径、机制和效果等的研究逐渐深入，学界对贫困和扶贫的本质和规律的认知越来越深刻和全面。

然而，产业扶贫具有明显的中国特性，是各级政府通过政治力量干预市场实现其政治诉求的结果，对产业扶贫的研究也都建立在强政府管制、扶贫政策支持等典型中国属性和事实的制度背景基础上（顾天翊，2019）。针对产业扶贫的研究，既要贯彻产业发展的一般市场规律又要充分结合强政府监管的制度背景特征和益贫性目标的约束，充分理解产业主体和贫困群体之间的目标冲突，对产业扶贫的实践逻辑进行全面综合的认知和探索。因此，当下针对产业扶贫的研究仅从宏观脱贫政策和成效的视角研究产业主体在当前我国扶贫"大格局"中扮演的角色仍然不够全面和细致。从企业微观层面对其参与扶贫行动的行业层面、企业层面以及管理者个体层面的特征进行研究，详细挖掘产业主体在扶贫行动中的行为逻辑及对企业自身以及减贫事业产生的影响对于更深入地理解产业扶贫、提升产业扶贫路径选择智慧、厘清扶贫政策定位、优化政策体系调整具有重要意义。

从企业微观层面理解企业扶贫行为需要纳入企业社会责任逻辑框架的范畴，然而，企业扶贫行为却表现出与传统企业社会责任行为的显著差异。依据现有企业社会责任的相关理论观点，企业社会责任相关理论观点主要从政治视角、融合视角、工具视角和道德视角4个方面视角展开。

其中，政治视角和融合视角是学者们从不同视角出发，研究企业与社会的关系，最终都指向社会对企业的认同和接纳度，这些视角下的企业社会责任可以归类为基于外部社会期望的企业社会责任方式。由于社会期望的难以测量性，现有经济学领域针对政治视角和融合视角因素催生的企业社会责任主要从地区亲社会导向程度、行业规范压力等方面的环境压力对企业承担社会责任的影响进行检验（Liang and Renneboog，2017）。值得一提的是，政治视角中企业宪政理论的责任铁律给出了社会期望影响企业承担社会责任的具体传导链条，即权利越大，责任越大。企业扶贫行为作为一种在特殊政策引导和社会高度重视的制度背景下产生的社会责任实践，与传统纯粹自愿性企业社会责任存在显著差异，为发现企业社会责任在社会期望激增的特殊条件下会由企业权利转化为义务提供了理想的研究场景。责任铁律不仅为探索强压下企业社会责任的权利义务转化提供了具体作用路径的理论依据，也为发现这一特殊企业社会责任的行业形态特征奠定了理论基础。考虑到企业扶贫内在的投资属性，能够帮助企业获取竞争优势，本书不仅验证了责任铁律的压力机制，还发现了责任铁律的行业内部引导机制进一步丰富了相关理论。

工具视角下的企业社会责任研究仍然停留在对游离于企业核心业务之外的慈善公益活动帮助企业获取的信任资本、声誉资本、风险感知资本和政治资本等战略资源的研究（Hillman and Keim，2001；Prahalad and Hammond，2002）。然而，具有更强投资属性的企业扶贫行为更需要企业将该社会责任内嵌于企业核心业务之中，在切实提供可持续减贫方案的同时发现商业机会，增益企业价值。企业扶贫行为是新形势下，企业发挥自身专长创造自身价值与社会价值共赢的社会责任实践。

由道德伦理追求引发的企业社会责任的理论观点中，利益相关者规范理论、可持续发展观和共同利益理论可以归纳为出于道德理想对企业承担社会责任的规范性分析，经济学领域中，催生企业社会责任的道德伦理驱动因素主要从管理者个体社会价值导向出发进行实证验证（Cronqvist and Yu，2017；Davidson et al.，2019）。作为能够扶危济困的扶贫事业，管理者的社会价值导向也将成为催生企业扶贫行为的重要因素。

作为体现新发展理念和共同富裕根本原则的新的企业社会责任方式，企业扶贫行为是与传统企业社会责任存在显著差异且能体现其进阶方向的重要企业决策，然而，现有从对企业社会责任的进步和差异的视角分析企业扶贫行为的研究较少，本书在分析归纳企业扶贫行为实践特征、传统企业社会责任特征和缺陷的基础上梳理出企业扶贫行为的新特征及其后果，对企业扶贫行为的新特征及其新后果展开深入探讨和研究能够很好地填补现有理论和实证证据的空缺。

另外，所有 4 个方面视角下的企业社会责任皆指向企业自主意愿的社会责任决策，政策压力引导下的企业扶贫行为独具的"半强制"或"半自愿"性特征是企业扶贫行为区分于传统纯粹自愿性企业社会责任的重要差异，将导致传统企业社会责任逻辑机制发生显著变异，表现出差异性行为动机、参与方式、参与程度、扶贫成效以及经济效率后果，该方面的探索不仅丰富了企业社会责任的理论内涵，也为实证研究提供了新的视角和证据。

第 4 章

理论分析

4.1 传统企业社会责任主要特征和缺陷

4.1.1 企业社会责任的三种主要范式

基于以上研究文献梳理表明，企业社会责任的起源可追溯至最初的自愿性慈善行为（Bowen，1953），经由经济学、管理学、法学、社会学、政治学等不同领域的学者对其探索完善，发展出了诸多不同逻辑起点发展演变而来的企业社会责任范式（Garriga and Mele，2004），最终都指向了增进社会福利的意愿和目标（肖红军，2020）。如何定位企业社会责任，已成为塑造企业与社会关系的核心议题。归纳来看，当前的企业社会责任主要可以归纳为以下三种范式：

基于外部社会期望的企业社会责任范式，也有学者称其为伦理性或回应性企业社会责任范式（Lantos，2001；Porter and Kramer，2006）。该种企业社会责任的逻辑起点是对社会期望和压力的回应，旨在匹配社会权利和社会义务。理论方面以政治视角和融合视角的理论为支撑，这些视角下的企业社会责任是企业识别和管理社会需求解决社会问题以争取自身存续合法性的底线要求。

基于企业工具理性的企业社会责任范式，也有学者称其为战略性或工具性企业社会责任范式（Lantos，2001；Garriga and Melé，2004）。该种企业社会责任的逻辑起点是企业出于财富最大化目标，旨在为企业赢得价值性战略资源，理论方面以工具视角的理论为支撑，该视角下的企业社会责任不再是损害企业价值的成本负担，而是与企业财务绩效紧密结合的战略性行为。共享价值式企业社会责任可以视为战略性企业社会责任的进阶版。

　　基于企业利他导向的企业社会责任范式，也有学者称其为利他性或道德性企业社会责任范式（Lantos，2001）。该种企业社会责任的逻辑起点是企业自愿的利他行为，理论方面以道德视角的理论为支撑，该视角下的企业社会责任是它最早产生的逻辑起点，被视为对企业财务目标的牺牲，进而发展出企业价值和社会价值互相对立权衡取舍的价值观。

　　另外，由于企业社会责任非财务目标的存在以及社会绩效的难以测量性，企业社会责任又常常被视为代理成本的产物，在"交替换位假说"和"代理成本假说"下，企业社会责任是管理者谋取私利的工具。

4.1.2　企业社会责任的主要缺陷

　　正是由于企业社会责任的最终目标指向了社会福利和绩效，及其不同逻辑起点的缘由，企业社会责任在理论上仍然是一个极富争议和分歧的话题（周祖城，2017），现有企业社会责任理论常常将不同逻辑起点发展而来的企业社会责任范式割裂和对立开来，基于外部社会期望和利他导向的企业社会责任被排斥在企业价值创造的对立面，正如 Mcwilliams（2006）所言："几乎没有哪个管理学问题像企业社会责任这样引起那么多矛盾和争论。"

　　企业社会责任的演化史也突出表现为企业社会责任与企业财务绩效从相互矛盾到相互统一的演进史。企业社会责任发展演化过程中，经历了与企业绩效相互对立、相互冲突的阶段，逻辑独立、相互并行的阶段，最终发展到了今天与企业绩效紧密相关，成为企业重要战略工具的阶段，实现了与企业自利性组织性质的耦合（Porter and Kramer，2002）。然而，由纯粹利他的道德追求驱动和外部社会压力驱动而产生的企业社会责任由于着眼于满足企业非财务绩效目标，往往被视为企业的成本支出，极易使企业陷入"负担论"的怪圈（Kramer and Pfitzer，2016；徐光华和沈弋，2011）。根本原因在于传统企业社会责任的发展始终以新古典经济学股东财富是企业最重要目标的价值取向为基础，遵循企业和社会二元对立的价值观念，以获取社会福利为目标的企业社会责任常常沦为二元价值取向的权衡取舍。

　　因此，即使企业社会责任实现了与企业经济目标和工具理性的统一，也并非企业社会责任一劳永逸的终极目标，企业纯经济性的功利主义也面临着可持续性挑战。随着人们对商业社会化的需求越来越强烈，传统纯经济性的商业发展模式的合法性受到人们的质疑，人们越来越将经济、社会、环境等诸多问题的产生归咎于企业，认为商业的成功建立在牺牲社会大众利益的基础上（Porter and Kramer，2011；肖红军，2020），传统商业越来越难以满足新发展理念的要求。新古典经济学推崇的企业股东利益至上的价值取向和行为逻辑导致了企业与社会关系对立性和冲突性的凸显（李伟阳和肖红军，2009；李伟阳，2010），人们对企业的正当性、合法性和信任程度空前降低。功利主义和工具主义的价值取向也使企业社会责任常常陷入"市场失灵"和"社会失灵"的双输困境。股东利益至上的企业目标遭受严重挑战，社会迫切需要企业重塑与社会共生共赢的新型关系，企业社会责任应该在其中扮演着重要的实现路径角色①。

因此，传统企业社会责任局限于传统企业与社会的关系，在实践中屡屡受挫，主要存在以下三方面缺陷：

第一，本质上延续了企业价值与社会价值的权衡取舍观。基于外部社会期望和利他导向的企业社会责任致力于回应社会压力，降低企业社会风险，遵循企业与社会之间的隐性契约，蕴含了企业对生存和发展的合法性的诉求（李伟阳和肖红军，2011），然而，在秉承企业股东利益至上的价值取向的基础上，这些社会责任行为被视为企业的成本负担，是将企业资源转移给社会的消耗性资源分配方式，在实践中进退两难、步履维艰（李伟阳和肖红军，2010）。另外，企业的商业决策和行为又常常引致消极的社会影响，形成广泛化的社会问题，被社会公众诟病。传统企业社会责任在企业"精致利己主义"的价值本位之下，社会福利目标常常发生扭曲（潘健平等，2021），表现出对重新塑造企业与社会共赢共生关系的不适应性。如何破解"弗里德曼"魔咒，摆脱以利润至上为唯一标准的企业社会责任目标桎梏，改变社会价值目标的从属地位，有效把握社会期望，避免潜在的社会目标扭曲成为当前企业社会责任发展和进步的当务之急。

第二，游离于企业核心业务之外的边缘性企业决策。致力于为企业创造声誉资本等战略资源的企业社会责任行为由于创造企业竞争优势的因果关系的模糊性，常常停留在游离于企业核心业务之外的附属决策活动（Yuan et

---

① 2019 年 8 月，全球具有重要影响力的美国"商业圆桌会议"（Business Roundtable）发布了《重新定义企业的使命》，承诺股东价值不再是企业最重要的目标，企业的目标和使命是让社会更美好，并增进利益相关者福祉。该宣言为企业发展目标和企业社会责任的未来演进指明了方向。

al.，2011)，与企业核心商业运营毫无关联，独立"作秀式"开展。基于传统的商业成功和竞争力提升的企业目标，企业社会责任由于其内在的社会目标被排斥在企业核心决策之外，承担社会责任是应付社会期望的被动迎合，形象声誉目标优先级高于社会功能目标，难以真正对社会负责，也难以真正被企业重视，获得实质性进步。企业商业运营和承担社会责任"两张皮"，最终也阻碍了企业社会责任良好发展（Reyes et al.，2017)。另外，由于社会价值常常难以清晰合理衡量，企业搜寻到企业和社会"赢—赢"的共赢情景较为困难，许多企业选择实施与本企业核心业务毫无关联的社会议题泛泛开展，被动回应社会压力或致力于为企业披上对社会负责的"光鲜外衣"，承担社会责任的内容和过程流于表面，华而不实，也极易被与企业绩效捆绑的决策者质疑，边缘性的外围的企业社会责任决策是不是企业核心竞争力的必需品在企业内部打上了大大的问号，也是企业社会责任决策极易沦为企业成本负担的重要原因。如何结合自身核心业务解决社会问题，改变企业社会责任边缘性决策的定位模式，成为企业社会责任良性可持续发展的关键。

第三，企业和社会双重合法性挑战。基于以上两方面传统企业社会责任的关键缺陷，企业社会责任的可持续发展受到挑战。从企业内部来看，传统企业社会责任属于外挂于企业核心业务的边缘决策，同时增加企业成本负担，大规模迅猛开展的正当性受到企业内部决策者和员工的质疑；从企业外部来看，企业社会责任容易被公众视为锦上添花的"形象工程"（李四海等，2016)，与企业负经济外部性共存，甚至可能被理解为企业不当行为的"遮羞布"（高勇强等，2012；傅超和吉利，2017)，企业承担社会责任常常不能增添企业勇担责任的形象魅力，而是颇具争议。

企业社会责任不是企业的"公益外衣"，而是企业成长发展过程中的内生需要。理论和实践都亟须新的企业社会责任范式，重塑企业和社会融合共生的关系，探索企业社会责任崭新的发展理念和前进方向，也顺应创新和共享的新发展理念及共同富裕的要求。其中要解决的关键问题是发现联结社会问题和企业核心业务的共赢情景，既提供高效可持续的社会问题解决方案，又成为企业的关键战略决策，为企业创造核心战略竞争优势。同时，确保社会议题的价值性和功能性能够显性观测和衡量，避免酿成"伪共享"问题，增强企业承担社会责任的意愿和信心。

4.2 企业扶贫行为新特征和新后果

从上文制度背景中关于企业扶贫行为实践特征的分析可以看出，作为国家精准扶贫政策引导的新的企业社会责任方式，企业扶贫行为表现出了极具特色的行为目标、对象、方式和效果①。纳入企业社会责任特征的分析框架，企业扶贫行为也表现出与传统企业社会责任显著不同的新特征和新后果，可以主要归纳为以下三个方面：

4.2.1 政策引导下的强政策意义和社会期望以及"半强制"或"半自愿"性新特征

社会期望是企业承担社会责任的重要驱动因素，通过市场互动以外的方式影响企业承担社会责任，现代社会也普遍期望企业作为社会的一分子，能够积极参与解决社会问题（Suchman，1995）。社会期望既是积极的引导激励，也是强有力的倒逼压力。如果说，企业识别社会需求创造价值增值并为自身获取经济收益是企业追求自身价值最大化的体现，那么企业识别社会需求承担社会责任解决社会问题以获取生存合法性是企业争取自身存续的底线要求。因此，当社会期望激增时，即使不是法律法规或政策规定的强制性措施，对某些企业来说，承担社会责任也会从完全自主自愿决策转变为具有浓厚义务性色彩的行为（黄敏学等，2008）。

脱贫攻坚承载着我国全民共赴小康的梦想，应万众企盼。作为政府大力倡导和推动的企业社会责任新方式，企业扶贫行为承载着全面小康和共同富裕的国民梦想，并由政府统筹安排、管理和监督，是其他企业自发任意承担的慈善行为难以比拟的（Chang et al.，2020），对企业扶贫行为的研究对于探索贫困地区内生增长动力实现路径，贯彻共同富裕根本原则具有重要意义。

---

① 受资料所限，本书不研究扶贫如何做到"精准"的问题，即"因何精准"或"精准"自身的特点，"精准"是针对扶贫对象——贫困群体而言的特征，强调"一地一策""一户一策"等，每个扶贫主体针对贫困群体的不同需求因地制宜地精准施策，然而，每个扶贫主体参与多个地区多个贫困户的扶贫事宜，研究如何进行"一户一策"的精准施策特征需要采用扎根理论或案例研究法进行深度的单案例或跨案例研究，不适合大样本实证分析。本书研究本轮扶贫政策引导下，企业作为扶贫主体如何参与扶贫及其扶贫效果，本书研究基于企业扶贫主体行为的视角，而非贫困问题自身或扶贫对象的视角，"精准"是本轮企业扶贫行为的前置条件。

　　因此，企业扶贫行为具有更强的政策意义和社会意义，这是企业扶贫行为区别于以往自愿性企业社会责任的显著特征。也正是由于特殊时期特殊政策引导及社会高度重视的特殊制度背景影响，企业扶贫行为自主自愿、随意参与的传统企业社会责任特征减弱，由参与权利转化为参与义务的新特征增强，为发现企业社会责任在社会期望激增的特殊条件下会由企业权利转化为义务提供了理想场景。由上文制度背景可知，特殊扶贫政策强力推动企业参与扶贫之后，企业扶贫不同于以往的零星参与，而是呈现出大规模广泛参与，且参与数量和程度迅速增长的态势。

　　"半强制"或"半自愿"性也是企业扶贫行为基于特殊制度背景产生的显著区分于其他企业社会责任的新特征。扶贫政策对于不同产权性质企业的要求和压力不同，国有企业扶贫可以追溯到定点扶贫政策，承担定点扶贫责任。相较于民营私有产权企业，国有企业的国有产权属性也使其执行国家意志的社会企业角色和功能更加凸显，解决重要社会问题、承担社会责任是社会对国有企业的普遍期望和要求（杜世风等，2019）。

　　例如央企作为执行国家意志的排头兵，扛起深度贫困地区扶贫的艰巨重任，付出了艰辛的努力。因此，国有企业扶贫行为更具强制性色彩，表现为"半强制"扶贫；民营企业大规模参与扶贫出现在"万企帮万村"政策倡议后，响应政府号召，体现责任担当，同时结合"造血型"扶贫的投资属性挖掘和布局新的利润增长点和企业重要的战略资源成为民营企业承担扶贫责任更重要的目标。基于此，民营企业的扶贫方式也与国有企业存在显著差异。因此，民营企业扶贫行为更具自愿性特征，表现为"半自愿"扶贫。

　　不同的扶贫参与动机也导致了不同的扶贫参与后果，国有企业的"半强制"扶贫与民营企业的"半自愿"扶贫存在显著差异，也将对扶贫绩效和企业价值产生差异性后果。国有企业深入深度贫困地区解决复杂的深度贫困问题，更可能采取向贫困地区注入资源的"托举式"实质性扶贫，其扶贫行为与企业财务绩效的关系与民营企业可能存在显著差异。民营企业参与扶贫是实实在在的实质性扶贫，还是投机取巧的策略性扶贫有待详细实证考察，进行实质性扶贫的民营企业扶贫与国有企业扶贫同为实质性扶贫，有何差异也有待进一步验证。"半强制"或"半自愿"性是企业扶贫行为区别其他社会责任行为的鲜明特征，也是导致传统企业社会责任逻辑机制和后果在企业扶贫场景中发生显著差异的重要缘由。

4.2.2　内嵌于企业核心业务中创造企业与社会共享价值新特征

工具视角下传统企业社会责任的重要缺陷是缺乏融入企业核心业务的业态模式，继而导致企业社会责任的可持续发展受到挑战，局限于企业和社会二元对立的价值取向（Porter and Kramer，2011）。作为企业边缘性的决策，企业社会责任常常被扭曲实施和利用，其利他属性可能被企业用以作为自利的工具（傅超和吉利，2017），造成企业社会责任的过度工具理性；利他目标和社会期望压力之下的企业社会责任又常常被企业排斥为成本负担支出，甚至被视为管理者谋取私利的工具（Masulis and Reza，2015）。企业社会责任亟须向着嵌入企业核心业务的方向进阶，创造解决社会问题和企业价值的共享价值，实现良性可持续发展。现有实证研究关于企业社会责任的战略工具理性取得了大量经验证据成果，实践中，许多企业也竞相成为共享价值的践行者，然而，研究中关于共享价值创造的可操作性证据比较少见。

企业社会责任如果要实现内嵌于企业核心业务，创造共享价值，需要从以下 6 个方面进行反思与超越。第一，秉承企业价值与社会价值的平等理念，同时追求二者的价值共享。企业在尊重社会和自身各自运行规律的基础上，相互依赖，相互裨益，共同释放价值创造潜能，共同演进。第二，摒弃企业承担社会责任解决社会问题用以利己的终极目的，尊重企业的商业和市场规律，但是避免将以企业利益为中心的精致利己主义作为企业的出发点和落脚点，推动企业与社会的融合共生，保持二者在合理张力范围内的平衡。第三，企业尽可能发挥企业核心业务专长实施社会责任，挖掘企业社会责任的"投资"属性，而不单单是进行"投入"决策。改变企业社会责任的边缘性、附属性的企业活动现状，与企业核心优势结合起来。第四，摒弃企业社会责任的价值分配假设，发挥其价值创造功能。传统企业社会责任的边缘性决策身份，创造价值增量的可能性较低，既阻碍了企业社会责任的良性发展，也加剧了企业与社会对立割裂的关系。而结合企业业务专长的社会责任在投入支出的过程中重视新价值的创造，增进企业与社会融合共生的关系。第五，挖掘企业与社会共赢的情景，探索企业价值与社会价值相契合的可操作性领域，从而激发企业内生的解决社会问题、创造社会价值的动力。第六，防止企业社会责任陷入"输—赢""赢—输"，甚至商业逻辑和社会逻辑各自的盲区和双输失灵陷阱，酿成责任脱耦、"伪共享"等后果。

　　企业扶贫行为"造血型"扶贫和多样化扶贫方式的新场景使得企业承担扶贫责任更具投资属性，能够在实现可持续减贫社会价值的同时，为企业创造差异化竞争优势，是对传统游离于企业核心业务之外的社会责任方式的重要进步，也是打破企业社会责任徘徊在企业价值和社会价值之间饱受质疑，重塑企业和社会关系，实现企业和社会共赢，甚至推动商业思想重大转型的新路径。贫困地区人口脱贫是社会价值的体现，对他们"授之以渔"也是企业探索布局新产业项目的良机。企业为贫困地区带来商业思想和信息，促进该地区内生增长动力的形成，这些地区也会成为企业新的市场和利润增长点。当企业自身业务专长和贫困地区要素禀赋和生产能力能够良好匹配时，结合自身专业技能，联结商业逻辑，为企业自身创造竞争优势，同时为贫困地区创造稳定可持续的收入来源成为可能。企业扶贫行为进而能够共同释放扶贫企业和贫困地区社会的价值创造能力，促进两者价值的协调共进。从企业战略视角"向外看"，寻求新的竞争优势和价值创造机遇，从社会视角"看进来"，驱动新一轮的创新增长和共同富裕根本原则的贯彻落实，企业扶贫行为都是一针"强心剂"。

　　企业社会责任的后果方面，如上文所述，传统企业社会责任难以融入企业核心业务，创造企业价值的因果链条较为模糊，提升还是损害了企业价值备受争议，同时，企业核心商业决策的纯经济性特征又受到社会公众的诟病。因此，企业亟待建立社会问题和商业运营强链接的关系，而不是将既有企业价值输送给社会（高汉祥，2012）。然而，并非所有社会问题都适用于共享价值解决方案，需要精确搜寻提升社会福利的商业机会，将其定位为企业差异化战略的重要内容，再将其嵌入企业核心业务活动，进而增进企业和社会价值总量（Porter and Kramer，2011）。这个过程中，如何合理衡量社会价值创造成为难点，相关研究也没有给出严谨的社会价值创造衡量方式（William and Hayes，2013）。

　　企业扶贫行为在开拓市场、投资兴业方面与企业经营业务密切相关，更具投资属性，可以将其定位为公司获取新的竞争优势的重要手段，为企业新时期顺应新发展理念创造共享价值提供了理想场景。精准扶贫政策具有明确的绩效衡量指标，即帮助建档立卡贫困人口脱贫的数量和贫困县摘帽的数量。企业扶贫行为创造扶贫绩效和企业价值的共赢在实施和评估方面都具有较高的可行性。与传统企业社会责任可能存在的成本负担论不同，社会期望和利他主义催生的企业扶贫行为也会因为企业扶贫融合企业利益与社会价值的内在特征而最终指向共享价值的创造，而非企业资源的流失。因此，导致传统企业社会责任矛盾和争议的权衡取舍观和成本负担论在企业扶贫行为场景中得到了化解和升华，这一新的企业社会责任方式不仅实现了与企业财务目标的统一，还进一步实现了企业与社会关系的融合共生。

4.2.3 "造血型"扶贫的可持续减贫效应新特征

引入市场机制，使市场机制的优越性与政府干预互为补充，相辅相成，构建政府主导下的市场化扶贫模式，形成可持续性脱贫成效是当下我国扶贫道路的重要成功经验（刘明月等，2019）。贫困人口再生产能力不足，意识落后，本轮精准扶贫政策的重要特征是引入市场机制，动员企业这一市场产业主体参与扶贫，高度重视和推广产业扶贫，从而依托企业的市场和技术优势，与贫困人口形成利益联结体，变单一"输血型"扶贫为综合可持续的"造血型"扶贫，培育贫困地区再生产能力和内生增长动力，从根本上改变贫困地区的贫困现状（顾天翊，2019）。

因此，形成可持续减贫效应和内生增长动力是企业扶贫的重要目标。众多上市公司在其年度报告"履行精准扶贫社会责任情况"披露中披露他们结合自身业务专长，介入贫困人口的再生产过程，构建产业主体与贫困人口的一体化经营模式，形成长效稳定的贫困帮扶机制，为贫困人口形成再生产能力和持续的收入来源提供了重要保障。例如：东阿阿胶披露称，公司构建了"东阿阿胶＋政府＋龙头企业＋合作社＋基地"的产业合作模式，通过政府在贷款、养殖、圈舍方面的补贴以及利润分红等方式，为贫困地区提供就业岗位，同时提升贫困户收入水平。政府提供融资担保支持，解决贫困群体贷款难、利息高的问题，东阿阿胶作为市场主体提供创新的养殖模式和技术培训，形成了标准化、规模化和科学化的毛驴养殖产业链条，在服务公司原材料战略的同时，大大提升了贫困人口的再生产能力，加速贫困群体的资本培育和形成。再例如：华润三九披露称，公司在摸清贫困地区情况的基础上，结合贫困地区具体实际，开展中药材种植和养殖业帮扶。以公司在贫困村建设的"三叉苦"种植基地为例，由帮扶单位提供资金，公司提供种苗、技术支持以及产品回购，贫困地区提供劳动力和土地，合作社进行承包经营，发挥产业发展以及辐射示范作用，为贫困群体提供高效可持续的脱贫渠道。

作为产业的先行者，企业结合自身产业特征，通过"造血"方式为贫困群体构筑稳定可持续的脱贫途径是企业扶贫部分替代政府扶贫，解决社会问题、创造社会价值的重要优势。

4.3　企业扶贫行为对传统企业社会责任的传承、差异和进步

以上分析可以看出，企业扶贫行为顺应新发展理念和共同富裕的要求，它传承了企业社会责任的利他本心，也表现出强政策意义和社会期望以及"半强制"或"半自愿"性的差异性，更是在深度融合企业核心业务创造共享价值以及实现可持续减贫方面的进步，是企业社会责任良性发展方向的体现，也是企业与社会关系重塑的体现，更是企业新发展理念进阶方向的体现。

鉴于此，本书分别从行业层面行业形态特征、企业层面业态特征和管理者个体层面利他倾向特征三个梯度的视角出发，基于企业社会责任三类经典范式相关理论，深入分析企业扶贫行为对传统企业社会责任的传承、差异和进步，本书具体逻辑框架图如图 4-1 所示。

首先，作为企业社会责任重要驱动因素之一的社会期望因素，企业扶贫行为表现出了更强的政策意义和社会压力，本书进而探索该类回应性企业社会责任范式作用下的市场领先企业带头参与扶贫、其他企业竞相模仿的新行业形态特征。区别于以往徘徊于企业边缘性决策的传统企业社会责任在行业范围内随波逐流，被动迎合行业平均社会责任履行情况，政策引导引发的社会重大事件的特殊情景导致企业扶贫行为对行业领先企业由权利转化为义务。又由于企业扶贫兴业投资开拓新的市场和业务的战略属性，其他企业为增强自身相对竞争优势，会纷纷主动模仿市场领先企业的扶贫行为，形成社会期望在行业范围内的标杆示范和内部引导新机制。

其次，作为能够内嵌于企业核心业务的新的社会责任方式，企业扶贫行为摆脱了传统企业社会责任可持续发展难以为继的根源性约束，本书进而探索该类战略性企业社会责任范式作用下的结合自身业务专长创造可持续减贫与公司战略共赢的新公司业态特征。企业会结合自身产业实践特征、业务优势和文化规范要求进行扶贫创造可持续减贫效应，也会基于声誉和产品差异化资源获取进行扶贫实现公司战略效应，这不仅是传承企业责任担当的新社会责任形式，也是对企业社会责任的进一步探索。

再次，作为解决社会需求、实现社会价值的武器，企业扶贫行为也必然拥有着深厚的慈善利他初心，是对企业承担社会责任的良好传承，本书进而探索该类利他性企业社会责任范式作用下的管理者个体利他主义对企业扶贫行为的影响。然而，由于企业扶贫行为内在的投资属性，是新的价值创造而非仅仅将企业现有资源转移给社会，道德视角下利他导向催生的企业扶贫行为不会如传统企业社会责任一样，需要在企业绩效和社会功能之间做出取舍，沦为企业负担，而是在切实创造社会价值的同时实现与企业价值的统一。另外，作为政策大力推动实施的社会责任行为，纯粹自愿的道德驱动因素能否同对传统自愿性社会责任行为一样发挥作用有待进一步深入实证考察，表现为企业扶贫行为与传统企业社会责任之间的差异性。

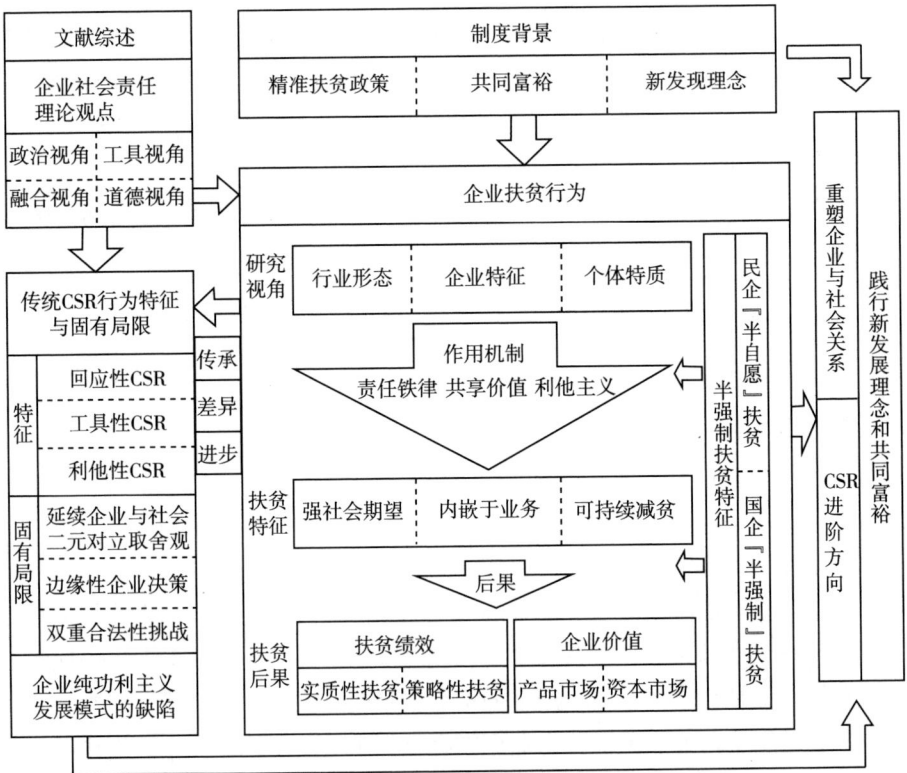

图 4-1 本书逻辑框架

最后，企业扶贫行为的"半强制"或"半自愿"性特征将对企业扶贫的具体作用机制和后果产生显著差异性作用，有待进一步实证检验以上传统企业社会责任理论解释新的企业扶贫场景的适用性和差异性。

就企业扶贫行为与行业、企业和管理者个体特质三方面的内在联系而言，区别于以往社会期望压力和利他导向催生的企业社会责任极易沦为企业的成本负担支出而非价值性战略投资，或者被扭曲为企业争取声誉资本的"形象工程"或者"遮羞布"，企业扶贫行为无论是行业形态层面的社会期望压力机制和行业引导机制，还是企业特征层面的内嵌于企业核心业务专长机制，还是管理者个体特质层面的利他导向机制，最终都指向了实质性扶贫绩效即社会价值的创造，以及更具投资属性带来的企业战略资源的获取和企业价值的提升，实现了企业利益与社会价值的共赢，是企业践行新发展理念和共同富裕的进步体现。另外，三个层面特征也都表现出企业扶贫独有的政策引导以及"半强制"和"半自愿"性特征导致的作用路径和后果差异。

本书从企业社会责任政治和融合视角、工具视角以及道德视角三类不同社会责任范式逻辑起点展开分析企业扶贫相较于传统企业社会责任特征和缺陷表现出的新特征和新后果，三个方面视角相辅相成，互为补充，没有遗漏，共同构成了完整的逻辑框架。本书发现了三方面视角最终共同融合为企业与社会价值的统一，是对传统企业社会责任割裂对立二者关系的重要进步。同时，本书也发现了三方面自愿性社会责任逻辑视角在加入"半强制"和"半自愿"性特征因素后的差异性表现，深入且较为全面地理解企业扶贫行为相较于传统企业社会责任的传承、差异和进步。

第 5 章

行业形态特征视角：责任铁律、模仿效应与企业扶贫行为

本章从行业层面视角出发，利用企业社会责任政治视角和融合视角理论，考察政策引发社会重大事件的特殊情景下，企业社会责任对特定企业会由权利转化为义务，以及由此导致的企业扶贫行为行业形态表现出市场领先企业带头示范、其他企业竞相模仿的特征。

5.1 引言

企业的慈善公益行为被认为是乐善好施、回馈社会的善举，除了法律法规强制实施的社会责任，企业社会责任通常是企业自主自愿的决策。然而，现实生活中，"逼捐"现象时有发生。例如 2021 年 7 月河南暴雨引发的洪涝灾害中，公众不仅对灾情救援情况高度重视，还高度关注明星们与知名企业的捐赠情况，例如手机通信行业的市场领先企业华为公司被各位网友蹲守，甚至为华为没有及时披露捐赠情况而焦虑。可见，承担企业社会责任是企业的权利，然而，当社会对企业承担某项社会责任的预期和要求激增时，承担社会责任也会演变为企业的一项义务（黄敏学等，2008）。

我国近年来取得的脱贫成就全球罕见（王雨磊和苏杨，2020）。脱贫攻坚和乡村振兴国家战略形成的社会重大事件特殊情景激发了国人的扶危济困的热情，也使得公众对企业积极承担这项利国利民的社会责任期望高涨。政策引导下的企业参与扶贫和乡村振兴行为，为研究企业社会责任在社会期望激增的特殊条件下会如何由企业权利转化为义务提供了理想场景。

依据企业社会责任理论中的政治视角和融合视角相关理论，包括因果责任观、企业宪政观、企业公民理论、社会契约理论和共同利益理论等在内的合法

性理论都强调，社会对所有组织——包括企业这一盈利主体——都普遍怀有期望，期待企业对经济社会发展和社会福利承担其应负的责任。企业需要识别、回应和管理社会诉求和期望，求得生存和可持续发展（Wolf，2014）。责任铁律（Iron Law of Responsibility）是企业社会责任理论中社会合法性视角的经典理论观点。Davis（1960）提出了管理社会权利的两个原则："社会权利等式"和"责任铁律"，企业拥有的资源越多，权利越大，相应地应该承担的社会责任也越多。"责任铁律"或者"权责匹配"是社会期望引发企业承担社会责任的重要实现路径。

执行国家意志且实力雄厚的国有企业更应该扛起重任，积极承担政策引导下的社会责任。另外，市场实力高、占有资源广、影响力和引导力更高的市场领先企业应该承担更多社会责任，中小企业应该担责的范围和程度都显著降低（肖红军和李井林，2018）。因此，国有企业和市场领先企业会带头投身扶贫和乡村振兴行动。基于以上分析，本研究利用责任铁律理论，探索责任铁律压力机制形成的国有企业和市场领先企业标杆示范效应。

脱贫攻坚承载着国民全面小康的梦想。精准扶贫和脱贫攻坚等成为中央文件、主流媒体和领导人日常政治活动中的"高频词汇"，扶贫成为许多省份的第一政治任务。国家大力动员全社会各方面力量参与扶贫，媒体中关于企业、各类社会组织和个人等参与扶贫的事迹不绝于耳。这一特殊扶贫国家战略形成的社会重大事件特殊情景激起了国人强烈的扶危济困帮扶热情，并促使公众期望与其长期社会交换中已形成信任和默契的企业也采取扶贫救助行动。

积极响应政策号召，参与扶贫行动成为当前企业体现责任担当、获取合法性的重要方式。具有投资属性的企业扶贫行为还会在行业内部形成标杆示范效应，形成整个行业的自我监督（DiMaggio and Powell，1983）。同行业企业由于组织同化、实践同质等因素，行业内企业行为存在着"传染效应"和"羊群效应"（刘柏和卢家锐，2018）。扶贫增强竞争优势的投资属性使得企业更容易受到市场领先企业的感染带动作用。行业领先企业基于"责任铁律"的逻辑带头投身扶贫行动，其他企业在行业规范性压力的驱动下，会模仿领头羊企业的扶贫行为，履行相应的社会责任，参与扶贫行动吗？企业扶贫行为为研究责任铁律的压力机制及其行业内部引导机制提供了新的重要场景，是与传统纯粹自愿性企业社会责任的显著差异。

有鉴于此，本章提出以下研究问题：①社会期望压力如何影响企业扶贫行为？②市场领先企业承担了更多社会期望，进而扶贫投入更多，扶贫绩效更好吗？在政策引导的企业扶贫行为特殊情景中，责任铁律的适用性会由于企业性质不同发生变异吗？③行业中其他企业会模仿市场领先企业的扶贫行为吗？为进一步证明责任铁律引发企业扶贫行为的影响，本章还分别探索了责任铁律压力之下的行业领先企业扶贫行为在产品市场和资本市场的后果。研究该问题能够提供企业生存和发展涉及的更高视野的行业环境及其如何影响企业微观行为的证据。

5.2 研究假设

社会期望强调环境对企业社会责任的要求和预期。依据新制度经济学的观点，企业是一系列契约的联结。每一个与企业订立显性或隐性契约的利益相关方包括股东、管理者、员工、客户、供应商、社区、政府等都为企业提供了其赖以生存和发展的各种资源，并期望自身需求和利益能够得到满足（Freeman and Evan，1990）。企业的生存和繁荣需要满足不同利益相关者的合理要求和期望，争取其利益、情感和价值认同。在社会性紧急状况下，大众很容易产生帮助他人的亲社会行为动机，并对与自己处在隐性契约关系中的企业产生亲社会行动和承担社会责任的期望。

现有社会期望要求引发企业承担社会责任的原因可以归纳为地区文化环境的要求、责任铁律的要求和行业自我监督的要求 3 个方面。地区文化环境要求主要关注政府和非营利组织监督（Eesley and Lenox，2006）、法律制度体系（Liang and Renneboog，2017）和地区社会责任要求（Dyck et al.，2019）等的影响，这些因素共同塑造了企业所处的社会文化背景，决定了企业在特定地区内承担社会责任的压力和动力。行业规范压力因素主要关注供应链压力（Lins et al.，2017）以及行业平均捐赠水平对企业捐赠的锚定效应（祝继高等，2017）等。社会期望基于"责任铁律"的压力传导机制是企业社会责任理论中为数不多的被广泛认同的基本定律，然而，实证研究中对该逻辑链条的研究较少，主要实证证据停留在规模较大的企业承担社会责任更多的结论上（Muller and Kolk，2010）。

企业扶贫行为由特殊政策引导驱动，具有自上而下的政策传导性，具有更强的责任铁律适用性，全民期望的社会重要事件特殊情景也强化了责任铁律的压力机制，市场领先企业承载着更高的社会期望，如果其担责未达民众预期，很可能产生负面社会责任期望落差，因此，市场领先企业参与扶贫行为更可能由自愿选择转化为分内之事。结合典型中国属性和特殊制度背景的企业扶贫行为为研究责任铁律的压力机制提供了理想场景。由于企业扶贫行为内在投资属性，不同于传统企业边缘性决策的社会责任行为，企业扶贫的行业规范压力作用不再仅仅是随波逐流性地被动回应行业平均水平，而会发生变异，企业为维持相对竞争优势，更可能模仿行业领先企业的扶贫投入，形成行业领先企业带头参与，其他企业竞相模仿的行业形态。

鉴于企业扶贫行为的"半强制"或"半自愿"性特征，特殊政策引发的企业扶贫行为具有较强的社会期望和压力的特征，需要具体区分不同产权性质进行研究。

民营企业中，"权责匹配"中的权利来源常常表现为企业与各利益相关方博弈互动过程中拥有的讨价还价能力、方向引导力和规则影响力，市场势力是企业权利来源的重要基础。市场势力高的企业拥有更多市场份额，在市场竞争中处于优势主导地位。相较市场势力低的企业，他们通常拥有更多稀缺价值性资源，更优质更可靠的商业合作伙伴关系，更高素质的雇员队伍，能够创造出更大的价值增值（Horen，2007）。

对于与高市场势力企业合作的利益相关者而言，其对高市场势力企业以更负责任的行为方式满足其期待和诉求抱有更高期许。高市场势力的企业为了保持其既有市场地位，并进一步开拓市场空间，往往会合理回应和满足这些社会期望，承担更多社会责任，投资更多社会责任项目（马虹和李杰，2014）。同时，由于市场势力高的企业拥有与其他企业相比更优质的内外部资源，其风险承受能力也更强（Kubick et al.，2015），具备更高的社会责任投资的资质和条件。

综合以上利益相关者视角和抗风险能力视角两方面，市场势力高的企业有更强的动力和能力承担社会责任，提升社会责任绩效。企业扶贫行为作为国家战略引导企业参与的社会责任新方向，市场势力高的市场领先企业带头参与，积极发挥模范引领作用是题中之义。

作为政策引导的企业扶贫行为，精准扶贫政策对扶贫事业具有明确目标要求，即"确保到 2020 年我国现行标准下，农村贫困人口实现脱贫，贫困县全部摘帽"。扶贫具有具体的扶贫目标，社会期望市场势能高的企业履行扶贫责任的目的不在于企业象征性地进行扶贫投入，将扶贫变为策略性"形象工程"，而是期望企业实实在在取得实质性扶贫绩效，真正为社会价值作出贡献。因此，本章预期在责任铁律压力下引发的企业扶贫行为能够取得实质性扶贫绩效。民营市场领先企业的在强社会压力驱动下进行的扶贫行为更可能取得实质性扶贫绩效，以真正满足社会期望，而非投机性和策略性地进行"形象工程"性的扶贫支出。

基于以上分析，本章提出假设一。

H1-1：民营企业中，企业市场势力越高，企业扶贫投入越高。

H1-2：民营市场领先企业扶贫行为取得了实质性扶贫绩效。

由于国有企业的公有属性以及市场地位和执行国家意志的双重角色定位，且往往处于国计民生的重要行业和关键领域，实力雄厚（杜世风等，2019）。企业扶贫由政策引导驱动，国有企业"半强制"参与。积极承担扶贫开发历史使命是新形势下国有企业重要的社会职责，因此，并非仅仅市场领先型国有企业才参与其中，责任铁律对企业扶贫行为的适用性出现变异，其压力机制在面临国有产权属性时，不再仅仅针对资源权力更高的市场领先企业，而是对所有国有企业具有普适压力。国有企业和民营市场领先企业在扶贫过程中发挥着主力引领作用。

为了实现可持续减贫的社会目标，国有企业策略性地进行扶贫支出，而不切实重视扶贫绩效的可能性较低。相反，作为公有制企业，国有企业承担扶贫任务的开端可以追溯到定点扶贫政策的实施，扶贫政策需要完成的扶贫目标对国有企业的强制要求程度远高于民营企业。国有企业在扶贫行动中对实质性扶贫绩效的获取更加重视，优先级更可能高于其作为市场主体获取经济利益的商业目标。国有企业还更可能深入深度贫困地区承担扶贫任务，例如，央企率先垂范承担起国家级贫困县地区、集中连片特困地区等扶贫责任，地方国企也在地方政府的驱使下为地方深度贫困地区提供帮扶[1]。这些地区生产条件基础设施较为薄弱，形成生产能力的水平低下，国企更可能采取向贫困地区注入资源的"托举式"扶贫，取得实质性扶贫绩效。

---

[1] 例如：《经济参考报》2018 年 5 月 21 日题为《国企抱团"造血式"扶贫》的文章报道，陕西、甘肃、四川、新疆、西藏等贫困面广、程度深的西部地区，央企和地方国企组建脱贫攻坚"合力团"，深入深度贫困县进行帮扶。例如四川 63 个国有企业定点帮扶 65 个贫困县，占四川 88 个贫困县的73.8%，其中，56 个国有企业深入 45 个深度贫困县承担帮扶责任。

基于以上分析，本章提出假设二。

H2-1：国有企业普遍扶贫投入较高。

H2-2：国有企业扶贫行为取得了实质性扶贫绩效。

为进一步研究"责任铁律"对企业扶贫行为的影响，本章探索了市场领导者的扶贫行为如何影响其他非市场领导者的扶贫行为决策。首先，企业作为竞争性的市场组织，在与同行业其他企业的互动过程中，会深受对方行为影响，以保持竞争优势（Huang et al.，2017）。企业扶贫行为不仅是单一的"投入"行为，更可能是创造企业竞争优势的"投资"行为，即使是对"托举式"的国有企业扶贫，取得扶贫绩效也是其内在的社会角色目标要求。在社会期望的压力传导之下，其他企业为满足其合法性目标和维持相对竞争优势需要，更可能对标其行业标杆进行学习模仿，以维持其相对竞争优势。当企业实施扶贫行为的社会要求和期望以及成本收益不确定时，同行业竞争实力较弱的企业为避免社会误判为社会责任感低下的企业更可能积极模仿同行业标杆企业的扶贫决策，以保持其公众可信度以及相对竞争优势。

其次，Brown（2011）等研究表明，个体决策具有社会关系网络效应，即个体行为会受到群体中其他个体行为的影响，形成群体内个体决策的"传染效应"或"羊群效应"。Fracassi（2016）研究表明，企业会模仿董事网络关系公司的投资行为，Brown 和 Drake（2014）证明，企业会模仿连锁董事公司的避税行为。中国自古以来就有"骨化风成"以及"近朱者赤近墨者黑"等格言，陈仕华等（2011）发现高管联结会导致公司之间的慈善行为趋于一致，刘柏和卢家锐（2018）发现公司捐赠行为会在同行业内形成同质性和模仿性。沈洪涛等（2016）研究表明，其他企业会模仿领先企业社会责任报告的第三方鉴证行为。"三聚氰胺"等行业整体社会责任缺失行为即从反面显示出社会责任行为在同行之内的传染和强化。与其他传统企业社会责任不同，对于具有重要政策意义并兼具投资属性的扶贫行为，企业更可能以行业领先企业为标杆进行模仿，而非被动应付地随波逐流为行业平均水平。另外，我国企业主要采取相对绩效评价方法对高管进行考核，根据行业标杆企业的扶贫决策选择自身扶贫决策，是高管释放自身工作努力程度的积极信号，传递良好声誉的上选。

基于以上分析，本章提出假设三。

H3：无论民营企业还是国有企业，非市场领先企业都会模仿市场领先企业的扶贫行为。

5.3 研究设计

5.3.1 样本来源

本书选取 2016—2019 年沪深两市 A 股上市公司为样本，原因在于证监会于 2016 年 9 月 8 日发布《中国证监会关于发挥资本市场作用服务国家脱贫攻坚战略的意见》，要求上市公司自 2016 年起在年报中披露其扶贫行为信息。如表 5-1 所示，参与扶贫公司样本筛选过程如下：①剔除金融行业样本；②剔除 ST 和 *ST 公司样本；③剔除综合类行业公司样本；④剔除财务数据异常或缺失的样本，本章得到 3 002 个参与扶贫"公司—年"观测值。

表 5-1 样本筛选过程

参与扶贫的公司样本	样本量
初始样本	3 744
剔除金融行业样本	264
剔除 ST 和 *ST 公司样本	67
剔除综合类行业公司样本	5
剔除财务数据异常或缺失的样本	406
最终参与回归的参与扶贫的公司样本	3 002

对于未参与扶贫的公司样本，进行了以下处理：剔除金融业上市公司，剔除 ST 和 *ST 公司，剔除综合类行业公司和剔除数据缺失观测值后，共得到 8 131 个"公司—年"观测值，本章最终获得包含 3 352 家上市公司共 11 133 个观测值，其中国有企业 3 443 个观测值，民营企业 7 690 个观测值。本章企业扶贫行为数据手工收集自公司年度报告和社会责任报告中披露的上市公司履行扶贫行为情况信息。其他数据来自 CSMAR 数据库和 WIND 数据库。本章对所有连续变量进行首尾 1% 的 winsorize 处理。

5.3.2 模型设计与变量定义

（1）模型设计

本章主要研究责任铁律对企业扶贫行为的影响，为验证假设 1-1"民营企业市场势力如何影响企业扶贫投入"，本章采用民营企业样本构建式（5-1）所示模型；为验证假设1-2"民营企业市场势力如何影响企业扶贫绩效"，本章采用民营企业样本构建式（5-2）所示模型；为检验假设2-1"国有企业的扶贫投入"，本章采用全样本构建式（5-3）所示模型；为检验假设2-2"国有企业的扶贫绩效"，本章采用全样本构建式（5-4）所示模型；为检验假设3"非市场领先企业的扶贫投入对市场领先企业的扶贫投入的模仿行为"，本章分别采用全样本、国民子样本和民企子样本构建式（5-5）所示模型。

$$Shakeoff\_invest_{i,t} = \beta_0 + \beta_1 \times PCM_{i,t} + \beta \times CV_{i,t} + \varepsilon_{i,t}$$
$$(5-1)$$

$$Shakeoff\_perf_{i,t} = \beta_0 + \beta_1 \times PCM_{i,t} + \beta \times CV_{i,t} + \varepsilon_{i,t}$$
$$(5-2)$$

$$Shakeoff\_invest_{i,t} = \beta_0 + \beta_1 \times STATE_{i,t} + \beta \times CV_{i,t} + \varepsilon_{i,t}$$
$$(5-3)$$

$$Shakeoff\_perf_{i,t} = \beta_0 + \beta_1 \times STATE_{i,t} + \beta \times CV_{i,t} + \varepsilon_{i,t}$$
$$(5-4)$$

$$Shakeoff\_invest_{i,t} = \beta_0 + \beta_1 \times Leader_{i,t} + \beta \times CV_{i,t} + \varepsilon_{i,t}$$
$$(5-5)$$

（2）被解释变量

变量 $Shakeoff\_invest$ 代表企业扶贫投入，现有针对企业扶贫行为的研究，对扶贫投入的衡量主要聚焦在扶贫总投入，忽略了具体扶贫内容和类型（潘健平等，2021；文雯等，2021）。本书扶贫投入具体包含以下四个扶贫投入变量：企业扶贫披露长度（$Poor\_length$）和扶贫总投入金额（$Poor\_invest$）以及两方面扶贫具体类型投入——"造血型"扶贫投入（$Essen\_invest$）和"慈善型"扶贫投入（$Char\_invest$）。本章选择公司年报"履行精准扶贫社会责任情况"披露中文字描述的长度衡量企业扶贫重视程度（$Poor\_length$），并选择扶贫支出总额取自然对数衡量企业扶贫总投入（$Poor\_invest$）。

进一步，按照具有"造血"和投资兴业性质与否的不同，本章将企业扶贫细分为"造血型"扶贫和"慈善型"扶贫。

本章将更具投资属性，能够提供可持续扶贫方案从根本上改变贫困人口贫困状况的产业发展扶贫、转移就业扶贫、生态保护扶贫、健康扶贫、东西部扶贫协作和定点扶贫工作归纳为"造血型"扶贫行为，将这些类型的相关扶贫支出加总取自然对数衡量企业"造血型"扶贫投入（$Essen\_invest$）。本章另将其他教育扶贫、兜底保障扶贫、扶贫公益基金和其他扶贫行为归纳为"慈善型"扶贫行为，将这些类型的相关扶贫支出加总取自然对数衡量企业"慈善型"扶贫投入（$Char\_invest$）。

变量 $Shakeoff\_perf$ 代表企业扶贫绩效，具体包含以下 3 个扶贫绩效变量：扶贫总绩效（$Poor\_perf$）以及两方面扶贫具体类型绩效——"造血型"扶贫绩效（$Essen\_perf$）和"慈善型"扶贫绩效（$Char\_perf$）。本章选择公司帮助建档立卡贫困人口脱贫总数取自然对数（$Poor\_perf$）衡量企业扶贫总绩效，将"造血型"扶贫工作所帮助建档立卡贫困人口脱贫数加总取自然对数衡量企业"造血型"扶贫绩效（$Essen\_perf$），本章另将"慈善型"扶贫帮助建档立卡贫困人口数加总取自然对数衡量企业"慈善型"扶贫绩效（$Char\_perf$）。

（3）解释变量

解释变量 PCM 代表公司市场势力，依据 Kubick 等（2015）和 Huang 等（2017）的做法，由公司当年营业收入减去营业成本和期间费用的差与当年营业收入的比值并扣除行业均值来衡量。$STATE$ 为公司产权性质，如果公司为国有产权企业则为 1，否则为 0。Top_invest 为公司扶贫投入程度虚拟变量，当公司年度扶贫总投入为该行业最高 20％的企业时取 1，表示该企业扶贫投入程度较高，否则取 0。本章在模型（5－3）中加入 PCM 以及 PCM 与 Top_invest 的交乘项，在模型（5－6）中加入 $STATE$ 以及 $STATE$ 与 Top_invest 的交乘项。$Leader$ 代表市场领先企业的扶贫行为，参考 Kubick 等（2015）的做法，该变量包括 $Leader\_length$、$Leader\_Shakeoff$、$Leader\_Essen$ 和 $Leader\_Char$ 4 个变量，分别表示行业前 3 名公司的平均扶贫披露长度、扶贫总投入金额、"造血型"扶贫投入和"慈善型"扶贫投入。

（4）控制变量

模型（5－1）至模型（5－5）中，借鉴 Zhang 等（2010a，2010b）的做法，本章选用如下变量作为控制变量，公司财务类变量包括资产负债率（LEV），公司上市年龄（$LISTAGE$），产品是否直接接触消费者（CUS），广告支出（$SELLS$），财务杠杆（$FINANCE$），公司治理类变量董事会规模

（$Bsize$），独立董事比例（$Indep$），董事长总经理两职合一情况（$DUAL$）。本章在模型（5-3）和模型（5-4）的回归中也加入 PCM 作为控制变量，以观察国有市场领先企业与国有非市场领先企业扶贫行为之间的差异。由于本章考察行业层面企业市场势能的影响，因此本章也控制了行业竞争程度（HHI）。众多研究表明，公司高管贫困经历（$POVERTY$）也是导致公司承担社会责任的重要因素（许年行等，2016），因此本章也控制了该变量。此外，加入年度和行业虚拟变量控制年度和行业固定效应。具体变量定义见表 5-2。

表 5-2　变量定义表

	变量	变量描述
因变量	$Poor\_length$	公司年报"履行精准扶贫社会责任情况"披露中文字描述的长度
	$Poor\_invest$	公司扶贫支出总额加1的自然对数
	$Essen\_invest$	"造血型"扶贫投入，产业发展扶贫、转移就业扶贫、生态保护扶贫、健康扶贫、东西部扶贫协作和定点扶贫支出总额加1的自然对数
	$Char\_invest$	"慈善型"扶贫投入，教育扶贫、兜底保障扶贫、扶贫公益基金和其他扶贫支出总额加1的自然对数
	$Poor\_perf$	公司帮助建档立卡贫困人口脱贫总数加1的自然对数
	$Essen\_perf$	"造血型"扶贫绩效，产业发展扶贫、转移就业扶贫、生态保护扶贫、健康扶贫、东西部扶贫协作和定点扶贫帮助建档立卡贫困人口脱贫数加1的自然对数
	$Char\_perf$	"慈善型"扶贫绩效，教育扶贫、兜底保障扶贫、扶贫公益基金和其他扶贫帮助建档立卡贫困人口脱贫数加1的自然对数
自变量	PCM	公司市场势力，公司当年营业收入减去营业成本和期间费用的差额与当年营业收入的比值并扣除行业均值
	$STATE$	公司产权性质
	$Leader\_length$	行业前3名公司的平均公司"履行精准扶贫社会责任情况"披露中文字描述长度
	$Leader\_Shakeoff$	行业前3名公司的平均公司扶贫支出总额加1的自然对数
	$Leader\_Essen$	行业前3名公司的平均"造血型"扶贫投入
	$Leader\_Char$	行业前3名公司的平均"慈善型"扶贫投入

（续）

变量		变量描述
	PATENT	公司业务优质程度，公司当年发明专利申请数加1的自然对数扣除行业均值
	HHI	行业竞争程度，赫芬达尔指数
	LEV	资产负债率，公司负债总额与总资产的比值
	LISTAGE	公司上市年龄
控制变量	CUS	产品是否直接接触消费者虚拟变量，如果公司所在行业为产品直接接触消费者的行业，则取1，否则取0。具体包括：日用化学产品、橡胶、塑料杂品、电器、电子器具制造业，汽车、摩托车、自行车制造业，钟表制造业，服装制造业，航空运输业，零售业，食品饮料业，房地产业，社会服务业，传播与文化业
	FINANCE	财务杠杆
	SELLS	广告支出，公司销售支出中的广告宣传支出加1的自然对数
	POVERTY	CEO出生地为国家扶贫工作重点县则为1，否则为0
	Bsize	董事会规模，董事会总人数
	Indep	独立董事比例，独立董事人数占董事会总人数的比例
	DUAL	如果董事长和总经理两职合一，则为1，否则为0
	YEAR	年份虚拟变量
	INDUSTRY	行业虚拟变量

5.4 实证结果与分析

5.4.1 描述性统计结果

主要变量的描述性统计结果如表 5-3 所示。包含所有未参与扶贫的上市公司在内共 11 133 个观测值，上市公司扶贫总投入平均为 522.08 万元。本章进一步将样本按照企业市场势能高低（PCM）中位数分为高低两组，分别检验企业扶贫各个投入指标的差异，单变量检验结果表明，市场势能高的企业在扶贫披露长度、扶贫总投入以及"造血型"扶贫投入和"慈善型"扶贫投入方面表现都显著高于市场势能低的企业。表 5-3 描述性统计结果初步验证了假设 1-1。

表 5-3 主要变量描述性统计

A栏：主要变量描述性统计

变量名	平均值	标准差	最小值	中位数	最大值
Poor_length	1.688 0	2.837 0	0.000 0	0.000 0	9.252 0
Poor_invest	3.663 0	6.164 0	0.000 0	0.000 0	22.240 0
Essen_invest	3.018 0	8.232 0	0.000 0	0.000 0	69.890 0
Char_invest	2.342 0	5.936 0	0.000 0	0.000 0	39.990 0
Poor_perf	0.526 0	1.682 0	0.000 0	0.000 0	12.040 0
Essen_perf	0.806 0	3.009 0	0.000 0	0.000 0	38.150 0
Char_perf	0.578 0	2.017 0	0.000 0	0.000 0	23.940 0
PCM	0.081 5	0.318 0	−0.507 0	0.082 4	0.665 0
STATE	0.308 0	0.462 0	0.000 0	0.000 0	1.000 0
Leader_length	1.536 0	1.759 0	0.000 0	1.796 0	7.611 0
Leader_Shakeoff	3.148 0	3.798 0	0.000 0	2.580 0	17.230 0
Leader_Essen	2.068 0	4.553 0	0.000 0	0.000 0	37.974 0
Leader_Char	2.868 0	5.088 0	0.000 0	0.000 0	44.457 0
PATENT	0.061 5	1.359 0	−4.042 0	−0.058 7	7.446 0
POVERTY	0.027 4	0.163 0	0.000 0	0.000 0	1.000 0
HHI	0.072 2	0.094 2	0.014 6	0.046 9	1.000 0
LEV	0.404 0	0.198 0	0.059 5	0.390 5	0.950 0
LISTAGE	9.951 0	7.860 0	0.000 0	8.000 0	29.000 0
CUS	0.236 0	0.425 0	0.000 0	0.000 0	1.000 0
FINANCE	1.334 0	0.853 0	0.519 0	1.073 0	6.760 0
SELLS	7.697 0	7.878 0	0.000 0	4.561 0	20.850 0
Indep	0.376 0	0.052 6	0.333 3	0.364 0	0.571 0
Bsize	8.446 0	1.640 0	5.000 0	9.000 0	14.000 0
DUAL	0.697 0	0.459 0	0.000 0	1.000 0	1.000 0

（续）

B栏：按照市场势能分组的描述性统计

变量	市场势能高的企业	市场势能低的企业	T－TEST
Poor _ length	1.719 6	1.657 2	0.062 3**
Poor _ invest	3.802 6	3.524 1	0.278 5***
Essen _ invest	3.126 2	2.910 3	0.216 0**
Char _ invest	2.450 7	2.233 4	0.217 3***

C栏：按照产权性质分组的描述性统计

变量	国有企业	民营企业	T－TEST
Poor _ length	2.953 4	1.229 9	1.723 5***
Poor _ invest	6.269 1	2.730 2	3.538 9***
Essen _ invest	7.748 4	2.015 5	5.732 9***
Char _ invest	10.560 6	4.075 9	6.484 6***

注：***、** 和 * 分别表示在1%、5%和10%水平上显著。

5.4.2 民营市场领先与企业扶贫行为

表5－4报告了基础检验模型（5－1）市场领先企业与企业扶贫投入的民营企业样本回归结果，*PCM* 的估计系数分别为 0.245 7、0.629 2、0.432 1 和 0.777 9，都在1%水平上显著。民营企业市场势力越高，其资源权利越多，相应地应该承担的社会责任也越多，积极投身国家扶贫战略的动机更强。假设1－1得到验证。

控制变量方面，贫困出身CEO与企业扶贫投入呈正相关关系，贫困出身CEO显著提升了企业扶贫投入；公司财务杠杆越高，公司融资约束越强，公司扶贫投入越低；公司市场势力越高，公司扶贫投入越高；广告支出越多，扶贫投入越高；董事会规模更大的公司，扶贫投入更多。以上结果与 Brammer 和 Millington（2008）、祝继高等（2017）企业慈善捐赠相关研究相似，符合预期。

表 5 - 4　民营市场领先企业与扶贫投入的检验结果

	Poor_length	*Poor_invest*	*Essen_invest*	*Char_invest*
	（1）	（2）	（3）	（4）
PCM	0.245 7 ***	0.629 2 ***	0.432 1 ***	0.777 9 ***
	(2.754 1)	(3.041 4)	(3.952 4)	(2.813 2)
PATENT	0.218 3 ***	0.525 2 ***	0.606 9 ***	0.839 3 ***
	(6.818 0)	(7.055 0)	(8.198 6)	(7.321 4)
POVERTY	0.777 1 **	1.892 1 **	2.552 7 ***	2.298 8 *
	(2.001 4)	(2.122 6)	(3.154 4)	(1.679 2)
HHI	0.542 9	1.743 9	−1.196 6	1.995 7
	(0.446 4)	(0.610 9)	(−0.154 5)	(0.389 2)
LEV	0.980 1 ***	2.537 7 ***	5.364 9 ***	3.447 8 ***
	(3.734 5)	(4.368 4)	(9.058 8)	(3.915 1)
LISTAGE	0.026 0 ***	0.057 0 ***	0.052 3 ***	0.064 1 **
	(2.925 4)	(2.928 2)	(2.907 3)	(2.262 8)
CUS	0.149 9	0.324 4	0.332 8	2.588 6
	(0.322 6)	(0.309 2)	(0.348 7)	(1.309 2)
FINANCE	−0.091 7 *	−0.201 7 *	−0.369 2 ***	−0.281 8 *
	(−1.876 1)	(−1.861 1)	(−3.165 8)	(−1.822 8)
SELLS	0.011 4 *	0.028 6 **	0.022 3 *	0.025 1
	(1.945 7)	(2.174 4)	(1.870 6)	(1.318 5)
INDEP	0.400 3	0.984 9	3.279 4	1.542 0
	(0.367 6)	(0.396 7)	(1.400 1)	(0.384 0)
BSIZE	0.075 3 *	0.149 8	0.340 5 ***	0.293 0 *
	(1.799 4)	(1.599 2)	(3.359 1)	(1.843 9)
DUAL	−0.001 2	−0.046 6	0.050 1	−0.006 0
	(−0.014 2)	(−0.256 7)	(0.300 3)	(−0.023 1)
常数项	−0.150 2	−1.025 0	−4.350 8	−5.050 1 **
	(−0.108 8)	(−0.365 3)	(−1.445 0)	(−2.299 1)
年度/行业	控制	控制	控制	控制
样本量	7 690	7 690	7 690	7 690
调整后 R^2	0.104 3	0.108 8	0.114 8	0.088 2

注：括号内为经 robust 调整后的 t 值，***、** 和 * 分别表示在 1%、5% 和 10% 水平上显著。

表 5-5 报告了模型（5-2）市场领先企业与企业扶贫绩效的民营企业样本回归结果，PCM 的估计系数分别为 0.085 9，0.111 4 和 0.132 4，分别在 5%，1% 和 1% 水平上显著。民营市场领先企业的扶贫行为不是策略性的扶贫支出，而是取得了实质的扶贫绩效，假设 1-2 得到验证。

表 5-5　民营市场领先企业与扶贫绩效的后果检验

	Poor _ perf	Essen _ perf	Char _ perf
	(1)	(2)	(3)
PCM	0.085 9**	0.111 4***	0.132 4***
	(2.319 6)	(2.676 1)	(3.069 8)
PATENT	0.071 3***	0.094 2***	0.152 3***
	(5.535 4)	(4.763 5)	(7.612 0)
POVERTY	0.313 3*	0.519 1**	0.199 8
	(1.793 1)	(2.118 0)	(1.071 3)
HHI	0.018 2	0.474 0	−0.577 0
	(0.017 4)	(0.154 7)	(−0.803 8)
LEV	0.572 1***	0.982 7***	0.639 5***
	(6.488 7)	(6.629 6)	(4.884 9)
LISTAGE	0.008 5***	0.008 1*	0.019 0***
	(2.799 4)	(1.792 9)	(3.724 3)
CUS	−0.302 2***	−0.631 3***	0.289 9
	(−3.763 4)	(−8.366 0)	(1.202 0)
FINANCE	0.003 8	0.002 9	−0.019 4
	(0.157 3)	(0.068 6)	(−0.526 9)
SELLS	0.000 8	0.003 9	0.001 2
	(0.400 4)	(1.402 8)	(0.389 4)
INDEP	0.636 2	1.247 6*	1.409 5**
	(1.465 3)	(1.654 8)	(2.216 4)
BSIZE	0.030 3*	0.073 4**	0.080 2***
	(1.706 2)	(2.293 2)	(3.008 3)
DUAL	0.024 4	0.040 2	0.031 0
	(0.953 1)	(0.952 6)	(0.825 0)

（续）

	Poor_perf	Essen_perf	Char_perf
	(1)	(2)	(3)
常数项	0.245 9	−0.590 9	−1.360 7***
	(0.403 6)	(−0.795 6)	(−2.910 1)
年度/行业	控制	控制	控制
样本量	7 690	7 690	7 690
调整后 R^2	0.079 2	0.097 0	0.055 3

注：括号内为经 robust 调整后的 t 值，***、** 和 * 分别表示在 1%、5% 和 10% 水平上显著。

5.4.3 国有企业与企业扶贫行为

考虑到前文所述的企业扶贫对不同产权性质企业的不同"半强制"或"半自愿"性特征，表 5-6 报告了采用全样本对模型（5-3）进行回归的国有企业对扶贫投入的影响，表 5-7 报告了采用全样本对模型（5-4）进行回归的国有企业对扶贫绩效的影响。表 5-6 显示，STATE 回归系数显著为正，证明国企的扶贫参与程度显著高于民企。表 5-7 显示，STATE 回归系数也显著为正，证明国企扶贫也取得了显著的实质性扶贫绩效。本书进一步检验国有市场领先企业的扶贫投入是否显著高于非市场领先企业，表 5-8 报告了模型（5-1）采用国有企业样本的回归结果，结果表明，PCM 的估计系数不再显著，并非仅市场领先型国有企业才参与其中，责任铁律对企业扶贫行为的适用性出现变异性，其压力机制在面临国有产权属性时，不再仅针对资源权力更高的市场领先企业，而是对所有国有企业具有普适压力机制，假设 2-1 和假设 2-2 得到证明。

表 5-6 国有企业与扶贫投入的检验结果

	Poor_length	Poor_invest	Essen_invest	Char_invest
	(1)	(2)	(3)	(4)
STATE	0.859 8***	1.539 8***	1.959 3***	1.325 7***
	(7.068 0)	(6.003 9)	(5.243 9)	(3.679 2)
PCM	0.294 6***	0.777 8***	0.583 5***	0.926 6***
	(3.802 1)	(4.409 4)	(3.010 8)	(3.925 1)

（续）

	Poor _ length	Poor _ invest	Essen _ invest	Char _ invest
	(1)	(2)	(3)	(4)
PATENT	0.267 9***	0.668 9***	0.914 7***	1.027 9***
	(9.412 9)	(10.525 8)	(8.980 9)	(10.553 1)
POVERTY	0.628 5**	1.491 4**	1.799 8*	1.883 7**
	(2.214 5)	(2.418 7)	(1.951 2)	(2.044 6)
HHI	0.630 7	1.465 0	−2.105 9	4.539 4
	(0.670 9)	(0.731 1)	(−0.449 8)	(1.080 0)
LEV	0.892 7***	2.310 7***	4.055 0***	3.219 0***
	(3.869 5)	(4.722 8)	(6.366 6)	(4.807 7)
LISTAGE	0.012 9*	0.025 2*	−0.008 7	0.009 6
	(1.861 7)	(1.680 3)	(−0.414 4)	(0.464 6)
CUS	−0.395 4	−0.702 8	−0.783 7	0.587 5
	(−1.107 4)	(−0.877 9)	(−0.970 0)	(0.510 2)
FINANCE	−0.105 9**	−0.249 1***	−0.289 1**	−0.320 1**
	(−2.532 6)	(−2.805 8)	(−2.135 6)	(−2.482 0)
SELLS	0.885 5	1.760 5	0.924 8	0.051 8
	(1.562 2)	(1.424 0)	(0.602 2)	(0.033 3)
INDEP	2.492 9***	5.749 8***	12.388 9***	9.726 6***
	(2.927 0)	(3.111 9)	(4.255 6)	(3.538 4)
BSIZE	0.137 0***	0.306 9***	0.505 6***	0.431 7***
	(4.227 4)	(4.372 2)	(4.552 0)	(4.196 2)
DUAL	0.032 5	0.024 1	−0.001 0	−0.006 1
	(0.423 9)	(0.142 5)	(−0.004 6)	(−0.027 8)
常数项	−0.987 3	−3.098 7*	−8.506 4***	−8.951 0***
	(−1.062 0)	(−1.646 2)	(−3.172 7)	(−4.152 1)
年度/行业	控制	控制	控制	控制
样本量	11 133	11 133	11 133	11 133
调整后 R^2	0.180 4	0.181 0	0.181 3	0.146 0

注：括号内为经 robust 调整后的 t 值，***、** 和 * 分别表示在 1%、5% 和 10% 水平上显著。

表 5－7　国有企业与扶贫绩效的后果检验

	Poor_perf	Essen_perf	Char_perf
	(1)	(2)	(3)
STATE	0.513 1***	0.971 2***	0.426 8***
	(10.886 7)	(9.228 2)	(6.835 0)
PCM	0.076 4**	0.144 9**	0.229 3***
	(2.119 2)	(2.071 9)	(2.943 7)
PATENT	0.143 1***	0.357 1***	0.269 8***
	(10.562 1)	(10.658 3)	(15.579 6)
POVERTY	0.487 2***	0.540 7**	0.142 6
	(3.481 0)	(2.147 9)	(1.032 8)
HHI	−0.525 5	−0.442 0	−0.205 6
	(−0.719 4)	(−0.275 9)	(−0.242 7)
LEV	0.630 7***	1.271 0***	0.826 8***
	(7.153 6)	(6.821 7)	(5.635 4)
LISTAGE	−0.003 8	−0.017 2***	0.000 2
	(−1.319 2)	(−2.761 1)	(0.058 2)
CUS	−0.452 9***	−0.800 7***	−0.163 4
	(−5.485 7)	(−4.287 1)	(−0.885 0)
FINANCE	−0.009 9	−0.033 3	−0.040 4
	(−0.440 0)	(−0.620 9)	(−1.360 5)
SELLS	−0.090 4	−0.442 7	0.144 4
	(−0.520 8)	(−1.246 1)	(0.420 0)
INDEP	2.069 5***	5.386 0***	3.338 1***
	(5.147 9)	(6.026 8)	(6.774 9)
BSIZE	0.064 1***	0.155 1***	0.087 5***
	(4.115 4)	(4.434 3)	(5.089 3)
DUAL	0.036 1	0.083 3	0.031 2
	(1.303 5)	(1.393 5)	(0.598 2)
常数项	−0.974 2**	−3.218 6***	−2.545 1***
	(−2.175 6)	(−3.975 8)	(−5.405 2)
年度/行业	控制	控制	控制
样本量	11 133	11 133	11 133
调整后 R^2	0.160 9	0.145 8	0.126 9

注：括号内为经 robust 调整后的 t 值，***、** 和 * 分别表示在 1%、5% 和 10% 水平上显著。

表 5 - 8　国有市场领先企业与扶贫投入的检验结果

	Poor _ length	Poor _ invest	Essen _ invest	Char _ invest
	(1)	(2)	(3)	(4)
PCM	−0.081 5	0.209 1	0.471 1	0.925 2
	(−0.306 5)	(0.380 2)	(0.589 3)	(1.499 7)
PATENT	0.370 5 ***	0.946 7 ***	1.643 5 ***	0.952 7 ***
	(6.517 2)	(7.845 3)	(7.092 1)	(7.017 5)
POVERTY	0.537 8	1.278 2	1.842 2	1.113 6
	(1.172 7)	(1.350 7)	(1.081 5)	(1.024 4)
HHI	1.678 9	3.427 4	3.847 5	11.331 7 *
	(1.122 5)	(1.171 8)	(0.851 9)	(1.960 8)
LEV	0.737 1	2.060 7 *	4.217 7 ***	2.651 3 ***
	(1.411 7)	(1.939 4)	(2.893 9)	(2.596 1)
LISTAGE	−0.010 3	−0.032 6	−0.090 6 **	−0.055 2 *
	(−0.765 9)	(−1.163 5)	(−2.071 6)	(−1.927 5)
CUS	−1.252 0 **	−2.285 1 *	−1.367 4	−0.779 5
	(−2.017 5)	(−1.650 0)	(−0.768 6)	(−0.668 1)
FINANCE	−0.176 3 **	−0.406 2 ***	−0.464 1 *	−0.384 9 **
	(−2.441 3)	(−2.757 1)	(−1.817 1)	(−2.362 2)
SELLS	−0.617 1	−1.565 1	0.103 1	−0.359 9
	(−0.362 3)	(−0.433 5)	(0.020 1)	(−0.108 6)
INDEP	4.168 2 ***	9.158 9 ***	18.122 5 ***	8.395 7 ***
	(2.754 7)	(2.864 6)	(3.588 4)	(2.603 5)
BSIZE	0.150 7 ***	0.349 4 ***	0.535 8 ***	0.081 5
	(2.779 1)	(3.080 3)	(2.798 4)	(0.716 5)
DUAL	0.265 7	0.574 2	0.401 4	0.156 2
	(1.119 4)	(1.177 5)	(0.529 1)	(0.315 1)
常数项	−0.661 6	−2.793 8	−8.353 9 *	−3.753 5
	(−0.486 9)	(−1.016 5)	(−1.837 4)	(−1.544 0)
年度/行业	控制	控制	控制	控制
样本量	3 443	3 443	3 443	3 443
调整后 R^2	0.158 8	0.181 0	0.200 2	0.148 3

注：括号内为经 robust 调整后的 t 值，***、** 和 * 分别表示在 1%、5% 和 10% 水平上显著。

5.4.4　责任铁律、模仿效应与企业扶贫行为

本章进一步检验责任铁律在行业层面引发的企业扶贫行为影响。受标杆效应的影响，责任铁律在行业内的引导机制表现为模仿效应。由表5-9可知，企业扶贫的4方面投入指标检验结果都表明，其他企业的扶贫投入会显著模仿市场领先企业的扶贫投入，包括总扶贫投入和"造血型"以及"慈善型"扶贫投入。假设3得到验证。

表5-9　责任铁律、模仿效应与企业扶贫的检验结果

	Poor _ length	Poor _ invest	Essen _ invest	Char _ invest
	(1)	(2)	(3)	(4)
Leader _ length	0.110 8***			
	(4.749 0)			
Leader _ Shakeoff		0.130 1***		
		(4.893 7)		
Essen _ invest			0.137 7***	
			(4.943 6)	
Char _ invest				0.107 2***
				(4.010 9)
PATENT	0.288 2***	0.690 4***	0.909 9***	1.053 9***
	(15.306 2)	(16.919 4)	(16.663 8)	(18.438 0)
POVERTY	0.680 5***	1.567 9***	1.895 7***	1.928 8***
	(4.524 9)	(4.811 8)	(4.347 4)	(4.225 9)
HHI	1.441 0	3.513 7*	−1.696 6	4.546 3
	(1.469 3)	(1.653 6)	(−0.596 6)	(1.517 3)
LEV	0.909 1***	2.333 5***	4.243 0***	3.271 2***
	(5.730 4)	(6.788 5)	(9.223 0)	(6.793 8)
LISTAGE	0.028 3***	0.051 5***	0.027 6**	0.032 4***
	(7.601 2)	(6.373 8)	(2.549 8)	(2.868 5)
CUS	−0.478 3**	−0.887 5**	−1.064 4*	0.236 2
	(−2.381 7)	(−2.039 6)	(−1.827 7)	(0.387 4)

（续）

	Poor_length	Poor_invest	Essen_invest	Char_invest
	(1)	(2)	(3)	(4)
FINANCE	−0.115 7***	−0.279 8***	−0.311 7***	−0.354 3***
	(−3.621 0)	(−4.041 4)	(−3.364 3)	(−3.653 1)
SELLS	0.020 2***	0.047 6***	0.048 1***	0.041 6***
	(6.076 4)	(6.611 0)	(4.994 7)	(4.131 8)
INDEP	3.192 4***	7.149 5***	14.591 1***	11.497 1***
	(5.694 2)	(5.885 6)	(8.975 9)	(6.756 8)
BSIZE	0.183 7***	0.397 0***	0.632 1***	0.533 4***
	(9.490 1)	(9.466 5)	(11.262 0)	(9.080 4)
DUAL	0.141 1**	0.218 5*	0.253 8	0.166 8
	(2.515 0)	(1.797 9)	(1.560 6)	(0.980 2)
常数项	−1.220 4	−3.611 7*	−8.956 0***	−8.761 0***
	(−1.315 6)	(−1.917 4)	(−3.344 4)	(−4.082 4)
年度/行业	控制	控制	控制	控制
样本量	11 133	11 133	11 133	11 133
调整后 R^2	0.170 7	0.175 0	0.171 7	0.146 0

注：括号内为经 robust 调整后的 t 值，***、** 和 * 分别表示在 1%、5% 和 10% 水平上显著。

同时，本章也区分国企和非国企子样本对模型（5-5）责任铁律、模仿效应对企业扶贫的影响进行回归。表 5-10 的列（1）至列（4）报告了非国企子样本的回归结果，列（5）至列（8）报告了国企子样本的回归结果，非国企子样本中，包括总扶贫投入和"造血型"以及"慈善型"扶贫投入仍然显著存在企业对市场领先企业的模仿效应。国有企业子样本中，仅有总扶贫投入和"造血型"扶贫投入存在模仿效应，责任铁律在全体国有企业中存在普适压力，然而，其他国有企业仍然会模仿国有市场领先企业的"造血型"扶贫投入。

表 5 - 10　责任铁律、模仿效应与企业扶贫行为的子样本检验结果

	非国有企业子样本				国有企业子样本			
	Poor_length	Poor_invest	Essen_invest	Char_invest	Poor_length	Poor_invest	Essen_invest	Char_invest
	(1)	(2)	(3)	(4)	(5)	(6)	(7)	(8)
Leader_length	0.109 8***				0.039 1			
	(5.050 9)				(1.597 7)			
Leader_shakeoff		0.130 8***				0.103 1***		
		(5.196 8)				(2.900 6)		
Essen_invest			0.112 7***				0.125 4***	
			(3.613 4)				(2.726 2)	
Char_invest				0.115 5***				0.031 8
				(5.032 8)				(1.074 0)
PATENT	0.209 0***	0.509 4***	0.482 5***	0.504 3***	0.369 2***	0.945 4***	1.642 4***	0.963 2**
	(6.508 7)	(6.854 1)	(5.436 5)	(6.725 1)	(6.511 9)	(7.854 4)	(7.035 0)	(7.063 3)
POVERTY	0.712 4*	1.748 0**	1.825 0*	1.514 6	0.536 7	1.259 8	1.845 6	1.131 9
	(1.921 5)	(2.070 9)	(1.928 8)	(1.640 5)	(1.170 5)	(1.332 3)	(1.084 1)	(1.039 8)
HHI	0.824 6	2.967 5	−2.351 9	1.714 5	2.278 0	4.976 6	3.443 7	10.580 5*
	(0.648 4)	(1.047 7)	(−0.762 1)	(0.471 5)	(1.376 7)	(1.441 1)	(0.620 8)	(1.938 7)
LEV	0.962 5***	2.444 0***	4.392 3***	1.762 8***	0.743 5	2.076 9*	4.228 4***	2.629 5**
	(3.912 6)	(4.486 5)	(6.853 4)	(3.494 3)	(1.423 8)	(1.955 5)	(2.897 1)	(2.577 4)
LISTAGE	0.021 8***	0.049 0***	0.043 5**	0.042 4**	−0.009 9	−0.033 7	−0.093 3***	−0.058 8**
	(2.614 0)	(2.674 9)	(1.973 6)	(2.441 4)	(−0.747 9)	(−1.211 5)	(−2.153 8)	(−2.062 7)

（续）

	非国有企业子样本				国有企业子样本			
	$Poor\_length$	$Poor\_invest$	$Essen\_invest$	$Char\_invest$	$Poor\_length$	$Poor\_invest$	$Essen\_invest$	$Char\_invest$
	(1)	(2)	(3)	(4)	(5)	(6)	(7)	(8)
CUS	0.217 5	0.535 4	−0.217 5	1.922 0	−1.249 2**	−2.283 2*	−1.376 5	−0.772 8
	(0.522 1)	(0.568 5)	(−0.291 9)	(1.564 8)	(−2.013 6)	(−1.650 6)	(−0.773 7)	(−0.668 9)
FINANCE	−0.091 5*	−0.212 6**	−0.255 2**	−0.153 5	−0.171 8**	−0.410 0**	−0.479 6*	−0.420 9***
	(−1.900 8)	(−1.982 3)	(−2.175 4)	(−1.578 9)	(−2.396 0)	(−2.809 8)	(−1.952 3)	(−2.632 8)
SELLS	0.786 2	1.457 3	1.314 2	0.534 6	−0.481 2	−1.830 9	−0.543 7	−1.835 1
	(1.377 8)	(1.165 2)	(0.905 9)	(0.466 9)	(−0.292 6)	(−0.527 3)	(−0.113 5)	(−0.588 2)
INDEP	0.425 4	1.126 7	3.450 9	1.513 6	4.161 8***	9.204 0***	18.148 8***	8.419 2***
	(0.438 6)	(0.510 3)	(1.339 7)	(0.693 5)	(2.751 8)	(2.878 0)	(3.595 9)	(2.608 7)
BSIZE	0.089 8**	0.187 4*	0.284 4**	0.217 1**	0.150 4***	0.349 7***	0.536 5***	0.085 0
	(2.296 5)	(2.108 1)	(2.426 0)	(2.410 7)	(2.773 2)	(3.081 9)	(2.806 2)	(0.746 4)
DUAL	−0.016 4	−0.086 7	−0.052 0	−0.170 9	0.263 4	0.555 9	0.351 0	0.132 6
	(−0.206 1)	(−0.486 2)	(−0.251 3)	(−1.007 4)	(1.112 2)	(1.142 1)	(0.463 6)	(0.268 1)
常数项	−1.409 6	−4.587 3	−2.802 8	−0.291 5	−0.863 7	−3.316 8	−8.752 7*	−3.557 7
	(−0.505 1)	(−1.531 2)	(−1.598 3)	(−0.211 8)	(−0.634 5)	(−1.199 5)	(−1.931 6)	(−1.473 9)
年度/行业	控制	控制	控制	控制	控制	控制	控制	控制
样本量	7 690	7 690	7 690	7 690	3 443	3 443	3 443	3 443
调整后 R^2	0.105 3	0.120 1	0.072 1	0.100 6	0.166 8	0.187 5	0.202 7	0.175 2

注：括号内为经 robust 调整后的 t 值，****、***和*分别表示在 1%、5%和 10%水平上显著。

经过上述一系列验证过程，本章各假设的验证汇总情况如表 5 - 11 所示。

表 5 - 11　假设验证情况汇总表

编号	假设内容	验证情况
H1 - 1	民营企业中，企业市场势力越高，企业扶贫投入越高	支持
H1 - 2	民营市场领先企业扶贫行为取得了实质性扶贫绩效	支持
H2 - 1	国有企业普遍扶贫投入较高	支持
H2 - 2	国有企业扶贫行为取得了实质性扶贫绩效	支持
H3	无论民营企业还是国有企业，非市场领先企业都会模仿市场领先企业的扶贫行为	支持

5.4.5　责任铁律与企业参与扶贫和乡村振兴行为的异质性分析

前文验证了责任铁律压力机制能够激励企业承担社会责任，再进一步分析中，本书探讨责任铁律的具体压力来源在其中扮演的调节效应，分别从企业内部特征、行业特征和外部环境特征视角展开，包括企业资源实力、企业价值导向、企业业务属性、企业行业属性和外部政策引导 5 个方面。

（1）责任铁律和压力来源一：企业资源实力

国有企业参与扶贫的高社会期望压力主要源自国有企业的公有属性和雄厚实力（杜世风等，2019），中央企业更是其中的代表，是执行国家意志的排头兵。因此，本书预期，央企的扶贫和乡村振兴投入程度更高。本书设置央企虚拟变量（CENTRAL），当上市公司为中央企业时，赋值为 1，否则取 0，并将 CENTRAL 引入模型（5 - 1）中替代 STATE，还将 PCM 与 CENTRAL 的交乘项也引入模型（5 - 1）中再次进行回归。表 5 - 12 的列（1）和列（4）报告了回归结果，结果表明，央企的扶贫和乡村振兴投入程度更高。

表 5 - 12　责任铁律与企业参与扶贫和乡村振兴行为的异质性检验结果（一）

	Essen _ invest			Char _ invest		
	(1)	(2)	(3)	(4)	(5)	(6)
PCM	0.560 8***	0.678 8***	0.291 7***	1.278 7***	1.403 7***	0.750 5***
	(10.195 6)	(4.895 5)	(3.773 2)	(15.250 6)	(5.685 2)	(5.148 6)
CENTRAL	2.462 7***			2.085 3***		
	(7.063 0)			(3.923 1)		

（续）

	Essen_invest			Char_invest		
	(1)	(2)	(3)	(4)	(5)	(6)
PCM×CENTRAL	0.633 1***			0.658 9***		
	(5.515 8)			(3.765 8)		
CULTURE		8.406 0***			9.687 2***	
		(2.971 0)			(2.827 5)	
PCM×CULTURE		5.576 3***			9.063 6***	
		(3.934 2)			(4.197 5)	
Advantage			12.293 1***			16.667 4***
			(25.354 4)			(23.689 4)
PCM×Advantage			0.602 6***			1.253 4***
			(3.058 9)			(4.540 4)
控制变量	控制	控制	控制	控制	控制	控制
年度/行业	控制	控制	控制	控制	控制	控制
样本量	11 133	11 133	11 133	11 133	11 133	11 133
调整后 R^2	0.189 9	0.203 4	0.323 8	0.181 0	0.186 2	0.291 8

注：括号内为经 robust 调整后的 t 值，***、** 和 * 分别表示在 1%、5% 和 10% 水平上显著。

（2）责任铁律和压力来源二：企业价值导向

企业文化紧密服务于企业的长期目标和愿景，是企业的精神内核（靳小翠，2017）。如果社会效益对一家企业至关重要，该企业文化更可能具有社会价值导向，向社会传递负责担当的信息。利益相关者将回馈给企业正向反馈和期望，并为企业提供赖以生存和发展的关键资源，最终形成企业与利益相关者之间健康互动的良性循环（温素彬等，2018）。因此，企业参与扶贫的高社会期望压力更可能来源于企业文化对社会价值的重视。本书设置亲社会文化变量（CULTURE）衡量企业文化对社会价值的重视程度，当企业文化的表述中具有"大爱""可持续""健康""和谐""共赢"和"回报社会"字样时，赋值为1，否则取 0，并将 PCM 与 CULTURE 的交乘项引入模型（1）中再次进行回归。表 5-12 的列（2）和列（5）报告了回归结果，结果表明，拥有亲社会文化的市场领先企业对扶贫和乡村振兴投入程度更高。

（3）责任铁律和压力来源三：企业业务属性

实现可持续减贫是企业"造血型"扶贫和乡村振兴的核心目标（尹志超和郭沛瑶，2021）。企业的业务属性如果能够实现结合自身优势参与扶贫和乡村振兴，充分发挥作为市场组织的减贫优势，减贫和乡村振兴效果将显著提升，企业也能够从中开拓新业务、创造新效益，实现"减贫"与"效率"兼得。因此，企业参与扶贫的高社会期望压力更可能来源于能够结合自身核心优势进行扶贫的业务属性。本书设置结合自身核心优势进行扶贫变量（*Advantage*），将企业年报的"履行精准扶贫社会责任情况"中披露了企业结合自身产业、技术或业务优势以及专长进行扶贫和乡村振兴的企业赋值为 1，否则取 0，并将 *PCM* 与 *Advantage* 的交乘项引入模型（5-1）中再次进行回归。表 5-12 的列（3）和列（6）报告了回归结果，结果表明，能够结合自身核心优势的市场领先企业在扶贫和乡村振兴方面投入程度更高。

（4）责任铁律和压力来源四：企业行业属性

如果企业自身业务领域与扶贫和乡村振兴内容能够良好匹配，那么，企业参与扶贫和乡村振兴更容易发挥自身优势，与贫困地区要素禀赋顺利对接，实现可持续减贫（张京心等，2022），创造企业与社会双赢的局面。因此，社会更可能对所处行业与扶贫内容较为契合的企业怀有更高的担责期望，企业参与扶贫的高社会期望压力更可能来源于企业的亲扶贫行业属性。本书将企业所属行业的特点与扶贫和乡村振兴工作较为契合的行业定义为亲扶贫行业（*Propoor*），具体而言，当企业所属行业为农林牧渔业，农副食品加工业，食品、酒、饮料、味精和茶制造业，则赋值为 1，否则取 0，并将滞后一期的 *PCM* 与滞后一期的 *Propoor* 的交乘项引入模型（5-1）中再次进行回归。表 5-13 的列（1）和列（4）报告了回归结果，结果表明，处于亲扶贫行业的市场领先企业对扶贫和乡村振兴投入程度更高。

表 5-13　市场领先企业与企业参与扶贫和乡村振兴行为的异质性检验结果（二）

	Essen_invest			Char_invest		
	(1)	(2)	(3)	(4)	(5)	(6)
PCM	0.611 8***	0.487 1***	0.621 6***	1.361 4***	1.185 4***	1.300 8***
	(11.818 7)	(4.033 7)	(12.546 8)	(17.162 9)	(7.841 1)	(8.722 3)

（续）

	Essen _ invest			Char _ invest		
	(1)	(2)	(3)	(4)	(5)	(6)
PROPOOR	−0.430 0			−2.300 5		
	(−0.279 3)			(−0.975 1)		
PCM × PROPOOR	0.820 6***			0.559 8**		
	(5.297 0)			(2.358 4)		
POLICY1		10.408 8***			15.495 5***	
		(9.265 1)			(12.016 2)	
PCM × POLICY1		1.114 7***			0.996 3**	
		(3.458 5)			(2.226 2)	
POLICY2			13.132 7***			15.561 5***
			(28.199 7)			(14.216 8)
PCM × POLICY2			0.468 6***			1.077 7**
			(2.924 0)			(2.126 2)
控制变量	控制	控制	控制	控制	控制	控制
年度/行业	控制	控制	控制	控制	控制	控制
样本量	11 133	11 133	11 133	11 133	11 133	11 133
调整后 R^2	0.197 7	0.240 1	0.260 5	0.180 5	0.216 2	0.222 9

注：括号内为经 robust 调整后的 t 值，***、** 和 * 分别表示在1%、5%和10%水平上显著。

（5）责任铁律和压力来源五：外部政策引导

企业参与扶贫和乡村振兴行为具有强社会期望压力特征的显著特点是源自政策引导，特殊政策引导产生的外生社会影响力是企业参与扶贫和乡村振兴的重要驱动力。因此，社会更可能对政策引导性更强的市场领先企业怀有更高的担责期望。本书设置2个政策引导性变量 POLICY1、和 POLICY2，当公司披露其受定点扶贫政策引导，进行驻村帮扶时，则 POLICY1 赋值为1，否则取0；当公司披露其受对口支援政策引导参与扶贫和乡村振兴时，则 POLICY2 赋值为1，否则取0。定点扶贫和对口支援是引导企业参与扶贫和乡村振兴的重要政策，驱动压力较大。本书将 PCM 分别与 POLICY1 和 POLICY2 的交乘项引入模型（5-1）中再次进行回归。表5-13的列（2）、列（3）、列（5）和列（6）报告了回归结果，综合所有交乘项结果，受政策引导程度更强的市场领先企业对扶贫和乡村振兴投入更高。

5.4.6　责任铁律、模仿效应与企业参与扶贫和乡村振兴行为的异质性分析

（1）公司自身对声誉重视程度对模仿效应的影响

由上文分析可知，由于企业扶贫行为内在的投资属性，能够帮助企业获取竞争优势，因此，其他非市场领先企业为维持相对竞争优势不会被动回应为行业平均的扶贫投入，而是以行业领先企业为标杆，考虑公司竞争优势，模仿行业领先企业的扶贫投入。因此，当公司越重视自身声誉效应时，为维持相对竞争优势，模仿行业领先企业扶贫投入的程度越高。本章进一步采用公司广告支出水平（SELLS）和产品是否直接接触消费者虚拟变量（CUS）衡量公司对自身声誉效应的重视程度，并将 Leader 与 SELLS 的交乘项以及 Leader 与 CUS 的交乘项引入模型（5-5）中再次进行回归。表 5-14 和表 5-15 分别报告了回归结果，结果表明，公司对自身声誉效应的重视程度增强了公司对行业领先企业扶贫投入的模仿效应。

表 5-14　模仿效应、广告支出与企业扶贫的检验结果

	Poor _ length	Poor _ invest	Essen _ invest	Char _ invest
	(1)	(2)	(3)	(4)
Leader _ length	0.073 5**			
	(2.311 7)			
Leader _ length × SELLS	0.005 4**			
	(2.401 9)			
Leader _ shakeoff		0.080 9**		
		(2.212 4)		
Leader _ shakeoff × SELLS		0.006 8***		
		(2.834 6)		
Essen _ invest			0.041 6	
			(1.070 5)	
Essen _ invest × SELLS			0.008 4***	
			(3.360 3)	
Char _ invest				0.071 9**
				(1.983 5)

(续)

	Poor_length	Poor_invest	Essen_invest	Char_invest
	(1)	(2)	(3)	(4)
Char_invest×SELLS				0.002 9
				(1.100 3)
SELLS	0.008 1*	0.020 9**	0.022 8**	0.020 3**
	(1.840 8)	(2.158 9)	(2.495 7)	(2.513 4)
PATENT	0.225 0***	0.532 6***	0.483 6***	0.529 2***
	(10.699 1)	(11.349 5)	(9.460 3)	(11.913 2)
POVERTY	0.703 0***	1.722 9***	1.821 8***	1.500 9***
	(3.743 9)	(4.111 8)	(3.992 4)	(3.784 5)
HHI	0.781 6	2.948 1	−2.265 6	0.611 7
	(0.614 7)	(1.041 1)	(−0.734 4)	(0.227 3)
LEV	0.874 7***	2.276 8***	4.281 2***	1.678 1***
	(5.036 7)	(5.875 4)	(10.143 9)	(4.576 4)
LISTAGE	0.020 5***	0.046 2***	0.040 8***	0.041 1***
	(4.503 7)	(4.554 3)	(3.698 4)	(4.284 5)
CUS	0.213 0	0.504 7	−0.246 5	1.791 7***
	(0.922 6)	(0.979 6)	(−0.439 3)	(3.672 6)
FINANCE	−0.086 0**	−0.200 2**	−0.245 7**	−0.141 7*
	(−2.178 7)	(−2.272 2)	(−2.559 4)	(−1.698 3)
INDEP	0.397 8	0.928 8	3.666 6**	1.479 0
	(0.596 1)	(0.623 7)	(2.261 4)	(1.049 6)
BSIZE	0.083 1***	0.167 1***	0.272 3***	0.202 3***
	(3.458 9)	(3.116 4)	(4.662 4)	(3.987 1)
DUAL	−0.018 1	−0.088 1	−0.054 0	−0.172 1
	(−0.327 1)	(−0.712 4)	(−0.401 2)	(−1.469 7)
常数项	−0.211 7	−1.411 9	−3.965 3**	−2.676 4*
	(−0.310 4)	(−0.925 4)	(−2.394 9)	(−1.865 2)
年度/行业	控制	控制	控制	控制
样本量	7 690	7 690	7 690	7 690
调整后 R^2	0.104 4	0.109 7	0.122 6	0.073 2

注：括号内为经 robust 调整后的 t 值，***、** 和 * 分别表示在 1%、5% 和 10% 水平上显著。

表5-15　模仿效应、产品直接接触消费者与企业扶贫的检验结果

	Poor_length	*Poor_invest*	*Essen_invest*	*Char_invest*
	(1)	(2)	(3)	(4)
Leader_length	0.116 3***			
	(3.890 3)			
Leader_length×CUS	−0.018 5			
	(−0.280 8)			
Leader_shakeoff		0.136 6***		
		(3.756 4)		
Leader_shakeoff×CUS		−0.016 6		
		(−0.239 8)		
Essen_invest			0.073 2*	
			(1.867 0)	
Essen_invest×CUS			0.119 6*	
			(1.929 0)	
Char_invest				0.130 2***
				(3.586 7)
Char_invest×CUS				0.020 4
				(0.303 2)
CUS	0.216 5	0.488 5	−0.356 2	2.088 1***
	(0.913 0)	(0.939 9)	(−0.631 6)	(3.162 0)
PATENT	0.224 8***	0.532 4***	0.481 5***	0.744 3***
	(10.687 7)	(11.338 4)	(9.416 4)	(12.448 5)
POVERTY	0.710 5***	1.742 4***	1.820 7***	2.079 4***
	(3.783 5)	(4.156 7)	(3.987 9)	(3.895 5)
HHI	0.794 1	2.875 5	−2.044 1	1.511 7
	(0.624 1)	(1.013 0)	(−0.661 6)	(0.415 9)
LEV	0.886 5***	2.303 8***	4.314 2***	2.969 6***
	(5.105 4)	(5.943 6)	(10.216 9)	(6.016 6)
LISTAGE	0.020 6***	0.046 4***	0.040 8***	0.050 6***
	(4.528 0)	(4.576 8)	(3.695 5)	(3.921 1)

（续）

	Poor _ length	Poor _ invest	Essen _ invest	Char _ invest
	(1)	(2)	(3)	(4)
FINANCE	−0.085 9**	−0.200 4**	−0.247 2**	−0.264 4**
	(−2.175 3)	(−2.272 7)	(−2.573 9)	(−2.355 2)
SELLS	0.014 5***	0.036 6***	0.032 8***	0.029 5***
	(4.070 2)	(4.605 2)	(3.793 1)	(2.917 5)
INDEP	0.434 9	1.049 4	3.696 2**	1.777 8
	(0.651 7)	(0.704 5)	(2.278 6)	(0.937 3)
BSIZE	0.083 4***	0.169 3***	0.271 2***	0.279 8***
	(3.468 3)	(3.156 3)	(4.641 3)	(4.096 4)
DUAL	−0.020 6	−0.095 0	−0.053 1	−0.084 4
	(−0.371 3)	(−0.767 5)	(−0.393 8)	(−0.535 8)
常数项	−0.220 1	−1.445 4	−3.714 4**	−4.537 7**
	(−0.322 1)	(−0.944 6)	(−2.237 8)	(−2.349 6)
年度/行业	控制	控制	控制	控制
样本量	7 690	7 690	7 690	7 690
调整后 R^2	0.103 8	0.108 8	0.121 7	0.087 2

注：括号内为经 robust 调整后的 t 值，***、** 和 * 分别表示在 1%、5% 和 10% 水平上显著。

（2）公司外部媒体关注对模仿行为的影响

媒体关注是影响市场信息传播和企业声誉的重要因素。企业自身对竞争优势的重视，不仅可能来源于企业对自身声誉效应的重视，还可能来源于外部媒体报道对企业形成的声誉关注和倒逼压力。媒体报道越多，企业为积极争取竞争优势模仿行业领先企业扶贫投入的动力越强。本章进一步设置媒体关注度（Media），参考徐莉萍等（2011）的研究，利用上市公司新闻报道次数加 1 取自然对数衡量，并将 Leader 与 Media 的交乘项引入模型（5-5）中再次进行回归。表 5-16 报告了回归结果，媒体关注度越高的公司越积极模仿行业领先企业的扶贫投入。

表 5－16　模仿效应、媒体关注度与企业扶贫的检验结果

	$Poor\_length$	$Poor\_invest$	$Essen\_invest$	$Char\_invest$
	(1)	(2)	(3)	(4)
$Leader\_length$	−0.113 6*			
	(−1.652 4)			
$Leader\_length \times Media$	0.068 9***			
	(3.259 7)			
$Leader\_shakeoff$		−0.125 0		
		(−1.554 6)		
$Leader\_shakeoff \times Media$		0.086 3***		
		(3.444 9)		
$Essen\_invest$			−0.200 9	
			(−1.284 7)	
$Essen\_invest \times Media$			0.106 3**	
			(2.226 3)	
$Char\_invest$				−0.062 3
				(−0.726 9)
$Char\_invest \times Media$				0.057 4**
				(2.027 0)
$Media$	0.019 5	0.100 8	0.523 0***	0.452 6***
	(0.403 9)	(0.936 7)	(4.004 4)	(3.005 7)
PATENT	0.211 6***	0.505 8***	0.548 4***	0.799 5***
	(9.294 5)	(9.521 2)	(7.237 9)	(9.738 6)
POVERTY	0.760 4***	1.979 2***	2.663 1***	2.235 3**
	(3.199 3)	(3.582 8)	(3.247 0)	(2.570 2)
HHI	0.652 2	2.085 1	−1.268 6	1.333 8
	(0.456 1)	(0.612 8)	(−0.154 5)	(0.226 8)
LEV	0.873 2***	2.147 8***	4.798 3***	2.948 0***
	(4.823 0)	(5.260 5)	(8.173 9)	(4.969 8)
LISTAGE	0.022 8***	0.049 3***	0.040 1**	0.047 6**
	(4.089 9)	(3.950 5)	(2.118 4)	(2.560 6)

（续）

	Poor _ length	Poor _ invest	Essen _ invest	Char _ invest
	(1)	(2)	(3)	(4)
CUS	0.121 4	0.158 4	−0.191 8	2.479 7**
	(0.429 3)	(0.247 0)	(−0.226 8)	(2.082 1)
FINANCE	−0.112 5***	−0.251 3***	−0.413 5***	−0.343 9**
	(−2.702 9)	(−2.643 0)	(−3.376 1)	(−2.429 7)
SELLS	0.011 0***	0.029 9***	0.022 5*	0.024 3*
	(2.902 1)	(3.445 3)	(1.850 6)	(1.886 4)
INDEP	0.286 0	0.825 6	3.104 3	1.415 2
	(0.403 8)	(0.511 1)	(1.332 2)	(0.538 0)
BSIZE	0.069 8**	0.136 7**	0.320 7***	0.282 7***
	(2.535 7)	(2.165 2)	(3.132 5)	(2.614 5)
DUAL	0.002 3	−0.059 5	−0.000 6	0.002 0
	(0.040 7)	(−0.462 7)	(−0.003 7)	(0.010 9)
常数项	−0.038 3	−1.239 2	−6.286 5**	−6.236 8***
	(−0.045 3)	(−0.636 3)	(−2.361 0)	(−2.808 0)
年度/行业	控制	控制	控制	控制
样本量	7 566	7 566	7 566	7 566
调整后 R^2	0.106 5	0.110 7	0.118 6	0.092 8

注：括号内为经 robust 调整后的 t 值，***、** 和 * 分别表示在 1%、5% 和 10% 水平上显著。

5.4.7 政策引导下的企业参与扶贫和乡村振兴行为与企业经营绩效

本书进一步探讨责任铁律压力下的企业社会责任对自身经营绩效的影响，检验承担更多社会责任是否能够促进企业成长，实现企业与社会价值共创。本书首先检验企业扶贫和乡村振兴投入对企业资产报酬率（ROA）的影响，Top_invest 为公司扶贫和乡村振兴投入程度虚拟变量，当公司年度扶贫和乡村振兴总投入为该行业最高 20% 的企业时取 1，表示该企业扶贫和乡村振兴投入程度较高，否则取 0。回归结果如表 5-17 的列（1）所示，企业较高的扶贫和乡村振兴投入显著提升了企业经营绩效。进一步，本书区分国企和民企子样本，以及市场势力高——市场势力行业前5%的企业和其他市场势力低的企业子样本，检验不同分组中企业扶贫和乡村振兴投入对企业资产报酬率的影响。由表5-17的列（2）至列（5）可知，民企子样本中，企业扶贫和乡村振兴投入对提升企业经营绩效的作用更强，市场势力高低分组之间的作用差异显著。该结果表明，国有企业在扶贫行动中对实质性扶贫和乡村振兴绩效的获取更加重视，优先级更可能高于其作为市场主体获取经济利益的商业目标。无论企业市场势力高低，高扶贫和乡村振兴投入都能够提升企业经营绩效。

表5-17　国有企业、市场领先企业参与扶贫和乡村振兴行为与企业价值的后果检验

	ROA				
	（1） 全样本	（2） 国有企业	（3） 民营企业	（4） 市场势力高	（5） 市场势力低
Top _ invest	0.012 0***	0.007 5***	0.014 1***	0.020 2***	0.011 4***
	(7.786 5)	(4.434 9)	(7.854 7)	(3.233 9)	(8.438 1)
P 值		0.024 1		0.230 7	
控制变量	控制	控制	控制	控制	控制
年度/行业	控制	控制	控制	控制	控制
样本量	16 410	4 867	11 543	821	15 589
调整后 R^2	0.145 1	0.195 3	0.151 4	0.372 4	0.137 8

注：括号内为经 robust 调整后的 t 值，***、** 和 * 分别表示在1%、5%和10%水平上显著。

5.4.8　内生性讨论

上述结果表明，国有企业和市场领先企业扶贫和乡村振兴投入较高。一般而言，企业扶贫和乡村振兴行为作为企业社会责任决策，导致企业成为国有企业或市场领先企业的可能性较低，因此，该结论存在逆向因果问题的可能性较低。然而，该结论可能面临遗漏变量的内生性问题，例如，企业较强的盈利能力、财务实力等潜在因素的影响。为尽可能缓解内生性偏误，增强结论的稳健性，本书在基准回归中即采用滞后一期解释变量回归，以部分证明两者之间先行后续的因果关系，同时，本书又进行了一系列内生性检验。

（1）滞后一期解释变量

采用滞后一期的公司市场势力（L. PCM）和产权属性（L. STATE）作为核心解释变量，如表5-18所示，回归结果依然稳健。

表 5 - 18　滞后一期解释变量的检验结果

	Poor_length	Poor_invest	Essen_invest	Char_invest
	(1)	(2)	(3)	(4)
L. PCM	0.160 6***	0.430 1***	0.679 6***	1.408 1***
	(5.405 8)	(6.116 3)	(4.882 6)	(5.682 9)
L. STATE	0.990 9***	1.816 8***	3.565 9***	2.139 7***
	(7.442 0)	(6.355 1)	(7.193 5)	(2.911 6)
PATENT	0.194 8***	0.481 0***	0.650 7***	1.243 6***
	(6.230 2)	(6.829 4)	(5.741 2)	(6.361 6)
LEV	0.639 7**	1.619 5***	3.638 0***	2.957 0**
	(2.399 7)	(2.778 5)	(4.069 7)	(2.113 2)
LISTAGE	0.001 8	−0.001 5	−0.013 6	−0.050 5
	(0.231 9)	(−0.088 7)	(−0.506 9)	(−1.193 5)
CUS	−0.669 8	−1.471 4	−3.291 6**	−0.405 7
	(−1.546 9)	(−1.512 9)	(−2.267 1)	(−0.153 3)
FINANCE	−0.141 5***	−0.360 1***	−0.298 7*	−0.603 9**
	(−2.956 2)	(−3.508 2)	(−1.727 7)	(−2.337 0)
HHI	0.085 3	0.737 1	−0.521 5	−2.160 5
	(0.089 0)	(0.368 6)	(−0.139 6)	(−0.438 2)
CHAIRSHARE	−0.006 3**	−0.011 7*	−0.002 9	−0.028 3**
	(−2.089 1)	(−1.688 0)	(−0.344 5)	(−2.095 6)
INDEP	1.706 4*	4.753 0**	11.928 1***	15.892 4***
	(1.827 0)	(2.293 6)	(3.149 9)	(2.927 1)
BSIZE	0.101 6***	0.238 2***	0.501 1***	0.573 8***
	(2.943 6)	(3.099 6)	(3.643 9)	(2.712 1)
DUAL	0.060 5	0.148 2	0.211 8	0.278 0
	(0.701 4)	(0.767 1)	(0.737 6)	(0.645 6)
常数项	1.487 8	1.084 5	−3.284 2	−9.988 9**
	(1.517 4)	(0.541 8)	(−0.854 2)	(−2.530 2)
年度/行业	控制	控制	控制	控制
样本量	10 682	10 682	10 682	10 682
调整后 R^2	0.192 0	0.196 3	0.195 7	0.180 1

注：括号内为经 robust 调整后的 t 值，***、** 和 * 分别表示在 1%、5% 和 10% 水平上显著。

（2）双重差分法（DID）

利用企业新进入《财富》世界 500 强榜单这一外生冲击识别企业社会期望的变化，构建 PSM‐DID 模型［式（5‐6）所示模型］进行检验，证明社会期望压力与对企业参与扶贫和乡村振兴行为的因果效应。主要关注系数 θ_1，该系数反映了企业新进入《财富》世界 500 强榜单与企业扶贫和乡村振兴投入之间的因果关系。

$$shakeoff\_invest_{i,t} = \theta_0 + \theta_1 \times LIST_{i,t} + \theta \times CV_{i,t} + \tau_i + \upsilon_t + \psi_{i,t}$$

$$(5-6)$$

其中，$LIST$ 含义为如果企业 i 在 t 年被选入《财富》世界 500 强榜单，那么在 t 年及之后年份均赋值为 1，其余为 0；CV 为一系列控制变量，与模型（5‐1）控制变量一致；τ_i 为企业固定效应，控制企业不随时间变化的不可观测的个体因素；υ_t 为时间固定效应，消除随时间变化的遗漏变量；$\psi_{i,t}$ 为随机误差项。本书使用 PSM 法对处理组和控制组样本进行一对一最临近匹配，PSM 匹配结果通过了平衡性检验。由表 5‐19 可知，$LIST$ 回归系数显著为正，证明企业新进入《财富》世界 500 强榜单这一外生事件导致的企业社会期望提升，将驱使企业显著增加扶贫和乡村振兴投入，印证了本书的检验结果。

表 5‐19　企业新进入《财富》世界 500 强榜单的检验结果

	Poor_length	Poor_invest	Essen_invest	Char_invest
	(1)	(2)	(3)	(4)
	1.646 8*	4.606 4**	12.977 4***	11.792 4
TOP	(1.769 9)	(2.405 9)	(2.713 7)	(1.538 7)
	(2.668 9)	(2.722 9)	(2.121 6)	(2.189 2)
控制变量	控制	控制	控制	控制
企业固定效应	控制	控制	控制	控制
时间固定效应	控制	控制	控制	控制
样本量	315	315	315	315
调整后 R^2	0.329 2	0.345 8	0.209 5	0.191 2

注：括号内为经 robust 调整后的 t 值，***、** 和 * 分别表示在 1%、5% 和 10% 水平上显著。

（3）安慰剂检验

本书的研究结论也可能受其他因素干扰导致结论具有随机性，因此，本书采用安慰剂检验方法排除随机因素的干扰。首先，将公司市场势力的值随机赋值给样本企业，对式（5-1）进行回归，提取公司市场势力的回归系数，进而将上述过程重复1 000次，图5-1对回归系数结果进行模拟。模拟回归系数均显著异于公司市场势力的真实回归系数（0.160 6），排除随机因素干扰后，较高的公司市场势力仍然导致企业扶贫和乡村振兴投入的增加。

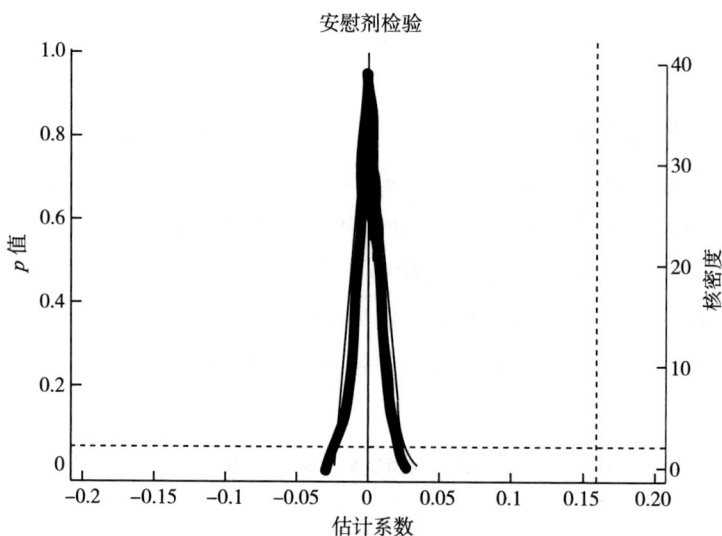

图5-1　安慰剂检验图

5.4.9　稳健性检验

（1）排除企业财务实力的影响

财务实力代表着公司拥有的可支配资源的多寡，众多研究表明，作为企业一项重要的投资决策，企业实施社会责任活动必须拥有较强的财务实力（杜世风等，2019）。企业规模越大，也越会受到利益相关者的关注和重视（肖红军和李井林，2018）。按照这一逻辑，财务实力越强的企业可能市场势力也越高，也更有意愿进行扶贫和乡村振兴投资。

基于此，为排除企业财务实力对企业市场势力的替代性解释，本书进一步按照企业规模（TA）大小将样本进行十等分排序，记为 R_TA，并在每等分中对 $Leader$ 进行排序，记为 $R\_Leader1$，再分别将滞后一期的 $R\_Leader1$ 和滞后一期的 R_TA 引入模型（5-1）对企业扶贫和乡村振兴投入进行回归。由表 5-20 的列（1）至列（4）可知，控制了企业财务实力之后，受社会期望更高的市场领先企业的扶贫和乡村振兴投入水平仍然显著更高，与基础模型（5-2）的检验结果一致。为剥离企业财务实力在行业模仿行为中对企业市场势力的干扰，本书进一步将模型（5-3）中的 $Leader\_conduct$ 替换为 $Leader$ 在样本中位居前 1%，但是财务实力位居末 1% 的公司，记为 $Only\_Power\_TA$，并加入 $Leader$ 位居末 1%，但财务实力位居前 1% 的公司，记为 $Only\_TA$，再对企业扶贫投入进行回归，$Only\_Power\_TA1$ 至 $Only\_Power\_TA4$ 和 $Only\_TA1$ 至 $Only\_TA4$ 分别由 $Leader\_length$，$Leader\_shakeoff$ 和 $Leader\_Essen$，$Leader\_Char4$ 个解释变量生成。由表 5-21 的列（1）至列（4）可知，控制了企业财务实力之后，非市场领先企业的扶贫和乡村振兴投入仍然显著模仿了市场领先企业的投入水平，与基础模型（5-3）的检验结果一致。

（2）排除企业现金实力的影响

现金实力是公司财务实力的重要方面。现有研究表明，公司拥有的现金资源越多，企业社会责任投入就越多（祝继高等，2017）。基于此，为进一步排除企业现金实力的替代性解释，本书进一步按照企业现金持有水平（$Cash$）大小将样本进行十等分排序，记为 R_Cash，并在每等分中对 $Leader$ 进行排序，记为 $R\_Leader2$，再分别将滞后一期的 $R\_Leader2$ 和滞后一期的 R_Cash 引入模型（5-1）对企业扶贫和乡村振兴投入进行回归。由表 5-20 的列（5）至列（8）可知，控制了企业现金实力之后，受社会期望更高的市场领先企业的扶贫和乡村振兴投入水平仍然显著更高，与基础模型（5-2）的检验结果一致。为剥离企业现金实力在行业模仿行为中对企业市场势力的干扰，本书进一步将模型（5-3）中的 $Leader\_conduct$ 替换为 $Leader$ 在样本中位居前 1%，但是现金实力位居末 1% 的公司，记为 $Only\_Power\_Cash$，并加入 $Leader$ 位居末 1%，但现金实力位居前 1% 的公司，记为 $Only\_Cash$，再对企业扶贫和乡村振兴投入进行回归，$Only\_Power\_Cash1$ 至 $Only\_Power\_Cash4$ 和 $Only\_Cash1$ 至 $Only\_Cash4$ 分别由 $Leader\_$

length，*Leader _ Shakeoff* 和 *Leader _ Essen*，*Leader _ Char*4 个解释变量生成。由表 5 - 21 的列（5）至列（8）可知，控制了企业现金实力之后，非市场领先企业的扶贫和乡村振兴投入仍然显著模仿了市场领先企业的投入水平，印证了本书的结论。

（3）排除企业盈利能力的影响

企业盈利能力也可能成为其获取竞争优势和市场势力的重要因素，众多研究也表明，企业社会责任投入与企业盈利能力正相关（杜世风等，2019）。基于此，为排除企业盈利能力对企业市场势力的替代性解释，本书进一步按照 *ROA* 大小将样本进行十等分排序，记为 *R _ ROA*，并在每等分中对 *Leader* 进行排序，记为 *R _ Leader*3，再分别将滞后一期的 *R _ Leader*3 和滞后一期的 *R _ ROA* 引入模型（5 - 1）对企业扶贫和乡村振兴投入进行回归。由表 5 - 20 的列（9）至列（12）可知，控制了企业盈利能力之后，受社会期望更高的市场领先企业的扶贫和乡村振兴投入水平仍然显著更高，与基础模型（5 - 2）的检验结果一致。为排除企业盈利能力在行业模仿行为对企业市场势力的替代性解释，本书进一步将模型（5 - 3）中的 *Leader _ conduct* 替换为 *Leader* 在样本中位居前 1%，但是盈利能力位居末 1% 的公司，记为 *Only _ Power _ ROA*，并加入 *Leader* 位居末 1%，但盈利能力位居前 1% 的公司，记为 *Only _ Profit*，再对企业扶贫投入进行回归，*Only _ Power _ ROA*1 至 *Only _ Power _ ROA*4 和 *Only _ Profit*1 至 *Only _ Profit*4 分别由 *Leader _ length*，*Leader _ Shakeoff* 和 *Leader _ Essen*，*Leader _ Char*4 个解释变量生成。由表 5 - 21 的列（9）至列（12）可知，控制了企业盈利能力之后，非市场领先企业的扶贫和乡村振兴投入仍然显著模仿了市场领先企业的投入水平，与基础模型（5 - 3）的检验结果一致。

（4）责任铁律与企业扶贫行为稳健性检验：企业市场势能替代变量

为增强研究结果的稳健性，本书进一步采用企业市场势能替代变量市场地位（*Market power*），即企业营业收入与行业平均营业收入之间的差额占行业平均营业收入的比例——作为公司市场势能的替代变量（肖红军和李井林，2018），对责任铁律对企业扶贫的影响进行了检验。表 5 - 22 报告了企业市场势能替代变量的回归结果。所有研究结果与上文研究结论一致。

表 5 - 20　排除替代性解释的稳健性检验结果

	Poor_length (1)	Poor_invest (2)	Essen_invest (3)	Char_invest (4)	Poor_length (5)	Poor_invest (6)	Essen_invest (7)	Char_invest (8)	Poor_length (9)	Poor_invest (10)	Essen_invest (11)	Char_invest (12)
L.R_Leader1	0.061 5*** (4.822 9)	0.191 4*** (6.756 2)	0.310 6*** (6.480 9)	0.637 4*** (8.749 1)								
L.R_TA	0.227 9*** (10.567 5)	0.565 0*** (11.937 3)	0.731 2*** (10.344 9)	1.364 9*** (11.995 1)								
L.R_Leader2					0.082 0*** (6.914 6)	0.227 1*** (8.636 4)	0.344 8*** (7.761 0)	0.637 3*** (9.505 3)				
L.R_Cash					0.177 5*** (9.690 2)	0.456 6*** (11.323 6)	0.666 2*** (10.995 4)	1.303 0*** (13.155 5)				
L.R_Leader3									0.104 2*** (8.239 2)	0.286 5*** (10.291 6)	0.459 2*** (10.321 2)	0.874 1*** (12.564 3)
L.R_ROA									0.082 3*** (3.852 4)	0.195 2*** (4.186 1)	−0.023 4 (−0.324 9)	0.132 5 (1.187 5)
控制变量	控制	控制	控制	控制	控制	控制	控制	控制	控制	控制	控制	控制
年度/行业	控制	控制	控制	控制	控制	控制	控制	控制	控制	控制	控制	控制
样本量	11 133	11 133	11 133	11 133	11 133	11 133	11 133	11 133	11 133	11 133	11 133	11 133
调整后 R^2	0.187 5	0.195 7	0.190 1	0.172 4	0.189 8	0.194 2	0.191 3	0.172 8	0.183 9	0.191 2	0.186 9	0.167 4

注：括号内为经 robust 调整后的 t 值，***、** 和 * 分别表示在 1%、5% 和 10% 水平上显著。

表5-21 行业模仿效应中排除替代性解释的稳健性检验结果

	$Poor\_length$	$Poor\_invest$	$Essen\_invest$	$Char\_invest$	$Poor\_length$	$Poor\_invest$	$Essen\_invest$	$Char\_invest$	$Poor\_length$	$Poor\_invest$	$Essen\_invest$	$Char\_invest$
	(1)	(2)	(3)	(4)	(5)	(6)	(7)	(8)	(9)	(10)	(11)	(12)
$Only\_Power\_TA1$	0.404 4*** (4.833 4)											
$Only\_TA1$	0.327 4*** (4.075 2)											
$Only\_Power\_TA2$		0.366 8*** (4.046 8)										
$Only\_TA2$		0.312 0*** (3.523 3)										
$Only\_Power\_TA3$			0.619 6*** (3.250 4)									
$Only\_TA3$			0.114 0 (0.363 7)									
$Only\_Power\_TA4$				0.195 2** (2.225 8)								
$Only\_TA4$				0.312 7** (2.306 1)								
$Only\_Power\_Cash1$					0.363 9*** (4.884 0)							

（续）

	Poor_length	Poor_invest	Essen_invest	Char_invest	Poor_length	Poor_invest	Essen_invest	Char_invest	Poor_length	Poor_invest	Essen_invest	Char_invest
	(1)	(2)	(3)	(4)	(5)	(6)	(7)	(8)	(9)	(10)	(11)	(12)
Only_Cash1					0.478 3***							
					(6.077 1)							
Only_Power_Cash2						0.343 4***						
						(4.090 1)						
Only_Cash2						0.472 2***						
						(5.458 7)						
Only_Power_Cash3							0.735 7***					
							(2.912 6)					
Only_Cash3							0.309 7					
							(1.064 3)					
Only_Power_Cash4								0.313 3***				
								(3.438 3)				
Only_Cash4								0.378 8***				
								(2.949 1)				
Only_Power_ROA1									0.483 8***			
									(7.870 3)			
Only_Profit1									0.573 1***			
									(6.931 4)			

政策引导下的企业扶贫行为研究——企业社会责任的视角

（续）

	Poor_length	Poor_invest	Essen_invest	Char_invest	Poor_length	Poor_invest	Essen_invest	Char_invest	Poor_length	Poor_invest	Essen_invest	Char_invest
	(1)	(2)	(3)	(4)	(5)	(6)	(7)	(8)	(9)	(10)	(11)	(12)
$Only\_Pover\_ROA2$										0.510 9***		
										(7.305 7)		
$Only\_Profit2$										0.553 9***		
										(6.182 2)		
$Only\_Pover\_ROA3$											0.802 7***	
											(9.856 6)	
$Only\_Profit3$											0.505 0**	
											(2.450 7)	
$Only\_Pover\_ROA4$												0.723 3***
												(10.447 6)
$Only\_Profit4$												0.674 2***
												(4.946 2)
控制变量	控制	控制	控制	控制	控制	控制	控制	控制	控制	控制	控制	控制
年度/行业	控制	控制	控制	控制	控制	控制	控制	控制	控制	控制	控制	控制
样本量	11 133	11 133	11 133	11 133	11 133	11 133	11 133	11 133	11 133	11 133	11 133	11 133
调整后 R^2	0.177 4	0.177 9	0.172 5	0.144 8	0.178 3	0.179 0	0.174 2	0.147 1	0.181 3	0.182 5	0.185 8	0.155 5

注：括号内为经 robust 调整后的 t 值，***、** 和 * 分别表示在 1%、5% 和 10% 水平上显著。

表5-22 企业市场势能替代变量的稳健性检验结果

	Poor_length	Poor_invest	Essen_invest	Char_invest
	(1)	(2)	(3)	(4)
Market power	0.004 9***	0.012 1***	0.016 8***	0.016 4***
	(2.894 0)	(3.241 3)	(4.114 6)	(3.440 1)
PATENT	0.217 0***	0.512 9***	0.455 0***	0.718 4***
	(10.234 9)	(10.838 0)	(8.831 2)	(11.920 5)
POVERTY	0.703 0***	1.727 7***	1.801 0***	2.056 5***
	(3.740 9)	(4.119 2)	(3.944 1)	(3.850 1)
HHI	1.177 6	3.291 0	−1.964 2	3.572 1
	(0.917 0)	(1.148 3)	(−0.629 5)	(0.978 7)
LEV	0.801 2***	2.085 7***	3.986 2***	2.673 8***
	(4.551 2)	(5.308 7)	(9.319 3)	(5.344 1)
LISTAGE	0.021 7***	0.049 5***	0.045 3***	0.054 9***
	(4.767 1)	(4.859 1)	(4.086 0)	(4.232 6)
CUS	0.219 9	0.496 4	−0.199 5	2.189 6***
	(0.951 5)	(0.962 6)	(−0.355 3)	(3.334 0)
FINANCE	−0.081 2**	−0.188 9**	−0.225 0**	−0.252 0**
	(−2.051 8)	(−2.139 6)	(−2.340 9)	(−2.241 4)
SELLS	0.013 7***	0.034 6***	0.030 1***	0.026 7***
	(3.825 2)	(4.337 2)	(3.472 0)	(2.626 4)
INDEP	0.453 4	1.066 4	3.709 2**	1.736 9
	(0.679 1)	(0.715 7)	(2.286 4)	(0.915 3)
BSIZE	0.080 3***	0.160 5***	0.260 4***	0.266 3***
	(3.334 9)	(2.985 0)	(4.449 8)	(3.890 3)
DUAL	−0.024 5	−0.103 7	−0.076 4	−0.101 4
	(−0.441 8)	(−0.837 4)	(−0.566 4)	(−0.642 8)
常数项	0.124 9	−0.489 4	−3.145 7*	−4.448 4**
	(0.183 5)	(−0.322 1)	(−1.901 6)	(−2.298 8)
年度/行业	控制	控制	控制	控制
样本量	7 690	7 690	7 690	7 690
调整后 R^2	0.102 9	0.108 1	0.121 7	0.086 4

注：括号内为经robust调整后的 t 值，***、**和*分别表示在1%、5%和10%水平上显著。

5.5　本章小结

政策引导且全民高度关注的企业扶贫在责任铁律的压力机制作用下，呈现出市场领先企业带头参与，其他企业纷纷效仿的行业形态。同时，政策引导性和"半强制"或"半自愿"性企业扶贫特征使责任铁律的适用性在面临产权性质时发生变异，责任铁律对所有国有企业具有普适压力。民营市场领先企业和国有企业不仅带头参与扶贫，其扶贫显著提升了扶贫绩效，表现出实质性扶贫特征。本章从政治和融合理论视角为研究企业扶贫的行业形态特征提供了企业微观层面证据，也为研究责任铁律的存在性、适用性、变异性及其压力机制、行业内部引导机制提供了新证据。本章政治与融合理论视角的研究证据也与进阶的工具视角研究证据一致，最终都指向了"造血型"企业扶贫能够帮助企业构筑竞争优势以实现企业和社会共益的特征。

第6章

公司特征视角：融合企业核心业务的企业扶贫行为以及共享价值创造

本章从企业特征层面视角出发，利用企业社会责任进阶的工具视角理论，考察企业扶贫紧密结合公司业务的新业态特征及其可持续减贫效应和公司战略效应动机，探索企业扶贫实现经济效益和社会价值共益化的企业社会责任新特征。

6.1 引言

企业扶贫从自身特征出发呈现出的企业承担社会责任最显著的新特征是结合自身业务专长实现可持续减贫与公司战略共赢的行为模式，进而创造经济效率与社会功能的共享价值，不再是外挂于企业核心业务的成本负担，企业扶贫利用企业自身技术、市场优势，通过产业扶贫形成长效稳定的贫困帮扶机制，为贫困人口再生产能力的培育和形成以及持续的收入来源提供重要保障（尹志超和郭沛瑶，2021；甄红线和王三法，2021）。同时，在这一过程中寻求新的市场需求增长点，从自身战略出发创新产品和服务，真正实现企业社会责任新业态和新模式的质变，为社会持续健康发展创造更深远的福祉。

自上文文献综述中企业社会责任的历史演化分析可以看出，企业社会责任长期外挂于企业核心业务，通过边缘性支出获取声誉和信任资本的公益慈善行为使企业社会责任的可持续发展受到挑战（Porter and Kramer，2011）。审慎探索联结社会问题与商业机会的共赢情景，将社会问题和商业需要嵌入公司核心业务，在增强企业竞争优势的同时创造社会价值，重塑企业与社会关系，成为新历史时期的时代主题。企业扶贫的兴业投资、"造血型"扶贫模式以及多样化不同类型的扶贫方式更具投资属性，为企业挖掘利用商业手段高效解决社

119

会问题并将其定位为公司差异化战略内容的共赢情景提供了理想场景。

有鉴于此，本章尝试从企业扶贫内嵌于企业核心业务新特征的视角探讨企业承担社会责任如何创造高效且可持续减贫和相应社会价值以及自身战略性竞争优势共益的路径。对该问题的研究能够为发现将社会问题和社会需求嵌入公司核心业务的共赢情景提供新机制和新证据，也为企业顺应时代要求贯彻新发展理念和共同富裕的要求以及开展当前乡村振兴实践形成内生发展动力提供理论参考。

6.2 研究假设

6.2.1 公司业务与扶贫行为

企业社会责任的演变史突出表现为与企业财务绩效从相互矛盾和冲突到相互独立和并行再到相互统一的演进史。然而，实现与企业财务绩效的紧密结合并不是企业社会责任演进的终点，纯粹功利主义的企业商业模式和徘徊在企业边缘性决策中的企业社会责任的可持续性发展受到挑战，工具视角下的企业社会责任亟待创造企业价值与社会价值相统一的共享价值（Porter and Kramer，2011）。现有实证研究关于企业社会责任的战略工具理性取得了大量经验证据成果，然而，由于社会价值难以观测和衡量，发现链接社会问题和企业核心业务共赢的可操作性情景并不容易，如何创造共享价值的实证证据少有发现。企业扶贫行为具有更强的投资属性，需要企业将该社会责任内嵌于企业核心业务之中，在切实提供可持续减贫方案的同时发现商业机会，增益企业价值。企业扶贫行为是新形势下，企业发挥自身专长创造自身价值与社会价值共赢的社会责任实践。

企业扶贫主要采用"企业＋农户"模式，其能够部分替代政府扶贫的制度优势表现为"高效率""低门槛"和"强信用"三个方面（顾天翔，2019）。贫困人口再生产能力不足，意识落后，产业扶贫通过引入先行者——产业主体，依托其市场、技术优势，与贫困人口形成利益联结体，克服分散的贫困群体"小农户与大市场"的矛盾，形成长效稳定的贫困帮扶机制。"高效率"是由于产业扶贫具有稳定的产业基础，结合企业优势核心业务实施的产业扶贫项目能够经受一定的市场风险，产业主体作为市场优势方对贫困人口进行帮扶，大大提升贫困人口再生产增值能力，为贫困人口稳定持续的收入来源提供了重要保障。"低门槛"是产业扶贫大大降低了贫困人口技术、价值转化和销售等再生产能力门槛；"强信用"指信贷资本提供给产业主体形成集约优势，相对于单个贫困人口信用水平更高，信贷资源利用效率更好，信贷违约风险也大大降低（王定祥等，2011）。

可以看出，企业扶贫行为与单纯进行资金耗费的慈善捐赠等社会责任行为不同，它在开拓市场、投资兴业方面与企业经营业务密切相关，与企业价值联系更加密切深远。新时代的扶贫行为显示出企业承担社会责任的新特征——不再仅作为企业成本支出，而是紧密结合企业经营业务专长，实现经济效益和社会效益深度融合的战略行为。"造血型"产业扶贫需要企业充分发挥自身主观能动性，结合自身专长、新时期数字经济特征以及贫困地区特色资源禀赋适当选取扶贫项目，例如科技扶贫、互联网＋扶贫、就业扶贫等，从而既能够高效率实现可持续减贫，从根本上改变贫困人口生产力现状，也成为企业开拓业务、创造效益的重要战略资源。更重视业务和产品质量，业务更优质的企业，更可能结合自身业务专长提供创新、高效、可持续发展的扶贫方案。

基于以上分析，本章提出假设一。

H1：产品业务越优质的公司扶贫投入越多。

6.2.2　企业扶贫的可持续减贫效应

当前"造血型"扶贫目标需要企业利用自身技术、市场优势，通过产业扶贫形成长效稳定的可持续减贫是企业扶贫行为的核心目标，基于此目标，企业扶贫行为才需要结合自身核心业务，通过"造血"方式为贫困群体提供稳定收入来源保障。

实现企业自身业务专长与扶贫项目的良好匹配，既能够发挥企业自身业务优势，又能够与贫困地区要素禀赋条件与生产能力顺利对接，真正创造高效可持续的减贫效应，不仅需要业务更优质的企业，还需要企业业务内容与扶贫特征紧密结合。

首先，为了同时保证企业扶贫的"益贫性"和"效率性"，企业需要谨慎地选择适当的产业扶贫项目，因地制宜考虑贫困地区产业基础特征以及要素禀赋条件，并结合自身产业特征，以期通过"造血"方式为贫困群体构筑稳定可持续的脱贫途径（顾天翊，2019；刘春等，2020）。当企业所处行业与扶贫工作较为贴合时，更有利于发挥自身业务优势，为贫困群体创造持续收入来源的可能性更高。本章将企业所处行业的产业特点与扶贫内容较为一致的行业定义为亲扶贫行业，亲扶贫行业的企业更能够整合企业现有资源与贫困群体生产能力顺利对接，精准运作，最高程度实现"益贫"与"效率"的兼得。

其次，为使企业扶贫成为企业和社会两者之间"赢—赢"的二元平衡，防止陷入商业逻辑和社会逻辑各自的盲区和陷阱，将共赢的可持续减贫变为双输的实践困境，企业需要在正确定位和认识扶贫内在需求的同时，将扶贫需要与自身核心优势业务紧密结合（Porter et al.，2012），充分发挥企业经济行为带动贫困群体发展的积极影响，释放企业价值创造潜能。企业承担扶贫责任不再是仅仅进行价值分配，而是创造综合价值增量，真正形成贫困地区内生增长动力。因此，为充分发挥企业参与解决扶贫问题创造扶贫价值的优势，能够将自身资源优势与贫困地区产业基础相结合的企业，更有能力提升扶贫效率，形成可持续减贫和企业竞争力相互共进的良性循环。

最后，作为企业内化的非正式制度，企业文化紧密服务于公司生存和发展目标（靳小翠，2017）。原因在于企业文化内生于企业成长发展过程中，良好的企业文化又进一步反作用于企业的发展进步（Schein，1985）。如果一家公司的企业文化重视社会价值实现，重视外部对企业的期望和诉求，则表明企业业务更具有社会价值导向，社会整体利益对企业生存和发展至关重要，企业更可能结合自身业务为扶贫工作创造价值[①]。因此，拥有亲社会文化的公司更有可能结合自身业务专长投身国家和社会大众广泛关注的扶贫行动，并创造可持续减贫效应。

因此，如果处于亲扶贫行业的企业或者结合自身优势实施企业扶贫行为的企业或者拥有亲社会文化的企业参与扶贫事业的动机更强，我们相信，公司是基于可持续减贫效应目标进行扶贫，最高程度实现"益贫"与"效率"的兼得。

基于以上分析，本章提出假设二。

H2-1：处于亲扶贫行业的公司产品业务越优质，则扶贫投入越多。

---

① 例如：昆药集团在其"履行精准扶贫社会责任情况"中披露，公司坚持"绿色昆药，福祉人类"的核心价值观念，将企业社会责任提高到企业发展的战略高度，在云南积极实施特色傣药材种植产业扶贫和健康扶贫项目帮扶。康美药业也在其"履行精准扶贫社会责任情况"中披露，公司秉承"心怀苍生，大爱无疆"的核心价值观念，实施"三七""人参"等产业扶贫，打造"青禾行动"项目，带动贫困农户脱贫。

　　H2-2：结合自身业务优势扶贫的公司产品业务越优质，则扶贫投入越多。

　　H2-3：拥有亲社会文化的公司产品业务越优质，则扶贫投入越多。

　　企业结合自身业务专长为贫困地区提供可持续的"造血型"减贫方案，是从根本上改变贫困地区贫困现状的治本之策，因此，企业的可持续减贫更可能取得实质性扶贫绩效，而不是策略性的扶贫支出。

　　基于以上分析，本章提出假设三。

　　H3：结合业务专长的企业扶贫取得了实质性扶贫绩效。

6.2.3　企业扶贫的公司战略效应

　　企业作为市场主体参与扶贫，能够结合自身专业化技能，联结产业逻辑，创造优势互补、互惠互利的产业扶贫路径，为贫困群体提供稳定的收入来源，彻底改变"输血"扶贫不可持续容易返贫的缺陷，从根本上解决贫困问题。同时，声誉资本和产品差异化资本是企业社会责任帮助企业获取竞争优势的重要机制。结合自身业务优势的企业扶贫作为企业承担社会责任的新方式，也应该能够帮助企业形成声誉效应和产品差异化效应。

　　首先，相较于产品不直接接触消费者的公司，对产品直接接触消费者的公司而言，慈善行为的广告宣传作用更大（山立威等，2008）。扶贫事业是党的十八大之后的重大社会问题，党和国家号召全社会各方面力量积极参与扶贫行动扶弱救困，激起了大众的亲社会心理，社会普遍期望企业能够积极承担这项责任，企业参与扶贫的广告效应能够为企业构建积极负责的良好声誉和品牌形象，改善消费者对产品和品牌的态度，建立品牌忠诚（甄红线和王三法，2021）。因此，渴望提升产品社会形象的公司、产品直接接触消费者的公司、需要广告宣传较多的公司参与扶贫工作的公司战略动机更强。

　　其次，发挥企业作为适用商业逻辑的市场主体解决社会问题的优势在于搜寻和识别企业和社会"赢—赢"交叠区情景，将其定位为企业差异化战略内容，从而在创造社会价值的同时为企业创造战略竞争优势（Liel，2016）。企业扶贫顾名思义是扶贫助弱，参与扶贫的企业能够通过产业扶贫项目与贫困群体构建紧密利益联结，为贫困群体创造稳定可持续收入来源的同时，开发企业新的市场需求增长点，尤其是借此推进实施融入扶贫概念的产品差异化战略等，积极探索与扶贫事业品牌相结合的新产品、新业务，为企业构筑产品差异化战略竞争优势。在满足扶贫需求的同时，能够最大限度地使扶贫产业符合市场逻辑，创造长期效益，为企业开辟新的增收渠道。

鉴于企业扶贫行为的"半强制"或"半自愿"性特征，不同产权性质的企业参与扶贫的对象和方式存在显著差异，与民营企业相比，国有企业由于其公有属性和执行国家意志的战略定位，在扶贫行动中被寄予了更高完成社会目标的期望。积极履行扶贫开发历史使命、承担定点扶贫任务是新形势下国有企业重要的社会责任内容（杜世风等，2019；易玄，2020），其承担扶贫任务也往往比民营企业更加艰巨困难，例如，深入深度贫困地区提供帮扶，承担扶贫"深水区"帮扶责任，啃扶贫工作中难啃的"硬骨头"，以促进其未来内生增长动力的形成。为实现可持续减贫，为贫困人口创造长足稳定的收入来源，国有企业会结合自身业务专长实施产业扶贫，然而，在这一过程中，与民营企业融合自身核心业务创造自身战略竞争优势不同，国有企业结合业务专长的扶贫可能更重视其社会价值实现，致力于为贫困人口从根本上摆脱贫困提供可持续减贫方案，向深度贫困地区注入资源，结合自身战略需求开发市场增长点的动力和可行性较低。另外，产品直接面向终端消费者的国有企业较少，国有企业扶贫的声誉效应动机更可能弱于民营企业。因此，企业自身的声誉效应和产品差异化效应动机在民营企业可能表现得更为突出。

基于以上分析，本章提出假设四。

H4-1：产品直接接触消费者的企业业务越优质，则扶贫投入越多，民营企业表现更显著。

H4-2：重视广告宣传的企业业务越优质，则扶贫投入越多，民营企业表现更显著。

H4-3：开发结合扶贫新品牌的公司产品业务越优质，则扶贫投入越多，民营企业表现更显著。

深度融合企业核心业务的扶贫行为，不再是企业装裱自身的形象工具，更可能成为企业的关键战略决策，与企业价值更加密切相关。由上文分析可知，企业扶贫行为不仅致力于可持续减贫效应的实现，更在这一过程中实现了自身战略效应的构建，包括声誉效应和可持续减贫效应。声誉资本是企业履行社会责任提升企业价值的重要途径（山立威等，2008；潘越等，2017），产品差异化效应更是企业培育和开拓新的市场增长点，创造企业价值的重要战略方式（Porter and Krammer，2011）。因此，企业扶贫行为将改变传统企业社会责任外挂于企业核心业务，可能沦为企业成本负担的企业边缘决策性质，创造链接社会价值和企业价值的共赢情景，提升企业价值。

基于以上分析，本章提出假设五。

H5：结合业务专长的扶贫投入显著提升了企业财务绩效。

6.3　研究设计

6.3.1　样本来源

同前文所述，本书选取 2016—2019 年沪深两市 A 股上市公司为样本，如表 6-1 所示，参与扶贫公司样本筛选过程如下：①剔除金融行业样本；②剔除 ST 和 *ST 公司样本；③剔除综合类行业公司样本；④剔除财务数据异常或缺失的样本，本章得到 3 002 个参与扶贫"公司—年"观测值。

表 6-1　样本筛选过程

参与扶贫的公司样本	样本量
初始样本	3 744
剔除金融行业样本	264
剔除 ST 和 *ST 公司样本	67
剔除综合类行业的样本	5
剔除财务数据异常或缺失的样本	406
最终参与回归的参与扶贫的公司样本	3 002

对于未参与扶贫的公司样本，进行了以下处理：剔除金融业上市公司，剔除 ST 和 *ST 公司，剔除综合类行业公司和剔除数据缺失观测值后，共得到 8 131 个"公司—年"观测值，本章最终获得包含 3 352 家上市公司共 11 133 个观测值，其中国有企业 3 443 个观测值，民营企业 7 690 个观测值。本章企业扶贫数据手工收集自公司年度报告和社会责任报告中披露的上市公司履行精准扶贫情况信息。本章企业文化数据手工收集自上市公司官网和年度报告。其他数据来自 CSMAR 数据库和 WIND 数据库。本章对所有连续变量进行首尾

1%的 winsorize 处理。

6.3.2 模型设计与变量定义

（1）模型设计

本章主要研究紧密结合经营业务的企业扶贫行为的可持续减贫效应和公司战略效应，为验证假设 1"产品业务越优质的公司扶贫投入越多"本章构建式（6-1）所示模型；为检验假设 2-1"处于亲扶贫行业的公司产品业务越优质，则扶贫投入越多"本章构建式（6-2）所示模型；为检验假设 2-2"结合自身业务优势进行扶贫的公司产品业务越优质，则扶贫投入越多"本章构建式（6-3）所示模型；为检验假设 2-3"拥有亲社会文化的公司产品业务越优质，则扶贫投入越多"本章构建式（6-4）所示模型；为验证假设 3"产品业务越优质的公司扶贫绩效越好"本章构建式（6-5）所示模型；为检验假设 4-1"产品直接接触消费者的公司产品业务越优质，则扶贫投入更多，民营企业表现更显著"本章构建式（6-6）所示模型，并分别采用全样本、民营企业子样本和国有企业子样本进行回归；为检验假设 4-2"广告宣传较多的公司产品业务越优质，则扶贫投入更多，民营企业表现更显著"本章构建式（6-7）所示模型，并分别采用全样本、民营企业子样本和国有企业子样本进行回归；为检验假设 4-3，"开发结合扶贫新品牌的公司产品业务越优质，则扶贫投入更多，民营企业表现更显著"本章构建式（6-8）所示模型，并分别采用全样本、民营企业子样本和国有企业子样本进行回归；为检验假设 5"结合业务专长的扶贫投入显著提升了企业财务绩效"本章构建式（6-9）所示模型。

$$Shakeoff\_invest_{i,t} = \beta_0 + \beta_1 \times PATENT_{i,t} + \beta \times CV_{i,t} + \varepsilon_{i,t} \quad (6-1)$$

$$Shakeoff\_invest_{i,t} = \beta_0 + \beta_1 \times PATENT_{i,t} + \beta_2 \times PROPOOR_{i,t} + \beta_3 \times PATENT_{i,t} \times PROPOOR_{i,t} + \beta \times CV_{i,t} + \varepsilon_{i,t} \quad (6-2)$$

$$Shakeoff\_invest_{i,t} = \beta_0 + \beta_1 \times PATENT_{i,t} + \beta_2 \times Advantage_{i,t} + \beta_3 \times PATENT_{i,t} \times Advantage_{i,t} + \beta \times CV_{i,t} + \varepsilon_{i,t} \quad (6-3)$$

$$Shakeoff\_invest_{i,t} = \beta_0 + \beta_1 \times PATENT_{i,t} + \beta_2 \times CULTURE_{i,t} + \beta_3 \times PATENT_{i,t} \times CULTURE_{i,t} + \beta \times CV_{i,t} + \varepsilon_{i,t} \quad (6-4)$$

$$Shakeoff\_perf_{i,t} = \beta_0 + \beta_1 \times PATENT_{i,t} + \beta \times CV_{i,t} + \varepsilon_{i,t} \quad (6-5)$$

$$Shakeoff\_invest_{i,t} = \beta_0 + \beta_1 \times PATENT_{i,t} + \beta_2 \times CUS_{i,t} + \beta_3 \times$$

$$PATENT_{i,t} \times CUS_{i,t} + \beta \times CV_{i,t} + \varepsilon_{i,t} \tag{6-6}$$

$$Shakeoff\_invest_{i,t} = \beta_0 + \beta_1 \times PATENT_{i,t} + \beta_2 \times SELLS_{i,t} + \beta_3 \times$$
$$PATENT_{i,t} \times SELLS_{i,t} + \beta \times CV_{i,t} + \varepsilon_{i,t} \tag{6-7}$$

$$Shakeoff\_invest_{i,t} = \beta_0 + \beta_1 \times PATENT_{i,t} + \beta_2 \times Differentitation_{i,t} + \beta_3 \times$$
$$PATENT_{i,t} \times Differentitation_{i,t} + \beta \times CV_{i,t} + \varepsilon_{i,t} \tag{6-8}$$

$$VALUE_{i,t} = \beta_0 + \beta_1 \times PATENT_{i,t} + \beta_2 \times PATENT_{i,t} \times Top\_invest_{i,t} + \beta_3 \times$$
$$Top\_invest_{i,t} + \beta \times CV_{i,t} + \varepsilon_{i,t} \tag{6-9}$$

（2）被解释变量

变量 $Shakeoff\_invest$ 代表企业扶贫投入，同第 5 章，具体包含以下 4 个扶贫投入变量：企业扶贫披露长度（$Poor\_length$）和扶贫总投入金额（$Poor\_invest$）以及两方面扶贫具体类型投入——"造血型"扶贫投入（$Essen\_invest$）和"慈善型"扶贫投入（$Char\_invest$）。

变量 $Shakeoff\_perf$ 代表企业扶贫绩效，同第 5 章，具体包含以下 3 个扶贫绩效变量：扶贫总绩效（$Poor\_perf$）以及两方面扶贫具体类型绩效——"造血型"扶贫绩效（$Essen\_perf$）和"慈善型"扶贫绩效（$Char\_perf$）。

变量 $VALUE$ 代表企业价值，参考 Kubick 等（2015）以及连立帅等（2016）的研究，本章采用企业购买并持有收益（$BHAR$）以及企业资产报酬率（ROA）分别衡量企业市场绩效和会计绩效。由于上市公司扶贫信息在公司年报中强制披露，参考 Barber 和 Lyon（1997）以及 Kubick 等（2015）的做法，$BHAR$ 为公司财务年度结束 4 个月后开始的连续 12 个月期间的购买并持有收益，见公式（6-10）：

$$BHAR = \prod_{t=1}^{\lambda}[1 + R_{it}] - \prod_{t=1}^{\lambda}[1 + E(R_{it})] \tag{6-10}$$

其中，R_{it} 为公司 i 在第 t 日的实际收益，$E(R_{it})$ 为公司 i 在第 t 日的期望收益，采用 CAPM 模型以公告日前 120 天至公告日前 31 天为估计窗口计算获得。企业资产报酬率为企业净利润占总资产的比例。企业资产报酬率（ROA）为企业净利润占总资产的比例。

（3）解释变量

参考高勇强等（2012）的做法，文章采用行业调整的产品研发投入衡量企业产品业务优质程度（$PATENT$）。为保证实证结果的稳健性，后文采用行业调整的公司当年研发人员数量（$RDPNUM$）和行业调整的公司当年研发支出

($R\&D$) 进行稳健性检验。Top_invest 为公司扶贫投入程度虚拟变量，同第 5 章，本章在模型（6-8）中加入 $PATENT$ 以及 $PATENT$ 与 Top_invest 的交乘项。

（4）调节变量

调节变量 $PROPOOR$ 为亲扶贫行业公司变量。本书定义如果该行业的业务特点能够与产业扶贫内容紧密结合，则为 1，否则为 0。具体包括：农林牧渔业、农副食品加工业、食品制造业、酒、饮料和精制茶制造业、医药制造业、废弃资源综合利用业、水利、环境和公共设施管理业、电力、热力、燃气及水生产和供应业、卫生和社会工作。

调节变量 $CULTURE$ 为亲社会文化公司。参考靳小翠（2017）的做法，收集公司官网和年度报告中对企业文化理念、企业精神、价值观等的描述，如果其中包含"共赢""社会责任""绿色""和谐""健康""回报社会""大爱"等字样，则该观测值取值为 1，否则为 0。

调节变量 $Advantage$ 为结合自身业务优势进行扶贫变量。本书定义如果公司年报"履行精准扶贫社会责任情况"中披露公司结合自身产业、资源、业务、科技等优势参与扶贫则为 1，否则取 0。

调节变量 CUS 为公司所在行业是否为产品直接接触消费者的行业，参考山立威等（2008）的做法，如果公司所在行业产品直接接触消费者则取 1，否则取 0。具体包括：日用化学产品、橡胶、塑料杂品、电器、电子器具制造业，汽车、摩托车、自行车制造业，钟表制造业，服装制造业，航空运输业，零售业，食品饮料业，房地产业，社会服务业，传播与文化业。

调节变量 $SELLS$ 为公司广告支出，参考张建君（2013）的做法，用公司销售支出中的广告宣传支出加 1 的自然对数衡量。

调节变量 $Differentiation$ 为公司扶贫的产品差异化战略变量。本书定义如果公司年报"履行精准扶贫社会责任情况"中披露公司结合扶贫项目开发新产品、新品牌则为 1，否则为 0。

（5）控制变量

模型（6-1）至模型（6-8）中，借鉴 Zhang 等（2010a，2010b）的做法，同第 5 章，本章选用如下变量作为控制变量，公司财务类变量包括资产负债率（LEV），公司上市年龄（$LISTAGE$），产品是否直接接触消费者（CUS），广告支出（$SELLS$），毛利率（PCM），财务杠杆（$FINANCE$），公司治理类变量包括董事会规模（*Bsize*），独立董事比例（*Indep*），董事长总经理两职合一情况（*DUAL*），众多研究表明，公司高管贫困经历（*POVERTY*）也是导致公司承担社会责任的重要因素，因此本章也控制了该变量。此外，加入年度和行业虚拟变量控制年度和行业固定效应。

模型（6-9）中，借鉴 Kubick 等（2015）以及连立帅等（2016）的做法，同第 5 章，本章控制了公司第一大股东持股比例（*Holdratio*），经营现金流量（*OCF*），流动比率（*Current ratio*），资产负债率（*LEV*），成长性（*TobinQ*），年龄（*ESTBAGE*），审计委员会（*Committee*），销售费用率（*Salexpratio*）和财务杠杆（*FINANCE*）指标。此外，加入年度和行业虚拟变量控制年度和行业固定效应。变量定义见表 6-2。

表 6-2　变量定义表

	变量	变量描述
因变量	*Poor_length*	公司年报"履行精准扶贫社会责任情况"披露中文字描述的长度
	Poor_invest	公司扶贫支出总额加 1 的自然对数
	Essen_invest	"造血型"扶贫投入，产业发展扶贫、转移就业扶贫、生态保护扶贫、健康扶贫、东西部扶贫协作和定点扶贫支出总额加 1 的自然对数
	Char_invest	"慈善型"扶贫投入，教育扶贫、兜底保障扶贫、扶贫公益基金和其他扶贫支出总额加 1 的自然对数
	Poor_perf	公司帮助建档立卡贫困人口脱贫总数加 1 的自然对数
	Essen_perf	"造血型"扶贫绩效，产业发展扶贫、转移就业扶贫、生态保护扶贫、健康扶贫、东西部扶贫协作和定点扶贫帮助建档立卡贫困人口脱贫数加 1 的自然对数
	Char_perf	"慈善型"扶贫绩效，教育扶贫、兜底保障扶贫、扶贫公益基金和其他扶贫帮助建档立卡贫困人口脱贫数加 1 的自然对数
	BHAR	公司购买并持有收益，公司财务年度结束 4 个月后开始的连续 12 个月期间的购买并持有收益
	ROA	公司资产报酬率，净利润占总资产的比例

（续）

	变量	变量描述
自变量	PATENT	公司产品业务优质程度，公司当年发明专利申请数加 1 的自然对数扣除行业均值
	RDPNUM	公司产品业务优质程度替代变量，公司当年研发人员数量加 1 的自然对数
	R&D	公司产品业务优质程度替代变量，公司当年研发支出加 1 的自然对数
	Top_invest	扶贫投入程度虚拟变量，当公司年度扶贫总投入为该行业最高 20%的企业时取 1，否则取 0
调节变量	PROPOOR	亲扶贫行业虚拟变量，如果该行业的业务特点能够与产业扶贫内容紧密结合，则为 1，否则为 0。具体包括：农林牧渔业、农副食品加工业、食品制造业、酒、饮料和精制茶制造业、医药制造业、废弃资源综合利用业、水利、环境和公共设施管理业、电力、热力、燃气及水生产和供应业、卫生和社会工作
	CULTURE	亲社会文化虚拟变量，收集整理公司官网和年度报告中对企业文化理念、企业精神、价值观等的描述，如果其中包含"共赢""社会责任""绿色""和谐""健康""回报社会""大爱"等字样，则该观测值取值为 1，否则取 0
	Advantage	结合自身业务优势进行扶贫虚拟变量，公司年报"履行精准扶贫社会责任情况"中披露公司结合自身产业、资源、业务、科技等优势参与扶贫则为 1，否则取 0
	CUS	产品是否直接接触消费者虚拟变量，如果公司所在行业为产品直接接触消费者的行业则取 1，否则取 0。具体包括：日用化学产品、橡胶、塑料杂品、电器、电子器具制造业，汽车、摩托车、自行车制造业，钟表制造业，服装制造业，航空运输业，零售业，食品饮料业，房地产业，社会服务业，传播与文化业
	SELLS	广告支出，公司销售支出中的广告宣传支出加 1 的自然对数
	Differentiation	扶贫的产品差异化战略虚拟变量，公司年报"履行精准扶贫社会责任情况"中披露公司结合扶贫项目开发新产品、新品牌则为 1，否则为 0

（续）

变量		变量描述
	LEV	资产负债率，公司负债总额与总资产的比值
	LISTAGE	公司上市年龄
	FINANCE	财务杠杆
	PCM	公司市场势力，公司当年营业收入减去营业成本和期间费用的差与当年营业收入的比值并扣除行业均值
	POVERTY	CEO出生地为国家扶贫工作重点县则为1，否则为0
	Bsize	董事会规模，董事会总人数
	Indep	独立董事比例，独立董事人数占董事会总人数的比例
控制变量	DUAL	如果董事长和总经理两职合一，则为2，否则为1
	Holdratio	第一大股东持股比例
	OCF	经营现金流量与公司总资产的比值
	Currentratio	流动比率，流动资产与总资产的比例
	TobinQ	成长性，托宾Q值
	ESTBAGE	公司年龄
	Committee	审计委员会规模，审计委员会总人数
	Salexpratio	销售费用率，销售费用占营业收入的比例
	YEAR	年份虚拟变量
	INDUSTRY	行业虚拟变量

6.4 实证结果与分析

6.4.1 描述性统计结果

主要变量的描述性统计结果如表6-3所示。包含所有未参与扶贫的上市公司在内，上市公司扶贫总投入平均为522.08万元。本章进一步将样本按照产品业务优质程度（PATENT）中位数的高低分为两组，分别检验企业扶贫投入各个指标的差异，单变量检验结果表明，企业产品业务优质的企业在扶贫披露长度、扶贫总投入以及"造血型"扶贫投入和"慈善型"扶贫投入方面表现都显著高于产品业务优质程度低的企业。表6-3描述性统计结果初步验证了假设1。

表 6 - 3　主要变量描述性统计

A 栏：主要变量描述性统计

变量名	平均值	标准差	最小值	中位数	最大值
Poor _ length	1.688	2.837	0.000	0.000	9.252
Poor _ invest	3.663	6.164	0.000	0.000	22.240
Essen _ invest	3.018	8.232	0.000	0.000	69.890
Char _ invest	2.342	5.936	0.000	0.000	39.990
Poor _ perf	0.526	1.682	0.000	0.000	12.040
Essen _ perf	0.806	3.009	0.000	0.000	38.150
Char _ perf	0.578	2.017	0.000	0.000	23.940
PATENT	0.062	1.359	−4.042	−0.059	7.446
Top _ invest	0.211	0.408	0.000	0.000	1.000
PROPOOR	0.214	0.410	0.000	0.000	1.000
CULTURE	0.209	0.406	0.000	0.000	1.000
Advantage	0.008	0.089	0.000	0.000	1.000
CUS	0.236	0.425	0.000	0.000	1.000
SELLS	7.697	7.878	0.000	4.561	20.850
Differentiation	0.006	0.079	0.000	0.000	1.000
POVERTY	0.027	0.163	0.000	0.000	1.000
PCM	0.082	0.318	−0.507	0.082	0.665
LEV	0.404	0.198	0.060	0.391	0.950
LISTAGE	9.951	7.860	0.000	8.000	29.000
FINANCE	1.334	0.853	0.519	1.073	6.760
Indep	0.376	0.053	0.333	0.364	0.571
Bsize	8.446	1.640	5.000	9.000	14.000
DUAL	0.697	0.459	0.000	1.000	1.000
ROA	0.068	0.045	0.004	0.058	0.232
BHAR	15.530	1.025	7.228	15.560	22.880
Holdratio	34.210	14.430	8.410	32.260	73.700
OCF	0.052	0.072	−0.145	0.051	0.238
Currentratio	0.581	0.197	0.099	0.595	0.961

（续）

A栏：主要变量描述性统计

变量名	平均值	标准差	最小值	中位数	最大值
TobinQ	1.930	1.136	0.851	1.588	8.632
ESTBAGE	17.980	5.651	6.000	18.000	31.000
Committee	3.959	0.423	2.000	4.000	5.000
Salexpratio	0.078	0.092	0.000	0.046	0.496

B栏：按照产品业务分组的描述性统计

变量	产品业务优质的企业	产品业务优质程度低的企业	T-TEST
Poor_length	1.894	1.483	0.411***
Poor_invest	4.189	3.137	1.053***
Essen_invest	3.723	2.314	1.409***
Char_invest	2.963	1.721	1.243***

注：***、** 和 * 分别表示在 1%、5% 和 10% 水平上显著。

6.4.2　企业产品业务与企业扶贫行为

表 6-4 报告了模型（6-1）的回归结果。结果显示，*PATENT* 对企业扶贫披露长度、扶贫总投入、"造血型"扶贫投入和"慈善型"扶贫投入的回归系数分别为 0.286，0.703，0.943 和 0.728，都在 1% 水平上显著，表明企业产品业务越优质，扶贫投入也将越多。无论是与企业业务结合更紧密的"造血型"扶贫，还是公益性质更强的"慈善型"扶贫的投入都与企业业务呈显著正相关。这说明产品业务更优质的企业，参与扶贫的积极性更高，假设 1 得到验证。

控制变量方面，控制变量与第 5 章一致，回归结果也与第 5 章基本相同，符合预期。

表 6-4　企业产品业务与企业扶贫的检验结果

	Poor_length	*Poor_invest*	*Essen_invest*	*Char_invest*
	（1）	（2）	（3）	（4）
PATENT	0.286***	0.703***	0.943***	0.728***
	(14.958)	(16.580)	(13.877)	(15.413)

（续）

	Poor _ length	Poor _ invest	Essen _ invest	Char _ invest
	(1)	(2)	(3)	(4)
PCM	0.285***	0.868***	0.711***	0.738***
	(4.408)	(5.157)	(4.031)	(4.694)
POVERTY	0.689***	1.597***	1.927***	1.274***
	(3.879)	(4.132)	(3.223)	(2.987)
LEV	0.921***	2.493***	4.358***	2.198***
	(5.911)	(7.416)	(9.906)	(6.766)
LISTAGE	0.029***	0.059***	0.035***	0.026***
	(7.418)	(6.808)	(2.954)	(3.021)
CUS	−0.465**	−0.884*	−0.935*	0.584
	(−2.227)	(−1.905)	(−1.760)	(1.106)
FINANCE	−0.101***	−0.239***	−0.282***	−0.198***
	(−3.010)	(−3.326)	(−2.577)	(−2.641)
SELLS	0.020***	0.047***	0.048***	0.028***
	(5.935)	(6.395)	(4.856)	(3.844)
INDEP	3.025***	6.878***	13.927***	6.054***
	(5.376)	(5.594)	(7.056)	(4.643)
DUAL	0.172***	0.383***	0.607***	0.267***
	(8.420)	(8.569)	(8.225)	(5.597)
BSIZE	0.141***	0.219*	0.246*	−0.034
	(2.680)	(1.873)	(1.682)	(−0.297)
常数项	−1.557***	−4.171***	−9.961***	−5.386***
	(−2.597)	(−3.275)	(−5.431)	(−5.003)
年度/行业	控制	控制	控制	控制
样本量	11 133	11 133	11 133	11 133
调整后 R^2	0.170	0.172	0.169	0.115

注：括号内为经 robust 调整后的 t 值，***、** 和 * 分别表示在 1%、5% 和 10% 水平上显著。

6.4.3　企业产品业务、可持续减贫效应与企业扶贫行为

（1）企业产品业务、亲扶贫行业与企业扶贫行为

本章接下来考察了紧密结合经营业务的企业扶贫的可持续减贫效应。表 6 - 5 报告了企业所在行业特征如何影响产品业务与企业扶贫行为之间的关系。由回归结果可知，$PATENT$ 与 $PROPOOR$ 的交乘项回归结果均显著为正。这说明，企业所在行业如果是与农业和农民生计密切相关的亲扶贫行业，更有利于企业扶贫项目与自身业务特长相结合时，企业进行扶贫的积极性会更高，假设 2 - 1 得到验证。

表 6 - 5　企业产品业务、亲扶贫行业与企业扶贫的检验结果

	$Poor\_length$	$Poor\_invest$	$Essen\_invest$	$Char\_invest$
	(1)	(2)	(3)	(4)
$PATENT$	0.271***	0.632***	0.781***	0.691***
	(13.414)	(14.172)	(13.279)	(15.761)
$PATENT \times PROPOOR$	0.093*	0.331***	0.837***	0.179*
	(1.689)	(2.697)	(5.955)	(1.708)
$PROPOOR$	3.833***	7.348***	6.056	2.617
	(7.920)	(7.298)	(0.800)	(0.464)
PCM	0.287***	0.758***	0.672***	0.665***
	(4.474)	(5.125)	(2.891)	(3.838)
$POVERTY$	0.692***	1.608***	1.960***	1.286***
	(3.890)	(4.191)	(4.500)	(3.960)
LEV	0.923***	2.362***	4.247***	2.080***
	(5.925)	(7.083)	(9.243)	(6.074)
$LISTAGE$	0.030***	0.055***	0.033***	0.023***
	(7.474)	(6.449)	(3.045)	(2.900)
CUS	−0.456**	−0.834*	−0.959*	0.544
	(−2.183)	(−1.782)	(−1.648)	(1.255)
$FINANCE$	−0.102***	−0.242***	−0.281***	−0.196***
	(−3.030)	(−3.364)	(−2.997)	(−2.809)
$SELLS$	0.020***	0.047***	0.048***	0.029***
	(5.952)	(6.422)	(5.031)	(4.004)

（续）

	Poor _ length	Poor _ invest	Essen _ invest	Char _ invest
	(1)	(2)	(3)	(4)
INDEP	3. 009***	6. 703***	13. 602***	5. 907***
	(5. 341)	(5. 457)	(8. 775)	(5. 112)
DUAL	0. 172***	0. 371***	0. 589***	0. 258***
	(8. 376)	(8. 323)	(10. 996)	(6. 465)
BSIZE	0. 141***	0. 218*	0. 248	−0. 033
	(2. 677)	(1. 873)	(1. 528)	(−0. 273)
常数项	−5. 471***	−11. 844***	−16. 831**	−8. 143
	(−14. 850)	(−14. 902)	(−2. 229)	(−1. 447)
年度/行业	控制	控制	控制	控制
样本量	11 422	11 422	11 422	11 422
调整后 R^2	0. 170	0. 175	0. 174	0. 117

注：括号内为经 robust 调整后的 t 值，***、** 和 * 分别表示在 1%、5% 和 10% 水平上显著。

（2）企业产品业务、业务优势与企业扶贫行为

表 6-6 报告了企业结合自身核心优势业务履行扶贫责任的情况。由回归结果可知，PATENT 与 Advantage 的交乘项回归结果除了对扶贫披露长度回归不显著之外，对其他所有扶贫投入指标回归结果均显著为正，当业务优质的企业结合自身优势进行扶贫时，更能使减贫模式高效且适应市场逻辑，为贫困地区从根本上摆脱贫困，形成内生增长动力贡献力量，假设 2-2 得到验证。

表 6-6 企业产品业务、业务优势与企业扶贫的检验结果

	Poor _ length	Poor _ invest	Essen _ invest	Char _ invest
	(1)	(2)	(3)	(4)
PATENT	0. 278***	0. 664***	0. 873***	0. 696***
	(14. 591)	(15. 735)	(13. 162)	(14. 622)
PATENT× Advantage	0. 016	0. 696***	2. 183**	1. 692***
	(0. 217)	(3. 239)	(2. 235)	(3. 153)
Advantage	4. 470***	7. 721***	10. 324***	2. 047
	(22. 885)	(13. 082)	(5. 662)	(1. 610)

（续）

	Poor _ length	Poor _ invest	Essen _ invest	Char _ invest
	(1)	(2)	(3)	(4)
PCM	0.284 ***	0.745 ***	0.640 ***	0.654 ***
	(4.388)	(4.946)	(3.909)	(4.641)
POVERTY	0.729 ***	1.674 ***	2.049 ***	1.320 ***
	(4.125)	(4.376)	(3.401)	(3.116)
LEV	0.868 ***	2.254 ***	4.075 ***	2.028 ***
	(5.632)	(6.821)	(9.428)	(6.326)
LISTAGE	0.029 ***	0.053 ***	0.028 **	0.022 **
	(7.286)	(6.201)	(2.414)	(2.554)
CUS	−0.445 **	−0.821 *	−0.961 *	0.561
	(−2.135)	(−1.759)	(−1.818)	(1.058)
FINANCE	−0.096 ***	−0.231 ***	−0.263 **	−0.192 ***
	(−2.897)	(−3.232)	(−2.441)	(−2.586)
SELLS	0.019 ***	0.046 ***	0.046 ***	0.028 ***
	(5.812)	(6.297)	(4.778)	(3.810)
INDEP	2.855 ***	6.444 ***	13.285 ***	5.808 ***
	(5.139)	(5.303)	(6.878)	(4.507)
DUAL	0.161 ***	0.353 ***	0.567 ***	0.251 ***
	(7.974)	(7.993)	(7.739)	(5.303)
BSIZE	0.131 **	0.200 *	0.224	−0.040
	(2.516)	(1.739)	(1.572)	(−0.358)
常数项	−1.635 ***	−4.350 ***	−10.250 ***	−5.423 ***
	(−2.868)	(−3.523)	(−5.636)	(−4.964)
年度/行业	控制	控制	控制	控制
样本量	11 133	11 133	11 133	11 133
调整后 R^2	0.189	0.191	0.195	0.124

注：括号内为经 robust 调整后的 t 值，*** 、** 和 * 分别表示在 1%、5% 和 10% 水平上显著。

（3）企业产品业务、亲社会文化与企业扶贫行为

表 6-7 报告了企业文化如何影响产品业务与企业扶贫行为之间的关系。

表6-7结果显示，*PATENT*与*CULTURE*的交乘项回归结果均显著为正。这说明，如果企业文化中突出强调亲社会导向，积极承担社会责任，那么企业产品战略投入越多，扶贫投入也将越多，假设2-3得到验证。

综合模型（6-2）、模型（6-3）和模型（6-4）的检验结果表明，企业出于可持续减贫效应考量，将会结合自身产业实践特征、业务优势和文化规范要求，将扶贫嵌入公司核心业务专长，提供高效、可持续的减贫模式，取得经营效率与社会价值的共赢。

表6-7 企业产品业务、亲社会文化与企业扶贫的检验结果

	Poor _ length	*Poor _ invest*	*Essen _ invest*	*Char _ invest*
	(1)	(2)	(3)	(4)
PATENT	0.267***	0.644***	0.835***	0.653***
	(12.833)	(13.896)	(11.936)	(13.381)
PATENT×CULTURE	0.082*	0.188**	0.356**	0.292**
	(1.916)	(2.032)	(2.195)	(2.437)
CULTURE	−0.096	−0.306	−0.439	−0.312
	(−0.997)	(−1.501)	(−1.468)	(−1.404)
PCM	0.286***	0.753***	0.656***	0.665***
	(4.440)	(5.034)	(4.000)	(4.757)
POVERTY	0.681***	1.584***	1.896***	1.249***
	(3.828)	(4.136)	(3.178)	(2.928)
LEV	0.917***	2.349***	4.211***	2.061***
	(5.887)	(7.039)	(9.629)	(6.416)
LISTAGE	0.029***	0.054***	0.030***	0.023***
	(7.400)	(6.326)	(2.583)	(2.642)
CUS	−0.476**	−0.892*	−1.086**	0.488
	(−2.286)	(−1.917)	(−2.052)	(0.934)
FINANCE	−0.101***	−0.239***	−0.276**	−0.196***
	(−3.012)	(−3.326)	(−2.529)	(−2.619)
SELLS	0.020***	0.047***	0.048***	0.029***
	(5.958)	(6.417)	(4.917)	(3.902)
INDEP	3.030***	6.767***	13.765***	5.957***
	(5.395)	(5.533)	(7.033)	(4.616)

（续）

	Poor_length	Poor_invest	Essen_invest	Char_invest
	(1)	(2)	(3)	(4)
DUAL	0.172***	0.373***	0.595***	0.259***
	(8.406)	(8.370)	(8.054)	(5.441)
BSIZE	0.139***	0.215*	0.242*	−0.040
	(2.641)	(1.847)	(1.659)	(−0.354)
常数项	−1.544**	−4.164***	−9.989***	−5.330***
	(−2.575)	(−3.277)	(−5.429)	(−4.965)
年度/行业	控制	控制	控制	控制
样本量	11 133	11 133	11 133	11 133
调整后 R^2	0.170	0.175	0.172	0.118

注：括号内为经 robust 调整后的 t 值，***、** 和 * 分别表示在 1%、5%和 10%水平上显著。

6.4.4 企业产品业务、公司战略效应与企业扶贫行为

（1）企业产品业务、声誉效应与企业扶贫行为

除了响应国家号召提供减贫方案，扶贫行为也是企业基于国家战略发掘商业机会、创造战略竞争优势的重要手段。作为企业承担社会责任的新方式，企业扶贫行为能够帮助企业基于声誉效应和产品差异化效应创造企业价值。表 6-8 报告了产品业务、消费者直接接触与企业精准扶贫之间的关系。PATENT 与 CUS 交乘项对扶贫披露长度、扶贫总投入、"造血型"扶贫投入以及"慈善型"扶贫投入的回归系数分别为 0.120，0.311，0.325 和 0.269，在 1%，1%，10%和 5%水平上显著。产品与消费者直接接触的企业，其产品业务与扶贫投入之间的正相关关系更显著。

表 6-8 企业产品业务、产品直接接触消费者与企业扶贫的检验结果

	Poor_length	Poor_invest	Essen_invest	Char_invest
	(1)	(2)	(3)	(4)
PATENT	0.261***	0.638***	1.318***	0.672***
	(12.380)	(13.795)	(15.483)	(12.906)
PATENT×CUS	0.120***	0.311***	0.325*	0.269**
	(2.604)	(2.936)	(1.861)	(2.218)

（续）

	Poor_length	Poor_invest	Essen_invest	Char_invest
	(1)	(2)	(3)	(4)
CUS	−0.798***	−1.752***	−2.619***	−0.171
	(−3.476)	(−3.408)	(−2.757)	(−0.325)
PCM	0.285***	0.867***	1.086***	0.736***
	(4.458)	(5.295)	(3.159)	(4.787)
POVERTY	0.698***	1.623***	2.556***	1.297***
	(3.928)	(4.189)	(4.204)	(3.036)
LEV	0.920***	2.491***	5.485***	2.194***
	(5.911)	(7.417)	(8.498)	(6.759)
LISTAGE	0.030***	0.059***	0.076***	0.027***
	(7.477)	(6.881)	(4.997)	(3.071)
FINANCE	−0.100***	−0.237***	−0.373***	−0.196***
	(−2.990)	(−3.303)	(−2.847)	(−2.619)
SELLS	0.020***	0.047***	0.069***	0.029***
	(5.959)	(6.426)	(5.172)	(3.869)
INDEP	3.012***	6.844***	15.368***	6.022***
	(5.352)	(5.566)	(7.099)	(4.616)
DUAL	0.172***	0.381***	0.727***	0.265***
	(8.391)	(8.534)	(9.738)	(5.572)
BSIZE	0.143***	0.223*	0.348	−0.030
	(2.713)	(1.911)	(1.536)	(−0.264)
常数项	−1.523**	−4.082***	−14.004***	−5.306***
	(−2.539)	(−3.204)	(−6.738)	(−4.930)
年度/行业	控制	控制	控制	控制
样本量	11 133	11 133	11 133	11 133
调整后 R^2	0.170	0.173	0.169	0.115

注：括号内为经 robust 调整后的 t 值，***、** 和 * 分别表示在 1%、5% 和 10% 水平上显著。

表 6-9 报告了企业产品业务支出、广告宣传支出与企业扶贫行为的关系。 $PATENT$ 与 $SELLS$ 交乘项对所有 4 个扶贫投入指标的回归结果均显著为正。这表明广告支出越多的企业，如果产品业务越优质，企业扶贫投入越多。综合

模型（6-6）和模型（6-7）的检验结果表明，企业出于声誉效应考量，将会积极进行扶贫投入，假设4-1和假设4-2得到验证。

表6-9　企业产品业务、广告宣传支出与企业扶贫的检验结果

	$Poor\_length$	$Poor\_invest$	$Essen\_invest$	$Char\_invest$
	（1）	（2）	（3）	（4）
PATENT	0.246***	0.575***	0.234***	0.591***
	(9.936)	(10.920)	(8.793)	(11.040)
PATENT×SELLS	0.005**	0.014***	0.005**	0.016***
	(2.383)	(3.281)	(2.252)	(3.683)
SELLS	0.010**	0.020*	0.002	−0.002
	(2.065)	(1.825)	(0.352)	(−0.150)
PCM	0.289***	0.760***	0.158*	0.677***
	(4.458)	(4.369)	(1.833)	(3.908)
POVERTY	0.697***	1.618***	0.608***	1.300***
	(3.920)	(4.965)	(3.763)	(4.001)
LEV	0.934***	2.391***	1.197***	2.153***
	(5.994)	(6.955)	(7.025)	(6.285)
LISTAGE	0.029***	0.054***	0.000	0.023***
	(7.371)	(6.644)	(0.041)	(2.827)
CUS	−0.455**	−0.836*	−0.632***	0.617
	(−2.180)	(−1.922)	(−2.932)	(1.423)
FINANCE	−0.103***	−0.245***	−0.020	−0.204***
	(−3.071)	(−3.490)	(−0.570)	(−2.917)
INDEP	3.014***	6.727***	5.093***	5.945***
	(5.360)	(5.802)	(8.862)	(5.145)
DUAL	0.172***	0.373***	0.183***	0.261***
	(8.413)	(9.308)	(9.206)	(6.526)
BSIZE	0.140***	0.214*	0.171***	−0.038
	(2.650)	(1.763)	(2.835)	(−0.314)
常数项	−1.483**	−4.001***	−3.133***	−5.175***
	(−2.480)	(−3.613)	(−5.708)	(−4.689)

（续）

	Poor _ length	Poor _ invest	Essen _ invest	Char _ invest
	(1)	(2)	(3)	(4)
年度/行业	控制	控制	控制	控制
样本量	11 133	11 133	11 133	11 133
调整后 R^2	0.170	0.175	0.134	0.117

注：括号内为经 robust 调整后的 t 值，***、** 和 * 分别表示在 1%、5%和 10%水平上显著。

（2）企业产品业务、产品差异化效应与企业扶贫行为

表 6-10 报告了结合业务的企业扶贫行为的产品差异化效应。由回归结果可知，$PATENT$ 与 $Differentiation$ 交乘项主要对"造血型"扶贫投入指标的回归结果均显著为正，业务更优质的企业如果能够结合扶贫推出新产品、新品牌，创造产品差异化效应，其造血型扶贫投入将越多，假设 4-3 得到验证。因此，企业出于战略效应考量，也将会结合自身专长，积极投身扶贫行动，取得经营效率与社会价值的共赢。

表 6-10　企业产品业务、产品差异化效应与企业扶贫的检验结果

	Poor _ length	Poor _ invest	Essen _ invest	Char _ invest
	(1)	(2)	(3)	(4)
$PATENT$	0.278***	0.666***	0.869***	0.698***
	(14.897)	(16.493)	(16.130)	(17.309)
$PATENT \times Differentiation$	−0.215	−0.262	1.531***	0.279
	(−1.256)	(−0.707)	(3.102)	(0.757)
$Differentiation$	4.506***	9.478***	10.643***	7.496***
	(9.545)	(9.271)	(7.803)	(7.350)
PCM	0.268***	0.711***	0.592**	0.626***
	(3.358)	(4.118)	(2.568)	(3.637)
$POVERTY$	0.683***	1.582***	1.903***	1.265***
	(4.571)	(4.892)	(4.410)	(3.923)
LEV	0.860***	2.222***	4.027***	1.957***
	(5.460)	(6.512)	(8.843)	(5.749)
$LISTAGE$	0.030***	0.056***	0.033***	0.024***
	(8.100)	(6.915)	(3.070)	(3.014)

（续）

	Poor_length	*Poor_invest*	*Essen_invest*	*Char_invest*
	(1)	(2)	(3)	(4)
CUS	−0.447**	−0.824*	−0.952*	0.570
	(−2.243)	(−1.907)	(−1.652)	(1.323)
FINANCE	−0.101***	−0.240***	−0.277***	−0.195***
	(−3.144)	(−3.444)	(−2.981)	(−2.817)
SELLS	0.020***	0.046***	0.047***	0.028***
	(5.917)	(6.447)	(4.934)	(3.924)
INDEP	2.877***	6.426***	13.166***	5.620***
	(5.412)	(5.582)	(8.572)	(4.894)
DUAL	0.170***	0.368***	0.586***	0.254***
	(9.248)	(9.241)	(11.036)	(6.402)
BSIZE	0.146***	0.230*	0.269*	−0.022
	(2.627)	(1.905)	(1.675)	(−0.184)
常数项	−1.442***	−3.950***	−9.596***	−5.123***
	(−2.846)	(−3.599)	(−6.553)	(−4.679)
年度/行业	控制	控制	控制	控制
样本量	11 133	11 133	11 133	11 133
调整后 R^2	0.182	0.187	0.189	0.128

注：括号内为经 robust 调整后的 t 值，***、** 和 * 分别表示在1%、5%和10%水平上显著。

（3）考虑"半强制"或"半自愿"性特征的公司战略效应检验

由上文分析可知，民营企业在提供可持续减贫方案的同时考虑结合自身战略效应进行扶贫的可能性较高，国有企业主要重视扶贫的可持续减贫功能，因此，本章区分国有和民营企业考察企业扶贫行为的公司战略效应。表 6-11 至表 6-13 报告了区分国企和民企子样本对模型（6-6）至模型（6-8）的回归结果，由回归结果可知，企业精准扶贫的声誉效应和产品差异化动机主要发生在民营企业中，对国有企业的作用程度较弱。我国特殊的制度背景对企业精准扶贫这一承担社会责任新方式的动机产生了显著影响。

表6-11 企业产品业务、产品直接接触消费者与企业扶贫的子样本检验结果

	非国企子样本				国企子样本			
	Poor_length	Poor_invest	Essen_invest	Char_invest	Poor_length	Poor_invest	Essen_invest	Char_invest
	(1)	(2)	(3)	(4)	(5)	(6)	(7)	(8)
PATENT	0.183***	0.425***	0.674***	0.432***	0.330***	0.901***	2.306***	0.972***
	(7.752)	(7.918)	(8.107)	(7.747)	(7.368)	(9.643)	(11.219)	(8.778)
PATENT×CUS	0.195***	0.532***	0.823***	0.476***	0.065	0.056	-0.378	0.042
	(3.415)	(3.920)	(4.526)	(2.922)	(0.819)	(0.320)	(-0.993)	(0.229)
CUS	-0.270	-0.970	-2.777***	0.592	-1.618***	-2.705***	-1.295	-1.055
	(-0.944)	(-1.517)	(-2.920)	(0.873)	(-4.142)	(-3.102)	(-0.617)	(-1.328)
PCM	0.291***	0.956***	1.135***	0.657***	-0.014	0.262	1.280	0.994**
	(4.440)	(4.790)	(3.725)	(4.459)	(-0.068)	(0.599)	(1.195)	(1.967)
POVERTY	0.740***	1.792***	3.070***	1.553***	0.504*	1.245**	1.847	1.058
	(3.231)	(3.425)	(4.558)	(2.772)	(1.765)	(2.078)	(1.592)	(1.522)
LEV	0.901***	2.520***	5.501***	1.812***	0.637*	2.091***	5.576***	2.668***
	(5.328)	(6.634)	(8.762)	(5.133)	(1.873)	(2.965)	(3.652)	(3.739)
LISTAGE	0.022***	0.056***	0.087***	0.048***	-0.012	-0.034*	-0.108***	-0.057***
	(4.377)	(4.960)	(5.256)	(4.265)	(-1.501)	(-1.935)	(-2.857)	(-2.986)
FINANCE	-0.270	-0.119	-0.223	-0.087	-0.165***	-0.395***	-0.710***	-0.370***
	(-0.944)	(-1.325)	(-1.546)	(-1.000)	(-2.872)	(-3.296)	(-2.767)	(-2.796)

（续）

	非国企子样本				国企子样本			
	Poor_length	Poor_invest	Essen_invest	Char_invest	Poor_length	Poor_invest	Essen_invest	Char_invest
	(1)	(2)	(3)	(4)	(5)	(6)	(7)	(8)
SELLS	−0.060	0.036***	0.047***	0.023***	0.038***	0.083	0.114***	0.040**
	(−1.497)	(4.307)	(3.726)	(2.801)	(5.126)	(5.334)	(3.405)	(2.422)
INDEP	0.464	1.307	2.805	1.645	4.359***	9.633***	21.950***	8.715***
	(0.712)	(0.897)	(1.221)	(1.108)	(4.275)	(4.356)	(4.794)	(3.647)
DUAL	0.084***	0.185***	0.361***	0.216***	0.163***	0.384***	0.635***	0.107
	(3.212)	(3.182)	(4.342)	(3.498)	(4.854)	(5.329)	(4.286)	(1.381)
BSIZE	−0.023	−0.100	−0.098	−0.183	0.301*	0.650*	0.818	0.212
	(−0.419)	(−0.817)	(−0.490)	(−1.572)	(1.725)	(1.767)	(1.024)	(0.543)
常数项	−0.003	−0.898	−6.421***	−3.030**	−1.001	−3.342*	−11.457***	−4.168**
	(−0.004)	(−0.499)	(−2.762)	(−2.558)	(−1.053)	(−1.736)	(−2.710)	(−1.984)
年度/行业	控制	控制	控制	控制	控制	控制	控制	控制
样本量	7 690	7 690	7 690	7 690	3 443	3 443	3 443	3 443
调整后 R^2	0.105	0.110	0.113	0.075	0.165	0.179	0.196	0.148

注：括号内为经 robust 调整后的 t 值，***、** 和 * 分别表示在 1%，5% 和 10% 水平上显著。

表6-12 企业产品业务、广告宣传支出与企业扶贫的子样本检验结果

	非国企子样本				国企子样本			
	$Poor\_length$	$Poor\_invest$	$Essen\_invest$	$Char\_invest$	$Poor\_length$	$Poor\_invest$	$Essen\_invest$	$Char\_invest$
	(1)	(2)	(3)	(4)	(5)	(6)	(7)	(8)
PATENT	0.173***	0.393***	0.674***	0.400***	0.355***	0.852***	0.421***	0.850***
	(6.143)	(6.374)	(8.107)	(6.826)	(7.339)	(8.333)	(6.143)	(7.453)
PATENT×SELLS	0.006**	0.017***	0.823***	0.015***	−0.001	0.002	0.009*	0.013
	(2.361)	(3.219)	(4.526)	(3.076)	(−0.295)	(0.227)	(1.677)	(1.536)
SELLS	0.003	0.005	−2.777***	−0.005	0.040***	0.079***	0.007	0.013
	(0.549)	(0.419)	(−2.920)	(−0.402)	(3.766)	(3.506)	(0.467)	(0.527)
PCM	0.295***	0.743***	1.135***	0.547***	−0.011	0.394	0.081	1.031**
	(4.272)	(4.151)	(3.725)	(3.234)	(−0.055)	(0.844)	(0.269)	(2.061)
POVERTY	0.719***	1.768***	3.070***	1.521***	0.503*	1.207**	0.440	1.073*
	(3.145)	(4.220)	(4.558)	(3.836)	(1.764)	(2.249)	(1.270)	(1.864)
LEV	0.919***	2.383***	5.501***	1.758***	0.628*	1.884***	1.406***	2.619***
	(5.429)	(6.148)	(8.762)	(4.795)	(1.845)	(2.663)	(3.084)	(3.453)
LISTAGE	0.022***	0.050***	0.087***	0.044***	−0.012	−0.037**	−0.064***	−0.059***
	(4.288)	(4.881)	(5.256)	(4.548)	(−1.494)	(−2.177)	(−5.797)	(−3.226)
CUS	0.215	0.483	−0.223	1.841***	−1.419***	−2.642***	−0.565	−0.896
	(0.812)	(0.937)	(−1.546)	(3.778)	(−3.971)	(−3.333)	(−1.106)	(−1.056)

（续）

	非国企子样本				国企子样本			
	Poor_length	Poor_invest	Essen_invest	Char_invest	Poor_length	Poor_invest	Essen_invest	Char_invest
	(1)	(2)	(3)	(4)	(5)	(6)	(7)	(8)
FINANCE	-0.066	-0.151*	0.047***	-0.109	-0.164***	-0.381***	-0.097	-0.368***
	(-1.640)	(-1.692)	(3.726)	(-1.288)	(-2.855)	(-3.224)	(-1.277)	(-2.901)
INDEP	0.490	1.241	2.805	1.607	4.392***	9.765***	7.247***	8.666***
	(0.754)	(0.867)	(1.221)	(1.187)	(4.309)	(4.617)	(5.309)	(3.818)
DUAL	0.086***	0.177***	0.361***	0.212***	0.164***	0.384***	0.169***	0.106
	(3.281)	(3.424)	(4.342)	(4.330)	(4.864)	(5.624)	(3.817)	(1.449)
BSIZE	-0.024	-0.102	-0.098	-0.184	0.295*	0.646*	0.349	0.194
	(-0.436)	(-0.827)	(-0.490)	(-1.576)	(1.690)	(1.753)	(1.467)	(0.491)
常数项	0.024	-0.640	-6.421***	-2.883**	-1.024	-3.667*	-3.193**	-4.127**
	(0.032)	(-0.446)	(-2.762)	(-2.123)	(-1.075)	(-1.897)	(-2.559)	(-1.990)
年度/行业	控制	控制	控制	控制	控制	控制	控制	控制
样本量	7 690	7 690	7 690	7 690	3 443	3 443	3 443	3 443
调整后 R^2	0.104	0.110	0.113	0.074	0.165	0.186	0.164	0.150

注：括号内为经 robust 调整后的 t 值，***，** 和 * 分别表示在 1%，5% 和 10% 水平上显著。

表 6 - 13　企业产品业务、产品差异化战略与企业扶贫的子样本检验结果

	非国企子样本				国企子样本			
	Poor_length	Poor_invest	Essen_invest	Char_invest	Poor_length	Poor_invest	Essen_invest	Char_invest
	(1)	(2)	(3)	(4)	(5)	(6)	(7)	(8)
PATENT	0.212***	0.503***	0.440***	0.503***	0.338***	0.847***	1.502***	0.925***
	(10.214)	(10.834)	(8.736)	(11.438)	(8.645)	(10.376)	(11.464)	(10.542)
PATENT×Differentiation	-0.146	-0.051	1.617***	1.119**	-0.235	-0.451	0.864	-0.377
	(-0.588)	(-0.093)	(2.700)	(2.136)	(-0.918)	(-0.847)	(1.009)	(-0.658)
Differentiation	5.168***	10.538***	11.002***	6.562***	3.630***	8.067***	10.580***	7.593***
	(7.827)	(7.147)	(6.889)	(4.700)	(4.993)	(5.319)	(4.346)	(4.661)
PCM	0.273***	0.692***	0.476**	0.503***	-0.037	0.336	0.497	0.955*
	(3.437)	(3.899)	(2.479)	(2.991)	(-0.168)	(0.725)	(0.669)	(1.919)
POVERTY	0.696***	1.712***	1.750***	1.450***	0.504**	1.201**	1.770**	1.056*
	(3.741)	(4.119)	(3.886)	(3.682)	(1.972)	(2.253)	(2.070)	(1.845)
LEV	0.835***	2.194***	4.089***	1.570***	0.570*	1.732**	3.736***	2.358***
	(4.847)	(5.704)	(9.818)	(4.313)	(1.693)	(2.467)	(3.316)	(3.128)
LISTAGE	0.022***	0.049***	0.043***	0.043***	-0.010	-0.033*	-0.089***	-0.054***
	(4.775)	(4.859)	(3.934)	(4.489)	(-1.279)	(-1.926)	(-3.253)	(-2.956)
CUS	0.245	0.554	-0.147	1.887***	-1.391***	-2.606***	-1.780	-1.072
	(1.071)	(1.085)	(-0.267)	(3.901)	(-3.693)	(-3.318)	(-1.412)	(-1.271)

（续）

	非国企子样本				国企子样本			
	Poor_length	Poor_invest	Essen_invest	Char_invest	Poor_length	Poor_invest	Essen_invest	Char_invest
	(1)	(2)	(3)	(4)	(5)	(6)	(7)	(8)
FINANCE	−0.058	−0.132	−0.185*	−0.090	−0.168***	−0.390***	−0.451**	−0.370***
	(−1.465)	(−1.493)	(−1.925)	(−1.075)	(−2.992)	(−3.323)	(−2.396)	(−2.933)
SELLS	0.014***	0.035***	0.031***	0.022***	0.037***	0.082***	0.087***	0.040**
	(3.882)	(4.418)	(3.601)	(2.932)	(5.081)	(5.357)	(3.528)	(2.458)
INDEP	0.352	0.925	3.100**	1.289	4.179***	9.326***	18.206***	8.337***
	(0.554)	(0.652)	(2.016)	(0.959)	(4.151)	(4.440)	(5.401)	(3.695)
DUAL	0.080***	0.165***	0.265***	0.201***	0.165***	0.388***	0.598***	0.115
	(3.487)	(3.217)	(4.751)	(4.134)	(5.069)	(5.712)	(5.491)	(1.570)
BSIZE	−0.006	−0.063	−0.016	−0.150	0.258	0.566	0.381	0.145
	(−0.105)	(−0.510)	(−0.119)	(−1.289)	(1.468)	(1.546)	(0.648)	(0.369)
常数项	0.036	−0.668	−3.924**	−2.887**	−0.836	−3.307*	−8.819***	−3.982*
	(0.057)	(−0.470)	(−2.549)	(−2.145)	(−0.910)	(−1.725)	(−2.867)	(−1.934)
年度/行业	控制	控制	控制	控制	控制	控制	控制	控制
样本量	7690	7690	7690	7690	3443	3443	3443	3443
调整后 R^2	0.120	0.124	0.146	0.088	0.174	0.197	0.214	0.160

注：括号内为经 robust 调整后的 t 值，***，** 和 * 分别表示在 1%，5% 和 10% 水平上显著。

6.4.5 企业扶贫可持续减贫效应和公司战略效应的后果检验

（1）产品业务、企业扶贫与扶贫绩效

为进一步探索企业扶贫取得的社会价值，本章研究了企业产品业务对其扶贫绩效的影响。同第5章，本章分别检验了企业扶贫总绩效（$Poor\_perf$），"造血型"扶贫绩效（$Essen\_perf$）和"慈善型"扶贫绩效（$Char\_perf$）三方面的扶贫绩效。表6-14报告了回归结果，企业产品业务越优质，整体扶贫绩效、"造血型"扶贫和"慈善型"扶贫的扶贫绩效都更好。紧密结合业务的企业扶贫不仅仅是策略性的扶贫支出，还取得了实质性扶贫绩效，假设3得到验证。

表6-14 企业产品业务与扶贫绩效的后果检验

	$Poor\_perf$	$Essen\_perf$	$Char\_perf$
	(1)	(2)	(3)
PATENT	0.119**	0.153*	0.126**
	(2.463)	(1.770)	(2.099)
PCM	0.147***	0.273***	0.131***
	(13.123)	(13.564)	(9.369)
POVERTY	0.523***	0.602***	0.042
	(5.786)	(3.730)	(0.376)
LEV	0.703***	1.172***	0.453***
	(7.379)	(6.881)	(3.809)
LISTAGE	0.007***	0.000	0.004
	(3.244)	(0.044)	(1.366)
CUS	−0.505***	−0.664***	−0.170
	(−4.186)	(−3.079)	(−1.128)
FINANCE	−0.007	−0.017	0.006
	(−0.344)	(−0.490)	(0.250)
SELLS	0.004*	0.011***	0.001
	(1.877)	(3.119)	(0.325)
INDEP	2.409***	5.089***	2.423***
	(7.496)	(8.856)	(6.041)

（续）

	Poor _ perf	Essen _ perf	Char _ perf
	(1)	(2)	(3)
DUAL	0.087***	0.183***	0.074***
	(7.871)	(9.194)	(5.316)
BSIZE	0.103***	0.173***	0.067
	(3.057)	(2.866)	(1.588)
常数项	−1.352***	−3.191***	−1.868***
	(−4.411)	(−5.824)	(−4.884)
年度/行业	控制	控制	控制
样本量	11 133	11 133	11 133
调整后 R^2	0.149	0.135	0.075

注：括号内为经 robust 调整后的 t 值，***、** 和 * 分别表示在1％、5％和10％水平上显著。

（2）产品业务、企业扶贫与企业价值

共享价值追求的不仅是高效可持续的社会福利，还有企业自身商业价值的实现（Porter and Kramer，2011）。本章进一步检验紧密结合经营业务的企业扶贫与企业财务绩效的关系。同第5章，参考 Kubick 等（2015）以及连立帅等（2016）的研究，本章采用企业购买并持有收益（BHAR）以及企业资产报酬率（ROA）分别衡量企业市场绩效和会计绩效。如果企业扶贫声誉效应与战略效应显著提升了企业财务绩效，则 PATENT 与 Top _ invest 交乘项的回归系数应显著为正。表6-15 显示，PATENT 与 Top _ invest 的交乘项对 BHAR 和 ROA 的回归系数都显著为正，假设5得到验证。

表6-15　产品业务、企业扶贫与企业财务绩效的后果检验

	BHAR	ROA
	(1)	(2)
PATENT	0.043***	0.001***
	(5.121)	(3.532)
Top _ invest	−0.016	0.005***
	(−0.453)	(2.726)

（续）

	BHAR	ROA
	(1)	(2)
$PATENT \times Top\_invest$	0.006*	0.001**
	(1.657)	(2.137)
Currentratio	0.052	0.033***
	(0.892)	(10.375)
OCF	1.104***	0.221***
	(7.377)	(19.329)
Holdratio	−0.000	0.000***
	(−0.341)	(5.473)
LEV	0.240***	−0.026***
	(3.832)	(−7.913)
TobinQ	−0.036***	0.006***
	(−3.194)	(10.111)
FINANCE	−0.038***	−0.007***
	(−3.210)	(−16.459)
Salexpratio	0.011	−0.007
	(0.083)	(−0.854)
Committee	0.003	0.002
	(0.144)	(1.456)
ESTBAGE	0.002	−0.000
	(1.016)	(−1.611)
常数项	15.533***	0.004
	(106.550)	(0.471)
年度/行业	控制	控制
样本量	11 133	11 133
调整后 R^2	0.120	0.336

注：括号内为经 robust 调整后的 t 值，***、** 和 * 分别表示在 1%、5% 和 10% 水平上显著。

经过上述一系列验证过程，本章各假设的验证汇总情况如表 6-16 所示。

表 6-16　假设验证情况汇总表

编号	假设内容	验证情况
H1	产品业务越优质的公司扶贫投入越多	支持
H2-1	处于亲扶贫行业的公司产品业务优质，则扶贫投入越多	支持
H2-2	结合自身业务优势扶贫的公司产品业务越优质，则扶贫投入越多	支持
H2-3	拥有亲社会文化的公司产品业务越优质，则扶贫投入越多	支持
H3	结合业务专长的企业扶贫取得了实质性扶贫绩效	支持
H4-1	产品直接接触消费者的企业业务越优质，则扶贫投入更多，民营企业表现更显著	支持
H4-2	重视广告宣传的企业业务越优质，则扶贫投入更多，民营企业表现更显著	支持
H4-3	开发结合扶贫新品牌的公司产品业务越优质，则扶贫投入更多，民营企业表现更显著	支持
H5	结合业务专长的扶贫投入显著提升了企业财务绩效	支持

6.4.6　稳健性检验

（1）替代变量检验

增强研究结果的稳健性，本章进一步采用行业调整的公司研发人员数量（$RDPNUM$）——公司当年研发人员数量加1的自然对数扣除行业均值和行业调整的公司研发支出金额（$R\&D$）——公司当年研发支出加1的自然对数扣除行业均值作为公司产品业务的替代变量（Hall et al.，2001；崔静波等，2021），对所有扶贫投入指标进行了进一步检验。表6-17报告了公司研发人员数量 $RDPNUM$ 的回归结果，表6-18报告了公司研发支出金额 $R\&D$ 的回归结果。所有研究结果与上文研究结论一致。

表 6-17　替换自变量的稳健性检验结果 1

	$Poor\_length$	$Poor\_invest$	$Essen\_invest$	$Char\_invest$
	(1)	(2)	(3)	(4)
$RDPNUM$	0.139***	0.358***	0.613***	0.594***
	(8.282)	(9.654)	(8.434)	(9.172)
PCM	0.243***	0.681***	0.674***	1.095***
	(3.323)	(3.912)	(2.832)	(3.674)
$POVERTY$	0.639***	1.463***	1.707**	1.829***
	(3.518)	(3.734)	(2.532)	(2.655)

（续）

	Poor_length	Poor_invest	Essen_invest	Char_invest
	(1)	(2)	(3)	(4)
LEV	1.230***	3.054***	6.416***	4.798***
	(7.502)	(8.644)	(11.215)	(8.679)
LISTAGE	0.037***	0.072***	0.061***	0.063***
	(8.896)	(8.070)	(4.204)	(4.466)
CUS	−0.282	−0.450	−0.282	1.229
	(−1.211)	(−0.866)	(−0.365)	(1.387)
FINANCE	−0.141***	−0.330***	−0.558***	−0.465***
	(−4.103)	(−4.448)	(−4.165)	(−3.744)
SELLS	0.019***	0.045***	0.059***	0.051***
	(5.575)	(6.006)	(4.858)	(4.269)
INDEP	3.657***	8.297***	18.524***	13.526***
	(6.107)	(6.327)	(7.553)	(5.937)
BSIZE	0.200***	0.434***	0.818***	0.626***
	(9.311)	(9.212)	(8.937)	(7.439)
DUAL	0.181***	0.306**	0.549***	0.306*
	(3.362)	(2.576)	(3.102)	(1.726)
常数项	−1.900***	−4.839***	−13.897***	−12.144***
	(−3.118)	(−3.674)	(−6.513)	(−6.755)
年度/行业	控制	控制	控制	控制
样本量	11 133	11 133	11 133	11 133
调整后 R^2	0.160	0.163	0.160	0.129

注：括号内为经 robust 调整后的 t 值，***、** 和 * 分别表示在 1%、5% 和 10% 水平上显著。

表 6-18　替换自变量的稳健性检验结果 2

	Poor_length	Poor_invest	Essen_invest	Char_invest
	(1)	(2)	(3)	(4)
R&D	0.041***	0.104***	0.206***	0.174***
	(6.467)	(7.426)	(8.232)	(7.720)
PCM	0.255***	0.712***	0.724***	1.147***
	(3.402)	(3.943)	(2.955)	(3.707)

（续）

	Poor_length	Poor_invest	Essen_invest	Char_invest
	(1)	(2)	(3)	(4)
POVERTY	0.649***	1.490***	1.736**	1.872***
	(3.553)	(3.782)	(2.572)	(2.714)
LEV	1.337***	3.335***	6.820***	5.261***
	(8.202)	(9.492)	(12.057)	(9.507)
LISTAGE	0.038***	0.074***	0.067***	0.066***
	(9.023)	(8.220)	(4.520)	(4.667)
CUS	−0.312	−0.524	−0.435	1.105
	(−1.339)	(−1.009)	(−0.560)	(1.244)
FINANCE	−0.150***	−0.353***	−0.590***	−0.502***
	(−4.347)	(−4.746)	(−4.412)	(−4.036)
SELLS	0.020***	0.048***	0.063***	0.055***
	(5.856)	(6.339)	(5.109)	(4.601)
INDEP	3.741***	8.521***	18.795***	13.892***
	(6.204)	(6.441)	(7.610)	(6.027)
BSIZE	0.207***	0.453***	0.843***	0.658***
	(9.663)	(9.627)	(9.284)	(7.822)
DUAL	0.185***	0.318***	0.566***	0.325*
	(3.440)	(2.669)	(3.188)	(1.829)
常数项	−2.048***	−5.232***	−14.442***	−12.789***
	(−3.376)	(−3.990)	(−6.802)	(−7.059)
年度/行业	控制	控制	控制	控制
样本量	11 133	11 133	11 133	11 133
调整后 R^2	0.157	0.159	0.158	0.125

注：括号内为经 robust 调整后的 t 值，***、** 和 * 分别表示在 1%、5% 和 10% 水平上显著。

（2）Heckman 两阶段模型检验

针对本章可能存在的内生性问题，本章采用 Heckman 两阶段模型进行处理。首先，按照公司产品业务水平是否大于零设置虚拟变量 D_PATENT 作为被解释变量进行 Heckman 第一阶段 Logit 回归，同时在第一阶段回归中加入同行业其他公司的产品业务水平作为外生变量。利用第一阶段回归结果计算逆米尔斯比（*IMR*）并代入第二阶段回归进行拟合，表 6 - 19 列示了 Heck-man 两阶段模型的回归结果，*IMR* 的回归系数基本不显著，本章研究结论受内生性问题影响较弱，而且在控制 *IMR* 后，*PATENT* 的回归系数仍然在 1‰水平上显著为正。表明本章主要结果依然稳健。

表 6 - 19　公司业务与扶贫的 Heckman 两阶段法检验结果

	Poor_length	*Poor_invest*	*Essen_invest*	*Char_invest*
	(1)	(2)	(3)	(4)
PATENT	0.281 ***	0.677 ***	1.118 ***	1.159 ***
	(14.178)	(15.444)	(14.025)	(15.479)
PCM	0.273 ***	0.764 ***	0.636 **	1.308 ***
	(3.571)	(4.233)	(2.480)	(4.141)
POVERTY	0.713 ***	1.690 ***	1.704 **	2.261 ***
	(3.687)	(4.054)	(2.227)	(3.007)
LEV	1.239 ***	3.511 ***	4.748 *	6.373 ***
	(2.585)	(3.260)	(1.781)	(2.934)
LISTAGE	0.034 ***	0.067 ***	0.035	0.060 ***
	(6.558)	(5.850)	(1.467)	(2.886)
CUS	−0.463 *	−0.788	−1.428	0.623
	(−1.845)	(−1.410)	(−1.516)	(0.650)
FINANCE	−0.139 **	−0.367 ***	−0.383	−0.622 ***
	(−2.485)	(−2.974)	(−1.375)	(−2.676)
SELLS	0.021 ***	0.053 ***	0.045 *	0.070 ***
	(3.874)	(4.419)	(1.692)	(3.079)
INDEP	3.568 ***	8.519 ***	16.333 ***	14.702 ***
	(4.739)	(5.130)	(4.572)	(4.811)
DUAL	0.203 ***	0.472 ***	0.693 ***	0.742 ***
	(5.110)	(5.323)	(3.249)	(4.253)
BSIZE	0.178 ***	0.327 **	0.427 *	0.366
	(2.888)	(2.397)	(1.688)	(1.623)
IMR	0.366	1.339	−0.771	3.227
	(0.685)	(1.111)	(−0.250)	(1.305)

（续）

	Poor_length	Poor_invest	Essen_invest	Char_invest
	(1)	(2)	(3)	(4)
常数项	−2.254*	−6.747**	−10.831	−16.750***
	(−1.820)	(−2.444)	(−1.634)	(−3.132)
年度/行业	控制	控制	控制	控制
样本量	10 798	10 798	10 798	10 798
调整后 R^2	0.168	0.173	0.171	0.142

注：括号内为经 robust 调整后的 t 值，*** 、** 和 * 分别表示在 1%、5% 和 10% 水平上显著。

（3）工具变量法（IV）检验

为进一步克服可能存在的内生性问题，本章采用工具变量法进行进一步检验。借鉴 Huang 等（2021）的研究思路，采用滞后一期的企业产品专利授权数量和行业其他公司平均的产品专利授权数量作为工具变量。通常情况下，滞后一期的企业产品专利授权水平以及行业的产品专利授权水平与本公司当年的专利授权水平密切相关，但是对本企业承担扶贫责任决策的影响相对较小，在理论上基本满足工具变量的外生性。表 6-20 报告了两阶段工具变量法检验的回归结果，PATENT 对扶贫披露长度和扶贫总投入回归不显著，对两类扶贫具体类型投入的回归结果与上文 OLS 的回归结果保持一致，工具变量法的检验结果依旧支持了本章的研究结论。

表 6-20　公司业务与扶贫行为的工具变量法检验结果

	Poor_length	Poor_invest	Essen_invest	Char_invest
	(1)	(2)	(3)	(4)
PATENT	0.394***	0.957***	1.664***	1.707***
	(12.540)	(14.025)	(14.980)	(15.703)
PCM	0.307***	0.845***	0.847**	1.416***
	(2.665)	(3.382)	(2.080)	(3.555)
POVERTY	0.884***	1.980***	2.141***	2.390***
	(4.584)	(4.733)	(3.141)	(3.584)
LEV	0.758***	1.952***	5.294***	3.088***
	(3.576)	(4.245)	(7.070)	(4.215)

（续）

	Poor_length	Poor_invest	Essen_invest	Char_invest
	(1)	(2)	(3)	(4)
LISTAGE	0.034***	0.060***	0.039**	0.032*
	(6.945)	(5.737)	(2.302)	(1.900)
CUS	−0.633**	−1.310**	−1.674*	−0.013
	(−2.352)	(−2.243)	(−1.760)	(−0.014)
FINANCE	−0.128***	−0.296***	−0.429***	−0.456***
	(−2.967)	(−3.172)	(−2.825)	(−3.066)
SELLS	0.017***	0.042***	0.048***	0.042***
	(4.000)	(4.584)	(3.211)	(2.870)
INDEP	3.269***	7.609***	17.685***	11.840***
	(4.584)	(4.916)	(7.016)	(4.800)
DUAL	0.168***	0.367***	0.758***	0.497***
	(6.884)	(6.949)	(8.796)	(5.894)
BSIZE	0.151**	0.226	0.453*	0.175
	(2.093)	(1.436)	(1.770)	(0.698)
常数项	−0.173	−1.698	−10.034***	−8.332***
	(−0.263)	(−1.186)	(−4.302)	(−3.651)
年度/行业	控制	控制	控制	控制
Anderson Canon. Corr. LM Statistic	4 469.908	4 469.908	4 469.908	4 469.908
Cragg-Donald Wald F Statistic	5 366.876	5 366.876	5 366.876	5 366.876
Sargan Statistic	0.775 3	0.536 6	0.622 3	0.883 4
样本量	7 599	7 599	7 599	7 599
调整后 R^2	0.159	0.163	0.172	0.142

注：①括号内为经 robust 调整后的 t 值，***、** 和 * 分别表示在 1%、5% 和 10% 水平上显著。②Anderson Canon. Corr. LM Statistic 是"不可识别检验"，原假设是"不可识别"，或者条件不成立。③Cragg-Donald Wald F Statistic 是"弱工具变量检验"，原假设是"存在弱工具变量"。④Sargan Statistic 是"过度识别检验"，原假设是"所有工具变量是外生变量"。

6.5　本章小结

在国家脱贫攻坚战略引导下，企业扶贫行为表现出结合自身业务专长实现经济效益和社会效益共益化的新特征。本章从可持续减贫效应和公司战略效应出发研究了紧密结合业务特征的企业扶贫行为，并区分不同类型的扶贫方式探索扶贫投入以及相关扶贫绩效和企业价值后果。研究发现：产品业务更优质的企业扶贫投入更多。作用机制检验表明，产品业务优质的企业出于可持续减贫效应，会结合自身产业实践特征、业务优势和文化规范要求实施扶贫。产品业务优质的企业还会基于声誉和产品差异化的公司战略效应实施扶贫。区分具体扶贫类型，企业既会参与"慈善型"扶贫，也会参与"造血型"扶贫，其扶贫行为显著提升了扶贫绩效，增进社会价值，也与企业自身财务绩效密切相关，显著提升了企业绩效。这些结论在经过不同样本的稳健性检验以及内生性测试后依然保持稳健。本章从企业特征视角提供了企业承担社会责任如何创造共享价值的新机制和新证据，也为企业更好地开展益贫性投资，政府科学制定扶贫政策提供了理论参考。

第 7 章

管理者个体特质视角：CEO 利他主义与企业扶贫行为

本章从 CEO 个体特质视角出发，利用企业社会责任道德视角理论，考察 CEO 贫困出身催生的 CEO 扶危济困心理及其对企业扶贫的影响，探索道德伦理导向对企业扶贫这一企业社会责任新方式的影响及其作用差异表现。

7.1 引言

追溯企业社会责任的起源，道德视角鼓吹的利他主义是激励企业创造社会价值的重要驱动力量。利他主义引发的企业社会责任可以归纳为社会期望的"利他主义"引发的企业社会责任和管理者个人的"利他主义"引发的企业社会责任（Zerbini，2017）。对于一项政府引导市场主体参与的社会责任行为，其"利他"动机是影响其自主意愿和参与程度进而影响其实施绩效的重要因素，本章试图具体识别管理者个体与扶危济困倾向相关的利他主义特质，从 CEO 个人特质视角分析企业扶贫中的利他主义动机。

作为企业最主要的决策者和执行者，CEO 一直是企业行为决策研究领域的关注重点。除了代理理论关注的激励约束制度机制引导的管理者决策制定外，管理者个体异质性导致的认知和行为模式差异为公司行为决策研究提供了新的思路。相较于公司特征，CEO 个体特质固定效应对公司决策具有更高的解释能力（Bertrand and Schoar，2003；Bamber et al.，2010）。高阶梯队理论认为，管理者决策风格与其个人既有生活和职业经历密切相关。企业扶贫是企业承担社会责任的具体实现方式之一，由于企业社会责任的亲社会导向特征，除了经济动机等利己偏好的驱使，它同时也是企业利他主义偏好的结果，CEO 个体特质中的利他主义倾向将对这项企业决策产生重要影响。

由于管理者心理认知结构难以衡量，现有关于 CEO 个体特质经济后果的研究主要从管理者人口学背景特征以及认知能力特征等方面，例如：年龄（Serfling，2014）、性别（Borghesi et al.，2014）、教育经历（Bertrand and Schoar，2003）、从军经历（Malmendier et al.，2011）、海外经历（Giannetti et al.，2015）等，研究管理者个体特质对企业行为决策以及经济后果的影响。心理学研究表明，生命早期的创伤经历将预示着长时期的高压力水平，对个体产生巨大而持久的影响（Holman and Silver，1998）。那么 CEO 作为企业最主要的决策主体，其亲身贫困经历以及由此产生的推己及人的恻隐之心将会影响其企业的扶贫行为吗？

有鉴于此，本章提出以下研究问题：①CEO 贫困出身会影响企业扶贫行为吗？②CEO 贫困出身影响企业扶贫的具体逻辑机制是什么？后天教育经历在其中扮演着怎样的角色？本研究尝试从心理学中的危机—成长理论视角解释该问题，对该问题展开研究有助于具体识别企业扶贫中纯粹的利他选择倾向，对于深入了解企业扶贫的扶危济困特征及其行为动机是否仍然受到传统企业社会责任道德视角驱动因素的影响以及 CEO 生命早期的性格养成与品格塑造如何影响企业扶贫行为决策及其作用差异具有重要的理论和现实意义。

7.2 理论分析与研究假设

近年来，学者们将企业社会责任视为企业战略重要方式的理性行动（Porter and Kramer，2000；Prahalad and Hammond，2002），然而，企业社会责任自诞生以来就被打上了深刻的慈善烙印，发善心而行善举是企业社会责任得以经久不衰并迅猛发展的关键因素（李伟阳和肖红军，2011）。现有考察利他道德追求催生的企业社会责任研究主要从管理者个体社会价值导向出发进行实证验证（Cronqvist and Yu，2017；Davidson et al.，2019），学者们从高阶梯队理论的视角出发，研究管理者人口特征、经历和认知能力等因素对其社会责任意愿及决策的影响。然而，由于管理者个体利他导向属于纯粹自愿性的内在心理驱动因素，现有该领域的研究主要围绕利他导向对完全自愿性企业社会责任的影响展开，对具有"半强制"或"半自愿"性特征的企业扶贫行为能否发挥作用有待进一步考察。传统纯粹自愿性企业社会责任主要为外挂于企业核心业务的边缘性决策，利他导向催生的社会责任极易被视为企业的成本负担，利他导向催生的具有内在投资属性的企业扶贫行为能够摆脱企业成本负担的陷阱，创造企业价值与社会价值的共赢，也有待进一步考察。

心理学研究认为，个体早年经历与其成年之后的心理和行为特征密切相关，尤其是早年的创伤经历，将在其心理和性格塑造中留下长期印记（Elder，1999）。医学研究也提供了相关机制证据，遗传学和神经学研究表明，生命早期逆境经历至少部分通过对大脑的生理机体改变影响个体后续行为（Lyoo et al.，2011；Mehta et al.，2013）。进化生物学进一步认为，具有原始功能的生物系统，生物之间、生物与环境之间会互相适应、互相选择，这被称为"共同选择"现象（Futuyma，1998）。因此，综合现有经济学和心理学的研究，剖析高管心理特质中的道德情感体验激发的善举能够深入挖掘企业承担社会责任背后的利他初衷。

作为管理者个体纯粹自愿的利他倾向，对于国有企业"半强制"扶贫的影响程度与对民营企业自愿程度更高的扶贫行为的影响可能存在差异，因此，管理者个体利他倾向特质对企业扶贫影响需要区分不同产权性质的企业进行研究。

心理学研究认为，创伤会导致抑郁、攻击等消极心理和行为（Zhou et al.，2017），然而，创伤也可能会给个体带来积极变化，Staub 和 Vollhardt（2008）提出"源于苦难的利他"概念，认为苦难将激发个体的亲社会行为。对创伤后幸存者的研究也表明，幸存者的亲社会行为相较于创伤之前有显著提升（Rao et al.，2011）。共情利他假说认为，共情是亲社会行为的重要产生原因（Batson，1987）。个体目睹他人遭受的不幸，在共情的作用下，个体将会生出怜悯等情绪，促使其帮助他人。共情作为一种积极心理特质，能够帮助创伤幸存者激发积极的情绪体验，例如感恩等，使其产生更乐于助人，更愿意与他人合作等亲社会行为（Vollhardt and Staub，2011）。民营企业 CEO 的贫困出身使贫困体验从生命早期的成长阶段即存续于记忆之中，深刻影响 CEO 对贫困问题的认知（马永强等，2019；赵玉洁和黄华青，2019）。亲身见识过底层生活的苦难和艰辛使 CEO 对贫困群体的生存状况更能感同身受并产生恻隐之心（许年行和李哲，2016），也更能切身体会到帮扶贫困群体摆脱贫困的重要意义。对于政策引导的这场惠及千万贫困人口的扶贫行动，贫困出身的民营企业 CEO 更有可能将其爱心化为切实行动，积极投身其中。

除了贫困经历引发的"共情"这一个体层面的积极心理特质催生的亲社

行为，心理学家认为，集体层面的环境因素也是创伤事件能否引发积极心理和行为的重要原因（Seligman and Csikszentmihalyi，2000）。心理学研究中，Schaefer 和 Moos（1992）提出了危机—成长理论，认为社会支持等环境因素是个体在危机后是否能得以成长的关键。创伤后幸存者的共情心理能否发挥作用引发亲社会行为受到积极环境因素——社会支持的重要影响（王文超和伍新春，2020）。充分的社会支持有利于创伤后幸存者对他人和环境抱有更积极的认知，引导其创伤后生命价值观和世界观的重构（Twenge et al.，2007）。当个体处于支持性的社会系统中时，更可能体验到被关爱感和安全感，从而更可能发生积极的转变，更加慷慨地助人为乐；相反，当社会支持程度较低时，创伤后的个体更可能对周围环境报以消极态度，倾向于认为自己不被周围环境所接纳，更容易对他人和世界充满敌意，不利于其做出利他行为。

后天接受良好教育是贫困出身的民营企业 CEO 改变命运的重要渠道，尤其是后天接受优质高等教育对于优化个体人格、重塑思维认知、增强社会责任感具有较大影响（莫雷，2005；张兆国等，2013）。贫困出身 CEO 能够接受高等教育更有可能是受益于政府政策和社会对贫困地区的救助和支持，以及由此而来的环境给予的真情和关爱。优质教育环境所营造的积极社会支持能够帮助贫困出身 CEO 直面创伤并发现创伤背后隐藏的积极线索和重要意义，促使贫困出身 CEO 积极改变，形成正确的价值观念，提高其亲社会行为。"羊有跪乳之恩，鸦有反哺之义"，贫困出身 CEO 在良好教育的正确社会支持的指引下，更可能帮助和曾经的自己一样受制于贫困的同胞摆脱贫困。

基于以上分析，本章提出假设一：

H1-1：民营企业中，与非贫困出身相比，贫困出身促进了 CEO 对企业扶贫的投入。

H1-2：民营企业中，后天良好教育经历促进了贫困出身 CEO 对企业扶贫的投入。

如前文对企业扶贫"半强制"或"半自愿"性特征的分析，与民营企业不同，国有企业的"半强制"扶贫具有更浓厚的强制执行色彩。实现社会目标，达成可持续减贫目的对于国有企业而言，更可能是国有企业受政策压力和引导需要实现的目标，受国有企业管理者个体特质的影响程度被削弱。因此，与传统企业社会责任道德视角下的逻辑机制不同，CEO 个体利他特质更可能主要对自愿参与程度更高的民营企业扶贫决策产生影响。

基于以上分析,本章提出假设二:

H2:国有企业中,CEO个体利他主义特质对企业扶贫投入的影响较弱。

利他主义的最终目标指向了社会福利的获取和实现(李伟阳,2010)。CEO个体利他主义催生的企业扶贫行为致力于真正创造社会价值,以顺应CEO内心回馈社会,厚德行善的大爱渴求。策略性的扶贫支出,被动迎合社会期望,甚至将扶贫投入扭曲为利己的"光鲜外衣",与贫困出身CEO发自内心的共情和利他心理不符。与慈善捐赠这一完全自愿的企业个性化行为不同,企业参与的扶贫行为属于由政府统一组织、有明确目标任务以及成效考核制度的行为,扶贫绩效关乎贫困人口切实利益,将切实改变贫困户生活面貌(宫留记,2016;刘明月等,2019)。因此,贫困出身CEO基于个体利他倾向投身的扶贫行动更可能切实取得实质性扶贫绩效,而非投机性扶贫支出。

基于以上分析,本章提出假设三:

H3:CEO利他主义催生的企业扶贫取得了实质性扶贫绩效。

7.3 研究设计

7.3.1 样本来源

同第5章,本研究选取2016—2019年沪深两市A股上市公司为样本。如表7-1所示,参与扶贫公司样本筛选过程如下:①剔除金融行业样本;②剔除ST和*ST公司样本;③剔除综合类行业公司样本;④剔除财务数据异常或缺失的样本,本章得到3 002个参与扶贫"公司—年"观测值。

表7-1 参与扶贫的公司样本筛选过程

参与扶贫的公司样本	样本量
初始样本	3 744
剔除金融行业样本	264
剔除ST和*ST公司样本	67
剔除综合类行业的样本	5
剔除财务数据异常或缺失的样本	406
最终参与回归的参与扶贫的公司样本	3 002

对于未参与扶贫的公司样本，进行了以下处理：剔除金融业上市公司，剔除 ST 和 * ST 公司，剔除综合类行业公司和剔除数据缺失观测值后，共得到 8 131 个"公司—年"观测值，本章最终获得包含 3 352 家上市公司共 11 133 个观测值，其中国有企业 3 443 个观测值，民营企业 7 690 个观测值。本章企业扶贫数据手工收集自公司年度报告和社会责任报告中披露的上市公司履行扶贫职责情况信息。CEO 出生地信息、教育信息、政治关联信息来自 CNRDS 董事长与总经理基本信息、教育信息和任职信息数据库。其他数据来自 CSMAR 数据库和 WIND 数据库。本章对所有连续变量进行首尾 1‰的 winsorize 处理。

7.3.2　模型设计与变量定义

本章主要研究 CEO 贫困出身对企业扶贫投入的影响，为验证假设 1-1 "民营企业中 CEO 贫困出身如何影响企业扶贫投入"，本章采用民营企业样本构建式（7-1）所示模型；为检验假设 1-2 "民营企业中，后天教育经历如何影响 CEO 贫困出身与企业扶贫投入之间的关系"，本章采用民营企业样本构建式（7-2）所示模型；为检验假设 2 "国有企业中，CEO 个体利他主义特质对企业扶贫投入的影响较弱"，本章将模型（7-1）和模型（7-2）采用国有企业样本重新进行回归；为验证假设 3 "民营企业中，CEO 贫困出身如何影响企业扶贫绩效"，本章采用民营企业样本构建式（7-3）所示模型。

$$Shakeoff\_invest_{i,t} = \beta_0 + \beta_1 \times Poverty_{i,t} + \beta \times CV_{i,t} + \varepsilon_{i,t}$$
$$(7-1)$$

$$Shakeoff\_invest_{i,t} = \beta_0 + \beta_1 \times Poverty_{i,t} + \beta_2 \times H\_edu_{i,t} + \beta_3 \times Poverty_{i,t} \times H\_edu_{i,t} + \beta \times CV_{i,t} + \varepsilon_{i,t}$$
$$(7-2)$$

$$Shakeoff\_perf_{i,t} = \beta_0 + \beta_1 \times Poverty_{i,t} + \beta \times CV_{i,t} + \varepsilon_{i,t}$$
$$(7-3)$$

（1）被解释变量

变量 $Shakeoff\_invest$ 代表企业扶贫投入，同第 5 章，具体包含以下 4 个扶贫投入变量：企业扶贫披露长度（$Poor\_length$）和扶贫总投入金额（$Poor\_invest$）以及两方面扶贫具体类型投入——"造血型"扶贫投入（$Essen\_invest$）和"慈善型"扶贫投入（$Char\_invest$）。

变量 *Shakeoff_perf* 代表企业扶贫绩效，同第 5 章，具体包含以下三个扶贫绩效变量：扶贫总绩效（*Poor_perf*）以及两方面扶贫具体类型绩效——"造血型"扶贫绩效（*Essen_perf*）和"慈善型"扶贫绩效（*Char_perf*）。

（2）解释变量

解释变量 *POVERTY* 表示 CEO 贫困出身，借鉴许年行和李哲（2016）以及马永强等（2019）的做法，本书将出生地为国家贫困县的 CEO 定义为贫困出身 CEO。根据国务院扶贫开发领导小组办公室的披露，国家贫困县最早于 1986 年第一次认定，共 331 个，经由 1994 年、2001 年和 2012 年 3 次认定调整，全国共确认 592 个国家扶贫开发工作重点县，2012 年全国又划定 14 个连片特困地区共 680 个贫困县，扣除两者交叉共 440 个县，国家贫困县名单共计 832 个贫困县。将 CEO 出生地信息与国家贫困县名单进行比对，如果 CEO 出生地为国家贫困县，则解释变量 CEO 贫困出身（*Poverty*）取 1，否则为 0。*Top_invest* 为公司扶贫投入程度虚拟变量，同第 5 章，本章在模型（7-4）中加入 *Poverty* 以及 *Poverty* 与 *Top_invest* 的交乘项。

（3）调节变量

调节变量 *H_edu* 表示 CEO 后天教育经历，借鉴许年行和李哲（2016）等的做法，将 CEO 本科毕业院校、硕士毕业院校和 MBA 毕业院校分别与 985 院校进行比对，如果 CEO 本科毕业院校为 985 院校，则 *H_univ* 取 1，否则为 0；如果 CEO 硕士毕业院校为 985 院校，则 *H_master* 取 1，否则为 0；如果 CEO 的 MBA 毕业院校为 985 院校，则 *H_MBA* 取 1，否则为 0。

（4）控制变量

模型（7-1）至模型（7-3）中，借鉴 Zhang 等（2010a，2010b）等的做法，同第 5 章，本章选用如下变量作为控制变量，公司财务类变量包括资产负债率（*LEV*），公司上市年龄（*LISTAGE*），产品是否直接接触消费者（*CUS*），广告支出（*SELLS*），毛利率（*PCM*），公司业务优质程度（*PATENT*），财务杠杆（*FINANCE*），公司治理类变量包括董事会规模（*Bsize*），独立董事比例（*Indep*）以及董事长总经理两职合一情况（*DUAL*）。此外，加入年度和行业虚拟变量控制年度和行业固定效应。

变量定义见表 7-2。

表 7-2　变量定义表

	变量	变量描述
因变量	Poor_length	公司年报"履行精准扶贫社会责任情况"披露中文字描述的长度
	Poor_invest	公司扶贫支出总额加 1 的自然对数
	Essen_invest	"造血型"扶贫投入，产业发展扶贫、转移就业扶贫、生态保护扶贫、健康扶贫、东西部扶贫协作和定点扶贫支出总额加 1 的自然对数
	Char_invest	"慈善型"扶贫投入，教育扶贫、兜底保障扶贫、扶贫公益基金和其他扶贫支出总额加 1 的自然对数
	Poor_perf	公司帮助建档立卡贫困人口脱贫总数加 1 的自然对数
	Essen_perf	"造血型"扶贫绩效，产业发展扶贫、转移就业扶贫、生态保护扶贫、健康扶贫、东西部扶贫协作和定点扶贫帮助建档立卡贫困人口脱贫数加 1 的自然对数
	Char_perf	"慈善型"扶贫绩效，教育扶贫、兜底保障扶贫、扶贫公益基金和其他扶贫帮助建档立卡贫困人口脱贫数加 1 的自然对数
自变量	POVERTY	CEO 贫困出身虚拟变量，如果 CEO 出生地为国家贫困县，则取 1，否则为 0
调节变量	H_univ	CEO 教育经历虚拟变量，如果 CEO 本科毕业院校为 985 院校，则取 1，否则为 0
	H_master	CEO 教育经历虚拟变量，如果 CEO 硕士毕业院校为 985 院校，则取 1，否则为 0
	H_MBA	CEO 教育经历虚拟变量，如果 CEO 的 MBA 毕业院校为 985 院校，则取 1，否则为 0

（续）

变量		变量描述
	LEV	资产负债率，公司负债总额与总资产的比值
	LISTAGE	公司上市年龄
	FINANCE	财务杠杆
	PCM	公司市场势力，公司当年营业收入减去营业成本和期间费用的差与当年营业收入的比值并扣除行业均值
	PATENT	公司业务优质程度，公司当年发明专利申请数加1的自然对数扣除行业均值
控制变量	CUS	产品是否直接接触消费者虚拟变量，如果公司所在行业为产品直接接触消费者的行业，则取1，否则取0。具体包括：日用化学产品、橡胶、塑料杂品、电器、电子器具制造业，汽车、摩托车、自行车制造业，钟表制造业，服装制造业，航空运输业，零售业，食品饮料业，房地产业，社会服务业，传播与文化业
	SELLS	广告支出，公司销售支出中的广告宣传支出加1的自然对数
	Bsize	董事会规模，董事会总人数
	Indep	独立董事比例，独立董事人数占董事会总人数的比例
	DUAL	如果董事长和总经理两职合一，则为2，否则为1
	YEAR	年份虚拟变量
	INDUSTRY	行业虚拟变量

7.4 实证结果与分析

7.4.1 描述性统计结果

主要变量的描述性统计结果如表7-3的A栏所示，本书进一步将样本按照CEO是否贫困出身（POVERTY）分为两组，分别检验企业扶贫各个投入指标的差异，单变量检验结果表明，CEO贫困出身的企业在扶贫披露长度、扶贫总投入以及"造血型"扶贫投入和"慈善型"扶贫投入方面表现都显著高于CEO非贫困出身的企业。表7-3描述性统计结果初步验证了假设1-1。

表 7 - 3　主要变量描述性统计

A 栏：主要变量描述性统计

变量名	平均值	标准差	最小值	中位数	最大值
Poor_length	1.688	2.837	0.000	0.000	9.252
Poor_invest	3.663	6.164	0.000	0.000	22.240
Essen_invest	3.018	8.232	0.000	0.000	69.890
Char_invest	2.342	5.936	0.000	0.000	39.990
Poor_perf	0.526	1.682	0.000	0.000	12.040
Essen_perf	0.806	3.009	0.000	0.000	38.150
Char_perf	0.578	2.017	0.000	0.000	23.940
POVERTY	0.027	0.163	0.000	0.000	1.000
H_univ	0.121	0.326	0.000	0.000	1.000
H_master	0.095	0.294	0.000	0.000	1.000
H_MBA	0.107	0.310	0.000	0.000	1.000
PATENT	0.062	1.359	−4.042	−0.059	7.446
PCM	0.082	0.318	−0.507	0.082	0.665
LEV	0.404	0.198	0.060	0.391	0.950
LISTAGE	9.951	7.860	0.000	8.000	29.000
CUS	0.236	0.425	0.000	0.000	1.000
FINANCE	1.334	0.853	0.519	1.073	6.760
SELLS	7.697	7.878	0.000	4.561	20.850
Indep	0.376	0.053	0.333	0.364	0.571
Bsize	8.446	1.640	5.000	9.000	14.000
DUAL	0.697	0.459	0.000	1.000	1.000

B 栏：按照 CEO 是否贫困出身进行分组的描述性统计

变量	贫困出身 CEO 任职企业	非贫困出身 CEO 任职企业	T - TEST
Poor_length	2.848	1.656	1.192***
Poor_invest	6.282	3.590	2.693***
Essen_invest	6.306	2.926	3.381***
Char_invest	4.386	2.284	2.101***

注：***、** 和 * 分别表示在 1%、5% 和 10% 水平上显著。

7.4.2 民营企业 CEO 贫困出身与企业扶贫投入

表 7-4 报告了基础检验模型（1-1）CEO 贫困出身与企业扶贫投入的民营企业样本回归结果，*Poverty* 的估计系数分别为 0.716，1.759，1.846 和 2.098，都在 1% 水平上显著。企业扶贫具有扶危济困承担社会使命的特征，民营企业自愿程度更高的扶贫行为动机仍然受到传统企业社会责任道德视角——CEO 的利他主义倾向影响，假设 1-1 得到验证。

控制变量方面，同第 5 章，控制变量回归结果与 Brammer 和 Millington（2008），祝继高等（2017）企业慈善捐赠相关研究类似，符合预期。

表 7-4 民营企业 CEO 贫困出身与企业扶贫投入的检验结果

	Poor_length (1)	*Poor_invest* (2)	*Essen_invest* (3)	*Char_invest* (4)
POVERTY	0.716***	1.759***	1.846***	2.098***
	(3.127)	(3.381)	(3.053)	(2.872)
PCM	0.220***	0.522***	0.475***	0.734***
	(10.092)	(10.399)	(7.622)	(10.334)
PATENT	0.289***	0.727***	0.524***	0.835***
	(4.200)	(4.414)	(3.924)	(4.208)
LEV	0.907***	2.350***	4.307***	3.016***
	(5.362)	(6.206)	(9.674)	(6.194)
LISTAGE	0.022***	0.049***	0.044***	0.054***
	(4.269)	(4.412)	(3.147)	(3.609)
CUS	0.224	0.508	−0.217	2.200**
	(0.850)	(0.861)	(−0.392)	(2.423)
FINANCE	−0.064	−0.144	−0.202*	−0.203*
	(−1.576)	(−1.607)	(−1.955)	(−1.679)
SELLS	0.014***	0.036***	0.032***	0.029***
	(3.841)	(4.327)	(3.462)	(2.631)
INDEP	0.465	1.172	3.480**	1.786
	(0.715)	(0.804)	(2.061)	(0.888)

（续）

	Poor_length	Poor_invest	Essen_invest	Char_invest
	（1）	（2）	（3）	（4）
DUAL	0.085***	0.175***	0.277***	0.284***
	（3.249）	（3.011）	（3.634）	（3.327）
BSIZE	−0.022	−0.098	−0.065	−0.093
	（−0.408）	（−0.798）	（−0.476）	（−0.600）
常数项	−0.069	−0.898	−4.263**	−5.127***
	（−0.089）	（−0.507）	（−2.304）	（−3.383）
年度/行业	控制	控制	控制	控制
样本量	7 690	7 690	7 690	7 690
调整后 R^2	0.103	0.109	0.121	0.087

注：括号内为经 robust 调整后的 t 值，***、** 和 * 分别表示在 1%、5% 和 10% 水平上显著。

7.4.3 民营企业 CEO 贫困出身、教育背景与企业扶贫投入

表 7-5 报告了民营企业 CEO 后天受教育程度如何影响 CEO 贫困出身与企业扶贫投入之间的关系。表 7-5 中的列（1），列（2）和列（3）为分别加入 H_univ，H_master 和 H_MBA 及其与 Poverty 交乘项的回归结果，列（4）为同时加入 H_univ、H_master 和 H_MBA 及其与 Poverty 交乘项的回归结果。由回归结果可知，H_univ 和 H_master，和 H_MBA 与 Poverty 的交乘项均显著为正，民营企业 CEO 本科或硕士或 MBA 毕业于 985 高校，都能显著促进民营企业贫困出身 CEO 对企业扶贫的投入。在全部加入 H_univ，H_master 和 H_MBA 及其与 Poverty 交乘项的回归中，H_univ 与 Poverty 交乘项的回归系数仍然保持显著为正，H_MBA 和 H_master 与 Poverty 交乘项的回归系数不再显著，CEO 本科阶段教育经历的影响更强。接受了良好高等教育的 CEO 改变了自身命运，良好教育也进一步增强了他们感恩和回报社会的责任情怀，使其更有动机投身扶贫事业。假设 1-2 得到验证。

表 7 - 5　民营企业 CEO 贫困出身、教育背景与企业扶贫投入的检验结果

	Poor_invest			
	(1)	(2)	(3)	(4)
POVERTY	0.951*	1.389**	1.424**	1.281*
	(1.790)	(2.532)	(2.554)	(1.952)
H_univ	−0.252			−0.186
	(−1.482)			(−1.059)
POVERTY×H_univ	6.014***			5.414***
	(4.221)			(3.540)
H_master		−0.247		−0.194
		(−1.166)		(−0.894)
POVERTY×H_master		3.220**		1.610
		(2.027)		(1.067)
H_MBA			−0.302*	−0.277
			(−1.700)	(−1.542)
POVERTY×H_MBA			3.039**	1.474
			(2.147)	(1.129)
PATENT	0.522***	0.522***	0.523***	0.524***
	(10.442)	(10.413)	(10.421)	(10.467)
PCM	0.718***	0.726***	0.723***	0.715***
	(4.454)	(4.435)	(4.431)	(4.472)
LEV	2.385***	2.343***	2.357***	2.392***
	(6.296)	(6.187)	(6.225)	(6.311)
LISTAGE	0.048***	0.050***	0.050***	0.048***
	(4.279)	(4.480)	(4.437)	(4.326)
CUS	0.516	0.508	0.495	0.503
	(0.877)	(0.862)	(0.838)	(0.855)
FINANCE	−0.145	−0.143	−0.141	−0.141
	(−1.623)	(−1.596)	(−1.572)	(−1.578)

（续）

	Poor _ invest			
	（1）	（2）	（3）	（4）
SELLS	0. 034***	0. 035***	0. 036***	0. 034***
	（4. 108）	（4. 241）	（4. 287）	（4. 061）
INDEP	1. 066	1. 043	1. 102	0. 955
	（0. 738）	（0. 719）	（0. 756）	（0. 661）
DUAL	0. 175***	0. 174***	0. 174***	0. 173***
	（3. 016）	（2. 981）	（2. 990）	（2. 983）
BSIZE	−0. 094	−0. 088	−0. 100	−0. 088
	（−0. 769）	（−0. 714）	（−0. 811）	（−0. 713）
常数项	−0. 816	−0. 835	−0. 843	−0. 758
	（−0. 462）	（−0. 472）	（−0. 477）	（−0. 429）
年度/行业	控制	控制	控制	控制
样本量	7 690	7 690	7 690	7 690
调整后 R^2	0. 111	0. 109	0. 109	0. 111

注：括号内为经 robust 调整后的 t 值，***、** 和 * 分别表示在 1%、5% 和 10% 水平上显著。

7.4.4　民营企业 CEO 贫困出身、教育背景与企业教育扶贫

良好教育为 CEO 自身带来的重要影响促使 CEO 更重视通过教育扶贫改变贫困群体命运的重要性，因此，本书进一步检验民营企业 CEO 后天受教育程度如何影响 CEO 贫困出身与企业分项扶贫投入——教育扶贫投入（Edu _ invest）之间的关系，以佐证 CEO 后天教育经历的作用。表 7-6 报告了民营企业 CEO 后天受教育程度如何影响 CEO 贫困出身与企业教育扶贫行为之间的关系。表 7-6 中，H _ univ 与 Poverty 的交乘项均显著为正，民营企业 CEO 后天接受良好的高等教育能够显著促进贫困出身 CEO 对企业教育扶贫的投入，回归结果总体上支持后天良好受教育水平促使民营企业贫困出身 CEO 更重视对贫困群体教育扶贫投入的结论。

表7-6 民营企业 CEO 贫困出身、教育背景与企业教育扶贫的检验结果

	Edu_invest			
	(1)	(2)	(3)	(4)
POVERTY	0.060	0.812**	0.812**	0.066
	(0.187)	(2.106)	(2.063)	(0.188)
H_univ	0.024			0.071
	(0.201)			(0.567)
POVERTY×H_univ	6.908***			6.957***
	(4.869)			(4.813)
H_master		−0.090		−0.101
		(−0.613)		(−0.677)
POVERTY×H_master		1.526		−0.115
		(1.080)		(−0.092)
H_MBA			−0.278**	−0.284**
			(−2.412)	(−2.440)
POVERTY×H_MBA			1.607	0.056
			(1.201)	(0.048)
PATENT	0.342***	0.342***	0.343***	0.343***
	(9.460)	(9.426)	(9.435)	(9.503)
PCM	0.327***	0.324***	0.319***	0.321***
	(3.603)	(3.553)	(3.534)	(3.588)
LEV	1.101***	1.050***	1.066***	1.122***
	(4.396)	(4.184)	(4.236)	(4.472)
LISTAGE	0.020***	0.023***	0.022***	0.020***
	(2.648)	(2.976)	(2.951)	(2.629)
CUS	1.923***	1.896***	1.882***	1.910***
	(3.548)	(3.495)	(3.473)	(3.529)
FINANCE	−0.069	−0.068	−0.066	−0.065
	(−1.136)	(−1.119)	(−1.072)	(−1.069)

（续）

	Edu _ invest			
	(1)	(2)	(3)	(4)
SELLS	0.014 **	0.016 ***	0.016 ***	0.014 **
	(2.420)	(2.767)	(2.796)	(2.410)
INDEP	1.331	1.505	1.524	1.302
	(1.315)	(1.467)	(1.471)	(1.287)
DUAL	0.145 ***	0.146 ***	0.146 ***	0.145 ***
	(3.382)	(3.391)	(3.387)	(3.368)
BSIZE	−0.196 **	−0.183 **	−0.186 **	−0.191 **
	(−2.371)	(−2.192)	(−2.234)	(−2.302)
常数项	−1.597 *	−1.719 *	−1.718 *	−1.586 *
	(−1.708)	(−1.828)	(−1.824)	(−1.693)
年度/行业	控制	控制	控制	控制
样本量	7 690	7 690	7 690	7 690
调整后 R^2	0.076	0.068	0.068	0.076

注：括号内为经 robust 调整后的 t 值，*** 、** 和 * 分别表示在 1%、5%和 10%水平上显著。

7.4.5　国有企业 CEO 个体特质与企业扶贫投入

如前文对企业扶贫"半强制"或"半自愿"性特征的分析，与民营企业不同，国有企业受扶贫政策压力程度更高，CEO 个体纯粹自愿的利他倾向对国有企业扶贫行为的影响程度可能较低，可能与传统企业社会责任不同。本章将模型（7-1）和模型（7-2）作为国有企业样本重新进行回归。表 7-7 和表 7-8 分别报告了国有企业 CEO 贫困出身、教育经历对企业扶贫投入以及国有企业 CEO 贫困出身、教育经历对企业教育扶贫的影响。结果显示，Poverty 的估计系数在国有企业样本中基本不再显著，H _ univ，H _ master 和 H _ MBA 与 Poverty 的交乘项在国企子样本中也基本不显著，后天教育经历主要在民营企业的"造血型"扶贫决策中发挥显著促进作用，对国有企业没有产生影响。国有企业更具投资兴业性质的"造血型"扶贫决策受 CEO 个体特质的影响程度较低，假设 2 得到验证。

表 7-7　国有企业 CEO 贫困出身、教育背景与企业扶贫投入的检验结果

	Poor_invest			
	(1)	(2)	(3)	(4)
POVERTY	0.839	0.635	1.063*	0.593
	(1.339)	(1.005)	(1.736)	(0.913)
H_univ	0.140			−0.096
	(0.394)			(−0.262)
POVERTY×H_univ	2.072			−0.591
	(1.235)			(−0.289)
H_master		0.331		0.324
		(0.979)		(0.940)
POVERTY×H_master		4.095***		4.360**
		(2.888)		(2.234)
H_MBA			1.038***	1.057***
			(2.736)	(2.746)
POVERTY×H_MBA			2.009	1.675
			(1.011)	(0.793)
PATENT	0.864***	0.860***	0.850***	0.844***
	(10.544)	(10.518)	(10.373)	(10.297)
PCM	0.401	0.435	0.411	0.451
	(0.962)	(1.044)	(0.984)	(1.074)
LEV	1.956***	1.931***	1.809**	1.842***
	(2.800)	(2.769)	(2.571)	(2.635)
LISTAGE	−0.037**	−0.036**	−0.035**	−0.033*
	(−2.155)	(−2.079)	(−2.014)	(−1.927)
CUS	−2.608***	−2.582***	−2.514***	−2.464***
	(−3.320)	(−3.289)	(−3.198)	(−3.136)
FINANCE	−0.387***	−0.374***	−0.377***	−0.368***
	(−3.249)	(−3.152)	(−3.164)	(−3.104)
SELLS	0.082***	0.082***	0.079***	0.079***
	(5.284)	(5.249)	(5.076)	(5.034)

（续）

	Poor _ invest			
	(1)	(2)	(3)	(4)
INDEP	9.877***	9.791***	9.789***	9.759***
	(4.520)	(4.479)	(4.477)	(4.462)
DUAL	0.383***	0.382***	0.386***	0.383***
	(5.356)	(5.334)	(5.401)	(5.359)
BSIZE	0.635*	0.611*	0.653*	0.620*
	(1.740)	(1.663)	(1.804)	(1.698)
常数项	−3.705*	−3.655*	−3.773**	−3.735*
	(−1.917)	(−1.892)	(−1.963)	(−1.939)
年度/行业	控制	控制	控制	控制
样本量	3 443	3 443	3 443	3 443
调整后 R^2	0.186	0.188	0.188	0.189

注：括号内为经 robust 调整后的 t 值，***、** 和 * 分别表示在 1%、5% 和 10% 水平上显著。

表 7-8 国有企业 CEO 贫困出身、教育背景与企业教育扶贫的检验结果

	Edu _ invest			
	(1)	(2)	(3)	(4)
POVERTY	1.582	1.225	1.424	1.184
	(1.309)	(1.031)	(1.289)	(0.967)
H _ univ	0.795			0.481
	(1.370)			(0.786)
POVERTY×H _ univ	0.709			−3.042
	(0.267)			(−0.911)
H _ master		1.413**		1.308**
		(2.571)		(2.339)
POVERTY×H _ master		3.690		5.050
		(1.421)		(1.349)
H _ MBA			0.218	0.089
			(0.339)	(0.132)

（续）

	Edu _ invest			
	(1)	(2)	(3)	(4)
POVERTY×H _ MBA			4. 105	4. 449
			(0. 943)	(0. 951)
PATENT	1. 547 ***	1. 549 ***	1. 557 ***	1. 545 ***
	(10. 361)	(10. 353)	(10. 356)	(10. 349)
PCM	0. 571	0. 678	0. 619	0. 688
	(0. 961)	(1. 143)	(1. 039)	(1. 155)
LEV	4. 021 ***	3. 975 ***	3. 977 ***	3. 908 ***
	(3. 938)	(3. 904)	(3. 887)	(3. 841)
LISTAGE	−0. 098 ***	−0. 096 ***	−0. 096 ***	−0. 095 ***
	(−3. 402)	(−3. 321)	(−3. 326)	(−3. 293)
CUS	−1. 782	−1. 700	−1. 818	−1. 593
	(−1. 597)	(−1. 517)	(−1. 635)	(−1. 428)
FINANCE	−0. 432 **	−0. 420 **	−0. 427 **	−0. 408 **
	(−2. 118)	(−2. 059)	(−2. 092)	(−2. 001)
SELLS	0. 085 ***	0. 086 ***	0. 084 ***	0. 083 ***
	(3. 422)	(3. 469)	(3. 386)	(3. 344)
INDEP	19. 051 ***	18. 930 ***	19. 146 ***	18. 960 ***
	(5. 126)	(5. 126)	(5. 160)	(5. 140)
DUAL	0. 595 ***	0. 595 ***	0. 593 ***	0. 591 ***
	(4. 577)	(4. 573)	(4. 551)	(4. 541)
BSIZE	0. 495	0. 400	0. 526	0. 405
	(0. 845)	(0. 679)	(0. 902)	(0. 691)
常数项	−9. 470 ***	−9. 347 ***	−9. 593 ***	−9. 325 ***
	(−2. 814)	(−2. 782)	(−2. 852)	(−2. 776)
年度/行业	控制	控制	控制	控制
样本量	3 443	3 443	3 443	3 443
调整后 R^2	0. 202	0. 204	0. 202	0. 204

注：括号内为经 robust 调整后的 t 值，***、** 和 * 分别表示在 1%、5% 和 10% 水平上显著。

7.4.6　CEO 贫困出身与扶贫绩效

为进一步探索 CEO 贫困出身这一利他主义倾向引发的企业扶贫取得的扶贫绩效，本研究采用全样本对模型（7-3）进行了回归，研究 CEO 贫困出身对其扶贫绩效的影响。同第 5 章，本书分别检验了企业扶贫总绩效（$Poor\_perf$），"造血型"扶贫绩效（$Essen\_perf$）和"慈善型"扶贫绩效（$Char\_perf$）三方面的扶贫绩效。表 7-9 报告了回归结果，除了对 $Char\_perf$ 的回归系数不显著，$POVERTY$ 对其他两个扶贫绩效指标的回归系数均显著为正，CEO 贫困出身产生的利他倾向不仅促使 CEO 提升了扶贫支出，还取得了良好的扶贫绩效，假设 3 得到验证。

表 7-9　CEO 贫困出身与扶贫绩效的后果检验

	$Poor\_perf$	$Essen\_perf$	$Char\_perf$
	(1)	(2)	(3)
POVERTY	0.523***	0.602***	0.042
	(5.786)	(3.730)	(0.376)
PCM	0.147***	0.273***	0.131***
	(13.123)	(13.564)	(9.369)
PATENT	0.119**	0.153*	0.126**
	(2.463)	(1.770)	(2.099)
LEV	0.703***	1.172***	0.453***
	(7.379)	(6.881)	(3.809)
LISTAGE	0.007***	0.000	0.004
	(3.244)	(0.044)	(1.366)
CUS	−0.505***	−0.664***	−0.170
	(−4.186)	(−3.079)	(−1.128)
FINANCE	−0.007	−0.017	0.006
	(−0.344)	(−0.490)	(0.250)
SELLS	0.004*	0.011***	0.001
	(1.877)	(3.119)	(0.325)
INDEP	2.409***	5.089***	2.423***
	(7.496)	(8.856)	(6.041)

（续）

	Poor_perf	Essen_perf	Char_perf
	(1)	(2)	(3)
BSIZE	0.087***	0.183***	0.074***
	(7.871)	(9.194)	(5.316)
DUAL	0.103***	0.173***	0.067
	(3.057)	(2.866)	(1.588)
常数项	−1.352***	−3.191***	−1.868***
	(−4.411)	(−5.824)	(−4.884)
年度/行业	控制	控制	控制
样本量	11 133	11 133	11 133
调整后 R^2	0.149	0.135	0.075

注：括号内为经 robust 调整后的 t 值，*** 、** 和 * 分别表示在1%、5%和10%水平上显著。

经过上述一系列验证过程，本章各假设的验证汇总情况如表7-10所示。

表 7-10　假设验证情况汇总表

编号	假设内容	验证情况
H1-1	民营企业中，与非贫困出身相比，贫困出身促进了 CEO 对企业扶贫的投入	支持
H1-2	民营企业中，后天良好教育经历促进了贫困出身 CEO 对企业扶贫的投入	支持
H2	国有企业中，CEO 个体利他主义特质对企业扶贫投入的影响较弱	支持
H3	CEO 利他主义催生的企业扶贫取得了实质性扶贫绩效	支持

7.4.7　进一步检验

（1）民营企业 CEO 贫困出身、政治关联与企业扶贫行为

民营企业主要基于自主意愿投身扶贫事业。我国当前转型经济背景下，政府掌控着诸多企业赖以生存的稀缺资源，建立密切的政治关联以获取合法性和所需资源对民营企业具有深远意义（余明桂等，2010；何轩等，2014）。扶贫绩效对于当前政府政绩至关重要，积极承担扶贫责任成为民营企业维系政企关系的有效途径，拥有政治关联的民营企业更可能积极参与扶贫。本章设置调节变量 NPC 表示 CEO 政治关联，检验政治关联在民营企业 CEO 贫困出身与扶贫行为之间的调节作用。借鉴罗党论和唐清泉（2009）的做法，如果 CEO 曾

经担任或现任国家干部、人大代表或者政协委员，则 *NPC* 取 1，否则为 0。表 7-11 的列（1）报告了回归结果，*NPC* 与 *Poverty* 的交乘项回归系数显著为正，拥有政治关联的民营企业贫困出身 CEO 将更积极主动地响应国家号召，投身扶贫开发。

（2）民营企业 CEO 贫困出身、海外经历与企业扶贫行为

扶贫行为是具有典型中国属性的新的企业社会责任方式，文雯等（2020）研究表明，具有境外居留权的 CEO 可能更加认同其海外居留国的价值观念，对所属组织的离心倾向增加，归属感和责任感削弱，对扶贫重要性、必要性以及投资属性的认识不足，扶贫投入意愿降低。因此，本章设置调节变量 *OVERSEA* 表示 CEO 海外经历，检验 CEO 海外经历在其贫困出身与扶贫行为之间的调节作用。借鉴马永强等（2019）等的做法，如果 CEO 拥有海外求学经历或者工作经历，则 *OVERSEA* 取 1，否则为 0。表 7-11 的列（2）报告了回归结果，*OVERSEA* 与 *Poverty* 的交乘项回归系数显著为负，拥有海外经历的民营企业贫困出身 CEO 投身扶贫行动的意愿降低。

表 7-11　民营企业 CEO 贫困出身与企业扶贫投入的异质性检验结果

	Poor_invest	
	(1)	(2)
POVERTY	0.096	2.115***
	(0.170)	(3.705)
NPC	0.585***	
	(3.821)	
POVERTY×NPC	4.031***	
	(3.722)	
OVERSEA		−0.061
		(−0.320)
POVERTY×OVERSEA		−3.330**
		(−2.142)
PATENT	0.511***	0.523***
	(9.948)	(10.196)
PCM	0.628***	0.639***
	(3.441)	(3.536)

（续）

	Poor _ invest	
	（1）	（2）
LEV	2.501***	2.547***
	（6.252）	（6.352）
LISTAGE	0.058***	0.058***
	（4.868）	（4.902）
CUS	0.348	0.331
	（0.539）	（0.515）
FINANCE	−0.207**	−0.201**
	（−2.255）	（−2.194）
SELLS	0.026***	0.029***
	（3.111）	（3.419）
INDEP	0.928	0.950
	（0.585）	（0.595）
DUAL	0.148**	0.150**
	（2.412）	（2.441）
BSIZE	−0.056	−0.040
	（−0.449）	（−0.317）
常数项	−0.442	−0.211
	（−0.247）	（−0.117）
年度/行业	控制	控制
样本量	7 690	7 690
调整后 R^2	0.114	0.109

注：括号内为经 robust 调整后的 t 值，***、** 和 * 分别表示在 1%、5% 和 10% 水平上显著。

（3）扶危济困还是谋私的工具？

代理理论认为，企业社会责任投资是代理成本的产物（Masulis and Reza，2015）。由于缺乏明确绩效评价手段，企业投身社会责任是管理者寻求私利的方式。本书进一步考察贫困出身 CEO 的扶贫行为是真正意义上的利他主义还是管理层谋私的工具。已有研究表明，童年时期的饥荒经历会使人拥有更强的节约和储蓄倾向（程令国和张晔，2011）。贫困出身 CEO 有过物质资源匮乏的生活经历，更能理解节俭的智慧和价值。借鉴李文贵等（2017）的做法，本书分别用差旅费、业务招待费以及小车费等在职消费费用之和的自然对数（Agency1）和管理费用率（Agency2）衡量 CEO 在职消费水平，检验 CEO 贫困出身与用以个人奢侈享受的在职消费支出水平之间的关系，如果贫困出身CEO 的在职消费水平更低，则表明贫困出身 CEO 在慷慨助人的同时更能克己节俭，其扶贫行为是体恤贫困群体的利他行为，而非代理问题导致的决策扭曲。表 7 - 12 报告了回归结果，Poverty 对两类代理成本指标的回归系数均显著为负，表明民营企业贫困出身 CEO 对贫困群体的帮扶来自扶危济困的利他初心，也更加证明了利他主义催生的企业扶贫行为与创造共享价值是统一的，而非企业成本负担。

表 7 - 12　民营企业 CEO 贫困出身与代理成本的检验结果

	Agency1	Agency2
	(1)	(2)
POVERTY	-0.008^{***}	-0.140^{**}
	(-3.167)	(-1.964)
ROA	0.008	1.793^{***}
	(0.607)	(6.902)
LEV	0.017^{***}	0.743^{***}
	(4.632)	(10.623)
TA	-0.006^{***}	0.650^{***}
	(-5.326)	(32.779)
CASH	0.000	0.038^{**}
	(0.061)	(2.334)
HOLDRATIO	0.000	-0.001^{*}
	(0.592)	(-1.846)
ESTBAGE	-0.000^{**}	-0.004^{**}
	(-2.093)	(-2.504)
NPC	-0.001	-0.013
	(-0.630)	(-0.563)

（续）

	Agency1	Agency2
	(1)	(2)
TobinQ	−0.003***	−0.012
	(−5.516)	(−1.081)
INDEP	−0.034***	−0.315
	(−2.781)	(−1.282)
BSIZE	0.002*	0.059***
	(1.882)	(2.895)
DUAL	−0.001***	0.015*
	(−2.837)	(1.725)
Committee	0.002	0.026
	(1.296)	(1.096)
常数项	0.223***	0.288
	(12.595)	(0.881)
年度/行业	控制	控制
样本量	6 876	6 876
调整后 R^2	0.104	0.534

注：括号内为经 robust 调整后的 t 值，***、** 和 * 分别表示在 1%、5% 和 10% 水平上显著。

7.4.8　稳健性检验

（1）董事长贫困出身的稳健性检验

董事长在公司中相较于 CEO 而言可能更有权力（张建君和张闫龙，2016），虽然如描述性统计中所示，我国公司中董事长与 CEO 两职合一的情况占比约 70%，然而，在 CEO 个体特质的决策后果研究中，董事长的个体特质也不容忽视。因此，参考赖黎等（2016）的研究，本章检验了董事长贫困出身（Chair_poor）对企业扶贫行为的影响。表 7-13 报告了检验结果，董事长贫困出身显著提升了企业扶贫投入，与上文研究结论一致。

表 7 - 13 民营企业董事长贫困出身与企业扶贫投入的检验结果

	Poor _ length	Poor _ invest	Essen _ invest	Char _ invest
	(1)	(2)	(3)	(4)
POVERTY	1. 160***	2. 631***	3. 916***	3. 249***
	(4. 513)	(4. 495)	(4. 428)	(3. 457)
PCM	0. 254***	0. 654***	0. 391**	0. 789***
	(3. 306)	(3. 500)	(2. 519)	(3. 330)
PATENT	0. 218***	0. 524***	0. 610***	0. 841***
	(9. 745)	(10. 189)	(8. 301)	(10. 359)
LEV	0. 993***	2. 568***	5. 397***	3. 504***
	(5. 550)	(6. 407)	(9. 106)	(5. 820)
LISTAGE	0. 026***	0. 057***	0. 051***	0. 063***
	(4. 801)	(4. 806)	(2. 837)	(3. 509)
CUS	0. 163	0. 350	0. 384	2. 623**
	(0. 563)	(0. 546)	(0. 402)	(2. 170)
FINANCE	−0. 087**	−0. 192**	−0. 357***	−0. 271*
	(−2. 116)	(−2. 091)	(−3. 075)	(−1. 941)
SELLS	0. 011***	0. 027***	0. 020*	0. 024*
	(2. 868)	(3. 220)	(1. 664)	(1. 865)
INDEP	0. 293	0. 649	2. 586	0. 835
	(0. 408)	(0. 401)	(1. 109)	(0. 319)
DUAL	0. 069**	0. 131**	0. 301***	0. 255**
	(2. 435)	(2. 064)	(3. 016)	(2. 382)
BSIZE	−0. 000	−0. 043	0. 057	−0. 001
	(−0. 009)	(−0. 347)	(0. 345)	(−0. 006)
常数项	0. 434	0. 348	−3. 924*	−3. 803**
	(0. 545)	(0. 192)	(−1. 821)	(−2. 042)
年度/行业	控制	控制	控制	控制
样本量	7 690	7 690	7 690	7 690
调整后 R^2	0. 106	0. 110	0. 115	0. 088

注：括号内为经 robust 调整后的 t 值，*** 、** 和 * 分别表示在 1%、5% 和 10% 水平上显著。

（2）剔除董事长 CEO 两职合一样本检验

为进一步增强本章研究结论的稳健性，本章进一步剔除董事长 CEO 两职合一样本并重新进行检验。表 7 - 14 报告了检验结果，剔除董事长 CEO 两职合一样本之后，CEO 贫困出身仍然显著提升了企业扶贫投入，本章的研究结论依然稳健。

表 7 - 14　剔除董事长 CEO 两职合一样本的检验结果

	Poor_length	Poor_invest	Essen_invest	Char_invest
	(1)	(2)	(3)	(4)
POVERTY	1.113**	2.581**	3.314***	5.289***
	(2.535)	(2.544)	(2.586)	(2.800)
PCM	0.173***	0.395***	0.481***	0.651***
	(5.118)	(4.991)	(4.488)	(5.581)
PATENT	0.180	0.503*	0.324	0.862*
	(1.527)	(1.758)	(1.289)	(1.850)
LEV	1.089***	2.814***	4.627***	2.649***
	(3.933)	(4.542)	(5.801)	(2.941)
LISTAGE	0.023**	0.058***	0.094***	0.083**
	(2.454)	(2.783)	(3.075)	(2.569)
CUS	0.997**	2.370**	1.243	5.197***
	(2.186)	(2.236)	(0.961)	(2.786)
FINANCE	−0.077	−0.195	−0.330*	−0.468**
	(−1.132)	(−1.314)	(−1.664)	(−2.270)
SELLS	0.012**	0.031**	0.036**	0.027
	(2.079)	(2.337)	(2.178)	(1.453)
INDEP	−0.864	−1.487	3.787	6.728*
	(−0.838)	(−0.609)	(1.055)	(1.679)
BSIZE	0.056	0.128	0.307*	0.479***
	(1.208)	(1.175)	(1.795)	(2.680)
常数项	3.589**	8.037**	−0.689	−6.903*
	(2.486)	(2.004)	(−0.122)	(−1.920)

（续）

	Poor_length	Poor_invest	Essen_invest	Char_invest
	(1)	(2)	(3)	(4)
年度/行业	控制	控制	控制	控制
样本量	3 040	3 040	3 040	3 040
调整后 R^2	0.093	0.097	0.107	0.086

注：括号内为经 robust 调整后的 t 值，*** 、** 和 * 分别表示在 1%、5% 和 10% 水平上显著。

（3）Heckman 两阶段模型检验

针对本研究基础假设中可能存在的样本自选择问题，本书采取 Heckman 两阶段模型进行控制。首先，以虚拟变量 Poverty 为解释变量进行 Heckman 第一阶段 Probit 回归，在第一阶段回归中加入同行业其他公司 CEO 贫困出身的比例作为外生变量，再利用第一阶段回归结果计算逆米尔斯比（IMR），代入第二阶段回归进行拟合。表 7 - 15 列示了 Heckman 两阶段模型的回归结果，所有回归结果在控制 IMR 之后，Poverty 的回归系数依然保持显著，表明 CEO 贫困出身影响企业扶贫的基本结论依然稳健。

表 7 - 15　CEO 贫困出身与企业扶贫的 Heckman 两阶段法检验结果

	Poor_length	Poor_invest	Essen_invest	Char_invest
	(1)	(2)	(3)	(4)
POVERTY	0.738***	1.772***	2.141***	2.093**
	(3.040)	(3.201)	(2.664)	(2.384)
PCM	0.247***	0.625***	0.210	0.796***
	(2.830)	(2.995)	(1.167)	(3.053)
PATENT	0.165***	0.403***	0.429***	0.728***
	(6.506)	(6.969)	(5.368)	(8.134)
LEV	1.180***	2.900***	5.069***	3.014***
	(5.447)	(5.962)	(7.371)	(4.229)
LISTAGE	0.030***	0.064***	0.065***	0.081***
	(4.494)	(4.341)	(2.860)	(3.562)
CUS	0.440	1.013	1.301	4.212***
	(1.308)	(1.341)	(1.104)	(2.901)

（续）

	Poor _ length	Poor _ invest	Essen _ invest	Char _ invest
	(1)	(2)	(3)	(4)
FINANCE	−0.066	−0.144	−0.398***	−0.218
	(−1.272)	(−1.234)	(−2.935)	(−1.270)
SELLS	0.016***	0.038***	0.040***	0.043***
	(3.478)	(3.786)	(2.815)	(2.909)
INDEP	1.204	3.098	6.361**	4.662
	(1.451)	(1.638)	(2.409)	(1.506)
DUAL	0.088***	0.193**	0.382***	0.339***
	(2.640)	(2.556)	(3.458)	(2.671)
BSIZE	−0.016	−0.075	−0.005	0.161
	(−0.237)	(−0.506)	(−0.027)	(0.776)
IMR	−0.026	−0.074	−0.214**	−0.112
	(−0.986)	(−1.229)	(−2.020)	(−1.295)
常数项	−0.148	−1.139	−4.965**	−5.926***
	(−0.174)	(−0.582)	(−2.041)	(−2.642)
年度/行业	控制	控制	控制	控制
样本量	5 229	5 229	5 229	5 229
调整后 R^2	0.083	0.087	0.090	0.075

注：括号内为经 robust 调整后的 t 值，***、** 和 * 分别表示在 1%、5% 和 10% 水平上显著。

（4）倾向得分匹配法（PSM）检验

为进一步控制样本偏差和遗漏变量导致的内生性问题，本书采取倾向得分匹配法（PSM）检验方法进行控制。首先，以虚拟变量 Poverty 为解释变量，以模型（1-1）的控制变量为匹配标准进行 Logit 回归，估计 Poverty 的概率得分，再按照临近匹配方法对样本进行 1：4 匹配，共得到 732 个匹配样本，并对该匹配后样本进行回归。表 7-16 报告了匹配前后实验组与控制组之间的控制变量差异，匹配后，控制变量之间的差异均不显著，匹配效果理想。表 7-17 报告了使用 PSM 匹配样本对模型（7-1）的回归结果，Poverty 的回归系数都在 1% 水平上显著，CEO 贫困出身显著提升企业扶贫支出的结果依然稳健。

表 7-16　PSM 匹配样本前后控制变量差异对比

	PSM 匹配之前			PSM 匹配之后		
	实验组	控制组	T 值	实验组	控制组	T 值
PCM	0.076	0.089	-0.51	0.076	0.042	0.62
LEV	0.351	0.366	-1.04	0.351	0.347	0.21
PATENT	0.234	-0.082	2.96***	0.234	0.263	-0.19
LISTAGE	8.046	9.885 9	5.29***	8.046	12.444 0	-0.28
CUS	0.125	0.211	-2.57**	0.125	0.149	-0.62
FINANCE	1.269	1.250	0.32	1.269	1.274	-0.07
SELLS	7.637	7.689	-0.08	7.637	7.122	0.56
INDEP	0.372	0.378	-1.39	0.372	0.369	0.51
BSIZE	8.285	8.145	1.20	8.285	8.342	-0.33
DUAL	0.717	0.602	2.86***	0.717	0.708	0.16

注：***、** 和 * 分别表示在 1%、5% 和 10% 水平上显著。

表 7-17　CEO 贫困出身与企业扶贫的 PSM 匹配样本检验结果

	Poor_length	Poor_invest	Essen_invest	Char_invest
	(1)	(2)	(3)	(4)
POVERTY	0.854***	2.047***	2.781***	2.428***
	(3.115)	(3.372)	(3.038)	(2.646)
PATENT	0.091	0.212	0.118	0.602**
	(1.150)	(1.187)	(0.439)	(2.053)
PCM	0.336***	0.736***	0.203	1.239***
	(3.016)	(3.059)	(0.780)	(2.819)
LEV	2.074***	5.507***	12.578***	8.346***
	(3.110)	(3.644)	(4.873)	(3.309)
LISTAGE	-0.002	-0.017	-0.066	-0.047
	(-0.138)	(-0.439)	(-0.967)	(-0.822)
CUS	-1.072	-1.504	1.875	-2.513
	(-0.583)	(-0.368)	(0.273)	(-0.533)
FINANCE	0.150	0.229	-0.724**	-0.136
	(0.968)	(0.715)	(-2.113)	(-0.352)

（续）

	Poor_length	Poor_invest	Essen_invest	Char_invest
	(1)	(2)	(3)	(4)
SELLS	0.039***	0.095***	0.129***	0.135***
	(2.863)	(3.136)	(2.715)	(2.909)
INDEP	5.941**	15.805**	22.266**	35.069***
	(2.117)	(2.493)	(2.236)	(2.740)
BSIZE	0.186*	0.468**	0.470	1.083**
	(1.921)	(2.198)	(1.357)	(2.503)
DUAL	0.069	0.120	0.727	0.892
	(0.314)	(0.247)	(1.148)	(1.372)
常数项	−5.163***	−12.968***	−17.017***	−26.322***
	(−3.093)	(−3.483)	(−2.804)	(−3.557)
年度/行业	控制	控制	控制	控制
样本量	732	732	732	732
调整后 R^2	0.115	0.143	0.148	0.177

注：括号内为经 robust 调整后的 t 值，***、** 和 * 分别表示在1%、5%和10%水平上显著。

（5）CEO 变更与企业扶贫的双重差分模型

为进一步缓解可能存在的内生性问题，本书基于同一公司 CEO 变更事件导致的企业扶贫变化进行双重差分检验。对样本进行如下处理：剔除样本期间从未发生过 CEO 变更的样本和 CEO 变更前后不足两年的样本，令 CEO 变更事件当年记为 $AFTER=1$，变更事件前一年记为 $AFTER=0$。根据 CEO 变更前后是否为贫困出身，定义如果 CEO 变更从非贫困出身变更为贫困出身则 $HIGH=1$，如果 CEO 变更从贫困出身变更为非贫困出身则 $LOW=1$，使用倾向得分匹配法分别为实验组（CEO 变更从非贫困出身变更为贫困出身样本和 CEO 变更从贫困出身变更为非贫困出身样本）找到特征相似的对照组，进而采用双重差分法比较 CEO 变更前后企业扶贫投入的变化。由表 7−18 可知，$HIGH \times AFTER$ 的系数显著为正，表明公司从非贫困出身 CEO 变更为贫困出身 CEO，公司扶贫投入显著提升；$LOW \times AFTER$ 的系数显著为负，表明公司从贫困出身 CEO 变更为非贫困出身 CEO，公司扶贫投入显著降低，基于 CEO 变更的双重差分检验结果进一步支持本书的结论。

表 7-18　CEO 变更与企业扶贫的 DID＋PSM 检验结果

	新任 CEO 为贫困出身				新任 CEO 为非贫困出身			
	Poor_length	Poor_invest	Essen_invest	Char_invest	Poor_length	Poor_invest	Essen_invest	Char_invest
	(1)	(2)	(3)	(4)	(5)	(6)	(7)	(8)
HIGH×AFTER	5.030**	11.624***	18.151*	29.076***				
	(2.589)	(2.804)	(1.719)	(2.831)				
HIGH	-3.269**	-6.693*	-13.740	-21.895**				
	(-2.314)	(-1.924)	(-1.306)	(-2.320)				
AFTER	-0.223	-0.231	-0.752	-0.919				
	(-0.322)	(-0.160)	(-0.381)	(-0.475)				
LOW×AFTER					-5.614***	-12.028***	-16.422*	-16.893*
					(-3.281)	(-3.053)	(-1.863)	(-1.885)
LOW					0.528	2.225	1.786	2.222
					(0.460)	(0.752)	(0.587)	(0.359)
AFTER					-0.876	-1.804	0.372	-4.398*
					(-0.864)	(-0.915)	(0.173)	(-1.684)
PATENT	-0.023	0.352	1.029	-0.109	0.476*	1.268**	1.749**	1.111
	(-0.092)	(0.695)	(0.978)	(-0.109)	(1.681)	(2.230)	(2.247)	(1.388)
PCM	1.425**	3.099*	-1.682	0.288	5.765***	13.260***	14.991**	9.641*
	(2.028)	(1.859)	(-0.345)	(0.068)	(2.838)	(2.936)	(2.360)	(1.674)

（续）

| | 新任 CEO 为贫困出身 | | | | 新任 CEO 为非贫困出身 | | | |
| | Poor_length | Poor_invest | Essen_invest | Char_invest | Poor_length | Poor_invest | Essen_invest | Char_invest |
	(1)	(2)	(3)	(4)	(5)	(6)	(7)	(8)
LEV	−0.942	−1.477	−0.652	−2.628	2.852	3.318	−5.806	6.241
	(−0.547)	(−0.400)	(−0.169)	(−0.603)	(0.770)	(0.447)	(−0.765)	(0.643)
LISTAGE	0.107***	0.203**	−0.030	0.214	−0.005	−0.050	0.134	−0.045
	(2.850)	(2.549)	(−0.217)	(1.559)	(−0.071)	(−0.369)	(0.691)	(−0.236)
FINANCE	−0.300	−0.706	−1.362*	−0.707	0.160	0.387	4.658**	2.441
	(−1.371)	(−1.433)	(−1.832)	(−0.837)	(0.242)	(0.319)	(2.034)	(1.159)
INDEP	7.431	15.689	22.894*	14.495	45.032	56.533	29.231	27.856
	(1.535)	(1.599)	(1.671)	(0.897)	(0.693)	(0.475)	(0.240)	(0.171)
BSIZE	0.275*	0.678**	0.690	0.509	−0.214	−0.951	−1.089	−1.298
	(1.807)	(2.161)	(1.181)	(0.899)	(−0.423)	(−1.000)	(−1.234)	(−0.948)
常数项	−4.747	−10.598	−9.505	−10.300	−17.688	−20.314	−17.831	−16.804
	(−1.479)	(−1.568)	(−0.886)	(−0.969)	(−0.675)	(−0.422)	(−0.358)	(−0.254)
年度/行业	控制	控制	控制	控制	控制	控制	控制	控制
样本量	201	201	201	201	95	95	95	95
调整后 R^2	0.216	0.247	0.379	0.296	0.243	0.308	0.501	0.395

注: 括号内为经 robust 调整后 t 值，***，** 和 * 分别表示在 1%、5% 和 10%水平上显著。

7.5　本章小结

　　管理者利他主义导向是引发企业承担社会责任的重要驱动因素，具有扶危济困属性的企业扶贫也受到这个传统企业社会责任道德视角驱动因素的显著影响。本章从心理学的危机—成长理论视角出发，发现贫困出身的 CEO 显著提升了企业扶贫投入，集体层面的积极环境因素也是促使贫困出身 CEO 产生亲社会导向的重要外部条件，贫困出身且接受过良好教育的 CEO 回馈社会的责任感更强，扶贫投入程度更高。然而，CEO 个体利他主义倾向主要影响了自愿参与程度更高的民营企业扶贫决策，对强制参与程度更高的国有企业扶贫尤其是更具投资属性的"造血型"扶贫的影响程度较低。后果方面，利他主义催生的企业扶贫取得了实质性扶贫绩效，企业扶贫紧密结合公司核心业务，提升了企业价值，也创造了显著的社会价值，是企业价值与社会价值统一的企业决策，与传统企业社会责任的成本负担论甚至代理成本产物的论断显著不同。本章从 CEO 个体特质视角提供了企业扶贫这一新的社会责任方式受到传统企业社会责任道德视角纯粹利他选择倾向影响的新证据，进一步发现了该影响在面临"半强制"或"半自愿"性企业扶贫特征时表现出作用差异的新特征，为加深对企业扶贫的认知提供参考。

第8章

总结与讨论

8.1 研究结论与启示建议

8.1.1 研究结论

本研究聚焦党的十八大之后，党中央带领全国人民向贫困发起总攻而催生企业广泛参与的扶贫行为。企业扶贫行为是企业重要而独特的社会责任行为。首先，企业参与扶贫行动是国家扶贫开发工作的重要组成部分，特殊政策引发的社会重要事件导致国民社会期望激增，也是由于特殊政策对不同产权性质企业的不同压力和引导，企业扶贫行为具有"半强制"或"半自愿"性特征。其次，与单纯慈善捐资等不同，企业扶贫行为中的开拓市场、投资兴业等方式与企业经营业务密切相关，与企业经营和业务特征联系更加密切和深远，致力于为贫困人口提供可持续减贫方案，创造企业和社会的共享价值。作为企业新的社会责任方式，企业扶贫行为无疑是对企业社会责任利他本心的传承，但这种传承性由于其独具的"半强制"或"半自愿"性特征，与传统纯粹自愿性企业社会责任也必然存在新的差异。

本书在梳理现有扶贫和企业社会责任相关研究的基础上，结合企业扶贫行为与旧有企业社会责任行为的实践异同，以微观企业社会责任的相关理论观点为理论基础，从行业、企业、管理者个体特质等不同层面出发，详细分析企业参与扶贫行动的新特征、具体逻辑路径与新后果，论证企业承担扶贫责任表现出的传承性、差异性和进步性。

第一，传统企业社会责任的固有局限和企业扶贫的鲜明特征。扶贫是社会主义制度优越性的内在要求，体现了扶危济困，共同富裕的理念，"全面建成小康社会，一个都不能少"也是全体中华儿女的共同心愿。党的十八大之后，脱贫攻坚被党中央摆在了治国理政的突出位置。汇聚全社会各界力量和衷共济，群策群力，形成政府、市场和社会"三位一体"的大扶贫格局是脱贫攻坚的关键。

在此背景下，企业受政策引导大规模参与扶贫行动呈现出轰轰烈烈的态势。企业扶贫是体现责任担当，回馈社会的新的社会责任方式。传统企业社会责任长期被排斥在企业核心业务之外，被视为边缘决策，极易被视为企业的成本负担。企业扶贫提供了解决传统企业社会责任固有局限的新方案，与以往捐献物资的零散式慈善捐赠行为不同，企业扶贫由政府统一组织规划，参与贫困地区基础设施建设、产业扶贫等项目，帮助贫困地区培训人才、发展技术、开拓市场，将发挥自身业务专长和市场主体作用，从长远角度实现贫困地区可持续脱贫，并接受政府监督落实以及宣传支持。因此，企业扶贫的政策意义和社会意义更强，特殊时期和发展阶段的社会期望程度更高，更具投资属性，能够为企业和社会创造更大的共享价值。

第二，微观企业社会责任研究的理论基础。现有研究已表明，企业社会责任行为产生于纯粹道德追求的利他主义动机（Bowen，1953），随着经济社会和企业实践的发展又演化出政治动机和声誉动机等与企业战略紧密结合的逐利动机（Clarkson，1995），时至今日，共享价值理念成为企业社会责任更具深远意义的发展目标和方向（Porter and Crammer，2011）。在企业社会责任发展演化的过程中，不同学科不同领域的学者们提出了多种理论观点，归纳而言，可以分为以下四个视角：政治视角、融合视角、工具视角和道德视角。

政治视角关注企业与社会的互动和联系，关注企业的权力地位及其固有责任（Davis，1960；1973）。融合视角认为企业的存在、延续和增长都依赖于社会。企业责任的内容取决于当时社会的价值观，受限于特定的空间和时间，通过公司的职能角色来体现。这一视角强调为实现社会合法性、社会接受度和社会威望，企业应通过觉察、识别和回应社会需求（Wood，1991）。企业只有在满足社会需求的同时，才能实现自身的可持续发展。工具视角将企业社会责任视为实现经济目标并最终创造财富的一种战略工具（Husted and Allen，2000）。共享价值式企业社会责任是工具性企业社会责任的进阶版，体现企业社会责任新的发展方向。道德视角侧重于强调企业与社会关系的道德伦理要求。它们建立在"做对的事"或实现良好社会的必要性的原则上（Freeman，1984）。

第三，宏观扶贫研究的文献缺口。扶贫是经济学与社会学等不同学科广泛关注的重要研究领域。由于政府在扶贫工作中扮演主体角色，经济学对扶贫的研究主要集中在宏观减贫政策视角，关注如何消除穷人进入市场的障碍等（叶普万，2005）。现有涉及企业扶贫的研究主要集中在宏观经济学领域，尤其是产业扶贫研究，国外相关研究并没有形成明确的"产业扶贫"概念，或者将其单独视为一种扶贫模式，而中国特殊的政府强干预能力的制度特征，使得基于政府行政管理构建产业主体与贫困群体之间的利益联结成为可能，产业扶贫成为我国扶贫工作的重要手段，相关研究也逐渐丰富。

然而，现有研究主要从宏观脱贫政策和成效的视角出发，探讨企业作为市场主体参与扶贫在当前我国全民扶贫"大格局"中的减贫效应和路径等（申云和李小兵，2016；莫光辉，2017）。从微观企业视角补充产业扶贫实现扶贫目标，解决贫困问题的具体路径是对宏观扶贫研究的重要补充。

基于以上制度背景和理论分析，本研究依据企业社会责任相关理论观点，从行业形态、企业特征、管理者个体特征三个层面出发，利用 2016—2019 年间上市公司年报中披露的相关扶贫数据，采用实证研究方法，具体检验企业扶贫的新特征及其企业价值和社会价值共益性的新后果。具体而言，在行业层面，检验企业扶贫行为中市场领先企业带头参与、其他企业竞相模仿的新行业形态特征。在企业层面，检验深度融合企业核心业务、实现可持续减贫和公司战略共赢的新业态特征。在管理者个体特质层面，研究探讨受管理者利他倾向引发的传统社会责任特征。

三个层面特征的证据表明，强社会期望、利他主义和进阶的工具理性最终都指向了企业扶贫共享价值的创造，是克服传统企业社会责任固有缺陷的重要进步。同时，三个层面特征也都表现出企业扶贫自身独具的"半强制"或"半自愿"性特征导致了作用路径和后果的差异。最后，企业扶贫行为经济后果检验的证据表明，企业参与扶贫尤其是产业扶贫显著提升了其财务绩效，创新在产业扶贫和企业绩效之间扮演着重要的中介效应角色。企业扶贫行为这一社会责任行为符合市场逻辑，具有社会价值与企业价值共益性新后果。

第一，行业形态特征视角：责任铁律、模仿效应与企业扶贫行为。企业识别社会需求创造价值增值并为自身获取经济收益是企业追求自身价值最大化的体现，而企业识别社会需求承担社会责任解决社会问题以获取生存合法性是企业争取自身存续的底线要求。现实中，社会公众对大公司往往抱有更高的社会期望，企业拥有的资源越多，权利越大，相应地应该承担的社会责任也越多（Davis，1960）。"责任铁律"是社会期望引发企业承担社会责任的重要实现路径。具有投资属性的企业扶贫行为还会在行业内部形成标杆示范效应，行业领先企业基于"责任铁律"的逻辑带头投身扶贫行动，其他企业在增强竞争优势的驱动下，会模仿领头羊企业的扶贫行为，履行相应的社会责任，参与扶贫行动。

第二，公司特征视角：公司业务与企业扶贫行为。企业扶贫区别于以往单纯作为成本负担的慈善捐赠等社会责任行为，不同的是其结合自身业务专长创造经济效率与社会功能共生的特点。一方面，企业扶贫出于实现"益贫"与"效率"兼得的目标而实施，自身经营业务与扶贫行动息息相关的企业更有动机参与扶贫行动，从而更好地实现可持续扶贫目标；另一方面，民营企业通过承担社会责任获取诸如声誉资本、产品差异化竞争优势等战略性资源是企业承担社会责任提升自身价值的重要动机之一。

第三，管理者个体特质视角：CEO 贫困出身、后天教育经历与企业扶贫行为。心理学研究认为，苦难将促使个体产生亲社会行为。亲身见识过底层生活的苦难和艰辛使 CEO 对贫困群体的生存状况更能感同身受并产生恻隐之心（许年行和李哲，2016），更愿意投身扶贫行动。因此，早期拥有贫困经历的 CEO 出于利他主义倾向，将显著提升企业扶贫投入。充分的社会支持有利于创伤后幸存者对他人和环境抱有更积极的认知，引导其创伤后生命价值观和世界观的重构（Twenge et al.，2007）。后天良好教育所营造的积极社会支持能够帮助贫困出身 CEO 直面创伤，促使贫困出身 CEO 积极改变，形成正确的价值观念，提高其亲社会行为，进而增强贫困出身 CEO 的企业扶贫投入倾向。然而，利他主义纯粹自愿的性质对"半强制"或"半自愿"性的企业扶贫行为的影响产生了作用差异。

基于扶贫特殊制度背景的影响，本书进一步按照企业产权性质划分国有企业和非国有企业子样本对研究问题进行了探讨，检验结果表明，由于国有企业受政策驱动承担扶贫任务，具有"半强制"性特征，与民营龙头企业带头参与扶贫不同，国有企业普遍参与度较高；其扶贫行为也更重视社会功能的实现，公司自身声誉效应和产品差异化效应动机较弱；管理者个体特质的影响程度也更低；提升自身财务绩效的后果也更弱。本书的研究结论总结，具体如图 8-1 所示。

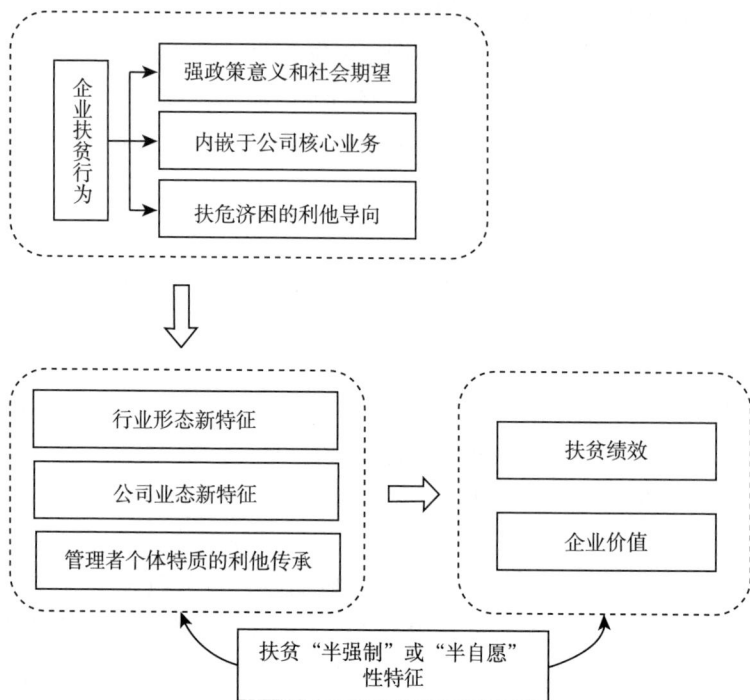

图 8-1　研究结论总结

8.1.2　启示建议

本书可以为我国政府相关部门扶贫政策制定、企业扶贫实践和未来乡村振兴以及未来企业社会责任实践提供一些建议和启示：

（1）政府扶贫政策制定层面

第一，科学加强扶贫政策引导，激发社会各界的利他主义情怀，塑造和培养扶危济困，人心向善的扶贫社会氛围，例如表彰奖励扶贫先进典型，树立扶贫榜样等，为扶贫事业注入强大的精神动力支持。

第二，厘清政府在产业扶贫中的权责边界，不断改善产业扶贫的管理服务能力以及管理服务策略，既充分调动市场主体的主观能动性，保证产业扶贫的市场效率，又适当监管，保证贫困人口的权益不受损害。

第三，应当加强对企业扶贫的机制建设。为了促进企业参与扶贫，政府需要建立激励机制。同时，政府应该采取更多措施来鼓励企业，包括提供税收、土地和资金支持，帮助他们充分利用贫困地区的优势资源，促进产业发展，并建立长期的扶贫机制。同时，也应该鼓励那些积极参与扶贫工作的公司，并利用各种媒介来宣传这些公司，为它们树立良好的公众形象，从而提高它们的社会影响力。为了确保公平正义，必须建立一套有效的入场机制和监管机制。为了确保项目的顺利实施，必须对可能产生的影响进行全面评估，以防止环境污染、资源浪费等潜在风险的发生。为了更好地实施扶贫工作，应该加强对财政、审计和扶贫部门的监管，建立一套由第三方进行的投资评审、考核监督制度，同时，要让贫困地区的群众成为脱贫攻坚的主要力量，并且要建立一个由企业、政府以及社会各界共同参与的监测、评估、反馈机制。

第四，推动企业扶贫信息交流平台的搭建。借助现有的省级和地方政府，打造多层次的扶贫信息平台。①要加强省级扶贫信息平台的建设，不仅要提升服务功能，还要重点关注重点扶贫区域，建立完善的联结机制，使得贫困地区的需求信息能够更快捷、更有效地与企业的扶贫资源和帮扶意愿联系起来，让那些渴望脱贫的人们也能够参与其中，并获得更多的捐赠机会；②持续改进县级扶贫电子信息网站。不仅要向扶贫企业提供当地的资源、交通、区位、产业发展、贫困人口分布、扶贫优惠政策等基础信息，而且要根据扶贫企业的需求，提供来自社区和个人的双重层面的信息。社区的基本情况、资源分配、发展趋势、存在的挑战、对于产业的需求、可能性以及未来的可能性都是值得深入研究的；通过收集和分析贫困人口的基本情况、致贫原因、生活意向等信息，企业可以根据实际情况量身定制出精准的扶贫策略。

第五，做好龙头扶贫企业认定工作。扶贫龙头企业是一种中国特色的企业形式，具备政府认可的相关资质。为了保持政策的连续性并激发企业积极性，扶贫龙头企业在带动贫困地区产业发展方面具有重要作用。因此，在严格遵守国家相关规定的基础上，在后扶贫时代应保持认定扶贫龙头企业。当企业被确定为龙头企业时，应当遵守"双赢"的原则，以确保它们不仅能够为需要帮助的人群带来好处，也能促进其自身的发展。企业在扶持贫困地区的经济发展方面，特别是那些能够为当地提供高质量农产品和对环境友好的企业，应该受到特别的关注。除此之外，还可以探索"龙头企业＋市场＋协会"等多元化扶贫模式，并借鉴国际上成功的企业扶贫经验。通过以上措施，可以进一步发挥扶贫龙头企业的引领带动作用，实现贫困地区经济的可持续发展和贫困人口的稳定脱贫。

第六，推进社会组织参与企业扶贫及企业社会责任发展。通过社会组织的参与，企业可以充分利用其灵活性、专业性、持久性、公益性和草根性等优势，为贫困地区带来更多的帮助。通过引入社会组织的积极参与，可以大大改善企业的扶贫工作，并且根据受助者的具体情况，合理分配资源，以最大限度地提升企业的扶贫效果。另外，社会组织还可以通过第三方监督评估的角度，履行企业外部社会监督的职能，进一步完善企业扶贫的管理运行机制，从而推动企业社会责任理论的内涵和发展。为了促进社会组织的积极参与，政府必须加强引导，采取有效的措施：首先，通过完善法律法规，消除对社会组织参与的限制，同时提供更多的发展机遇；其次，加强对社会组织的监管，确保它们能够有效地发挥作用；再次，给予社会组织充分的支持，加强它们的自治能力和公众形象；最后，为企业和社会组织搭建一个有效的沟通桥梁，以实现共赢。

第七，坚决守住不发生规模性返贫底线。压紧压实各级巩固拓展脱贫攻坚成果责任，确保不松劲、不跑偏。强化防止返贫动态监测。对有劳动能力、有意愿的监测户，落实开发式帮扶措施。健全分层分类的社会救助体系，做好兜底保障。巩固提升"三保障"和饮水安全保障成果。

第八，增强脱贫地区和脱贫群众内生发展动力。把增加脱贫群众收入作为根本要求，把促进脱贫县加快发展作为主攻方向，更加注重扶志扶智，聚焦产业就业，不断缩小收入差距、发展差距。中央财政衔接推进乡村振兴补助资金用于产业发展的比重力争提高到60％以上，重点支持补上技术、设施、营销等短板。鼓励脱贫地区有条件的农户发展庭院经济。深入开展多种形式的消费帮扶，持续推进消费帮扶示范城市和产地示范区创建，支持脱贫地区打造区域公用品牌。财政资金和帮扶资金支持的经营性帮扶项目要健全利益联结机制，带动农民增收。管好用好扶贫项目资产。深化东西部劳务协作，实施防止返贫就业攻坚行动，确保脱贫劳动力就业规模稳定在3 000万人以上。持续运营好就业帮扶车间和其他产业帮扶项目。充分发挥乡村公益性岗位就业保障作用。深入开展"雨露计划＋"就业促进行动。在国家乡村振兴重点帮扶县实施一批补短板促振兴重点项目，深入实施医疗、教育干部人才"组团式"帮扶，更好发挥驻村干部、科技特派员产业帮扶作用。深入开展巩固易地搬迁脱贫攻坚成果专项行动和搬迁群众就业帮扶专项行动。

第九，稳定完善帮扶政策。落实巩固拓展脱贫攻坚成果同乡村振兴有效衔接政策。开展国家乡村振兴重点帮扶县发展成效监测评价。保持脱贫地区信贷投放力度不减，扎实做好脱贫人口小额信贷工作。按照市场化原则加大对帮扶项目的金融支持。深化东西部协作，组织东部地区经济较发达县（市、区）与脱贫县开展携手促振兴行动，带动脱贫县更多承接和发展劳动密集型产业。持续做好中央单位定点帮扶，调整完善结对关系。深入推进"万企兴万村"行动。研究过渡期后农村低收入人口和欠发达地区常态化帮扶机制。

第十，不断完善贫困地区产业基础条件建设，贫困人口信息共享服务，产业扶贫利益分配协调以及扶贫相关困难支持等科学的监管、服务保障和风险防范机制。通过以上政策制定，不仅要达到精准帮扶，补齐短板，防止返贫致贫的目的，还要致力于贫困地区内在活力和内生动力的激发，逐渐将当前集中政策优势向贫困地区注入资源的"托举式"扶贫转变为贫困地区内生主动发展，积极脱贫致富，向着全体人民共同富裕的目标前进。在此基础上，企业的扶贫行为也将向着更符合市场逻辑和良性循环的方向发展，"半强制"或"半自愿"性的企业扶贫特征将逐渐被企业积极自主自愿参与替代。

（2）企业微观层面

首先，随着经济社会的不断发展进步，社会对企业的社会责任期望随之水涨船高，无论是自主意愿还是政策引导的社会责任，都需要企业本着创新、协调、绿色、开放、共享的新发展理念，切实履行好社会责任，取得实际社会绩效，塑造企业与社会融合共生的良好关系，为共同富裕贡献力量。其次，就企业扶贫而言，企业需要提升产业扶贫项目的选择智慧，对自身业务专长、贫困地区要素禀赋、可开拓的市场需求点、扶贫需求，积极因地制宜地探索各种特色扶贫项目，将企业资源与产业扶贫融为一体，积极利用当前规模化、数字化、平台化、智能化等经济条件，在保证产业前景和市场效益的同时，解决贫困户需求，创造共享价值。

（3）管理者个体层面

首先，本书研究结论表明，管理者与生俱来的出身背景以及后天经历背景都对其早期性格养成与后天品格塑造产生着重要影响，进而会影响企业决策。本书对企业高管选聘、管理者个人职业规划和学习深造等提供了借鉴参考。其次，就企业扶贫决策而言，管理者需要充分认识产业扶贫的相关内容、收益和风险，对贫困地区配套设施等基础条件以及贫困人口具体信息充分熟悉的基础上进行适当的扶贫项目选择，保证扶贫质量。再次，就企业社会责任决策而言，改善和提升自身社会责任观念，充分认知企业社会责任对企业发展存续的重要意义，发现通过企业社会责任获取公司发展所需的价值性和稀缺性资源，创造经济效益和社会功能共赢的可持续价值。

8.2 研究局限与未来展望

8.2.1 研究局限

本书的研究局限主要体现在以下几个方面：

第一，本书从行业形态特征、企业业态特征，以及管理者个体特质三个梯度层面分别从企业社会责任政治视角、融合视角、工具视角和道德视角四个层面的逻辑链条分析企业扶贫行为，而没有在统一逻辑链条下进行细致分析。四个视角的逻辑链条虽然互为补充，相辅相成，共同构成企业社会责任的完整逻辑框架，并在本书研究发现中最终统一为企业和社会共享价值的创造，然而，四个视角的逻辑起点相对独立。本书未采用单拎出一条逻辑路径进行分析的主要原因是企业扶贫行为数据是新披露数据，披露内容较为有限，不能利用特殊场景或者样本深入分析某一条作用路径。例如：全书仅关注企业扶贫行为的声誉效应，围绕企业扶贫声誉效应研究其声誉效应存在性以及资本市场和产品市场后果等，现有数据将导致该研究方法较为粗糙，逻辑机制证明较为模糊。另外，企业扶贫行为作为企业新的社会责任方式，其主导特征和动机仍然有待研究，单一逻辑路径研究可能并不能对企业扶贫行为形成更深入和全面的认知。

第二，受数据披露限制，本书对企业扶贫特征的挖掘仍然不足，未来在企业扶贫的研究中，可以进一步通过大数据挖掘技术、案例研究与扎根理论等方法更详细地分析企业扶贫具体动机、参与模式、实施方案及企业和社会价值实现方式，例如企业如何通过产业扶贫项目选择获取战略性资源，产业扶贫的成功可复制的具体路径以及提升企业经济效益的具体路径如何选择等，深化对企业扶贫行为创造宏观扶贫效应和微观企业价值共赢的有效性与合意性的认知。

第三，企业社会责任相关研究长期以来受到内生性问题的困扰。本书的研究数据区间为 2016—2019 年，数据区间相对较短，在企业扶贫行业层面和企业特征层面的相关研究中缺乏相关自然实验场景以证明企业扶贫动机及其决策之间的因果关系，只能通过工具变量法缓解相关内生性问题，然而，工具变量法也存在其局限性，未来需要寻找企业扶贫工作中更干净的研究场景以排除内生性问题的干扰。

8.2.2　未来展望

（1）共同富裕政策引导下的自愿性企业社会责任

除了以上研究局限对应的可能的研究机会，在本书提出的企业扶贫的理论分析框架下，相关研究仍然有大量的后续研究空间，本书主要从企业扶贫行为的视角集中探讨了传统企业社会责任的缺陷以及共同富裕政策引导下的企业社会责任，未来，企业社会责任更需要向共同富裕政策引导下的自愿性企业社会责任转型。

相较于传统自愿性企业社会责任，基于共同富裕的自愿性企业社会责任与之有根本目标差异，其诞生之初就致力于解决实际社会问题，其行为目标的优先级是社会逻辑而非商业逻辑，社会目标处于从属地位的扭曲目标被改变。因此，传统自愿性企业社会责任以利润至上为唯一标准的目标桎梏，难以真正对社会负责，也难以真正被企业重视，可持续发展遭受严峻挑战的固有缺陷被基于共同富裕的自愿性企业社会责任克服。

基于共同富裕的自愿性企业社会责任与共同富裕政策引导下的企业社会责任的共同点是秉承企业价值与社会价值的平等关系，同时追求两者的价值共进。尊重企业的商业和市场规律，但是摒弃企业承担社会责任用以利己的终极目的，推动企业与社会的融合共生，保持两者在合理张力范围内的平衡。同时，改变企业社会责任的边缘性、附属性的企业活动现状，与企业核心优势结合起来。

基于共同富裕的自愿性企业社会责任与共同富裕政策引导下的企业社会责任的差异性在于基于共同富裕的自愿性企业社会责任充分挖掘出企业与社会共赢的情景，企业内生的解决社会问题、创造社会价值的动力被完全激发，政策引导不再是企业参与该项社会责任的主要驱动因素，该企业社会责任具有成熟的"投资"属性，而不单单是"投入"决策，是结合企业核心战略进行增量价值创造，而非仅仅进行价值分配的行为。需要指明的是，基于共同富裕的自愿性企业社会责任与共同富裕政策引导下的企业社会责任没有明确的时间和空间区分，受到企业摸索布局投资项目和外部环境发展状况的制约，两者主要差异在于企业与社会互利共赢的良性循坏模式是否建立。

政策引导下的企业扶贫行为在采取超常规措施的政策引导下主要采取向贫

困地区注入资源的"托举式"扶贫，改善其薄弱的生产条件，加速其资本培育，这种模式的价值创造主要侧重于贫困地区的单向增值，而企业自身创造价值的渠道仍然主要依赖声誉机制，企业扶贫为企业创造核心战略性竞争优势的能力较弱。随着乡村振兴战略的推进，贫困地区内生增长动力不断增强。企业助力乡村振兴的互利共赢属性更加凸显，乡村振兴社会需求转化为企业产品差异化竞争优势的势头更为显著。企业可以在开发农业多功能属性、农业供给侧结构性改革和完善乡村全产业链发展过程中布局结合自身战略需求的投资项目，并使其成为创造企业市场需求和利润增长点的重要方式，真正实现"效率"和"益贫"的统一，完成企业社会责任向内在驱动的自愿性行为模式转型。

（2）其他展望

无论是企业扶贫行业层面、企业层面还是管理者个体特质层面，企业扶贫行为都存在着诸多可详细挖掘的具体逻辑链条。作为企业社会责任发展进步的体现，对企业扶贫的研究也能够为未来企业社会责任的研究提供启示和参考。

第一，有关企业社会责任产生原因的理论探讨源于公共产品提供渠道的排他性之争，即企业提供公共产品的价值性和对自身绩效的影响。具体到企业扶贫，现有实证研究还少有企业扶贫与其他主体，例如政府、金融机构等的扶贫行为之间扶贫绩效异同比较结果的证据，主要围绕企业扶贫对企业自身后果的证据，相关传导路径和作用机理等也需要进一步补充细化。

第二，新时期，企业充分发挥自身主观能动性，结合自身业务绝技、数字经济特征以及贫困地区特色资源禀赋的扶贫内容，例如科技扶贫、互联网＋扶贫等，体现出新数字经济时期智能化、平台化、共益化特征。然而，受数据限制，相关研究目前对企业扶贫实现效率性与益贫性兼得的具体机理和作用，企业、贫困群体、政府等各利益相关方的目标冲突导致的问题和隐患，市场失灵和社会失灵的潜在困难等的了解仍然较少，未来可通过大数据挖掘技术、公司实地调研案例研究等进行深入研究。

第三，企业不同利益相关者，例如消费者、政府、供应商、员工以及贫困群体等对企业扶贫的期望不同，对企业扶贫的方式、范围和程度都会产生不同的影响。未来研究需要进一步探索不同利益相关者需要企业提供什么样的扶贫成果，承担哪些扶贫责任，以及承担不同程度对利益相关者和企业产生的不同影响及其交叉影响等，以深入了解企业扶贫的履责范围和程度以及如何承担扶贫责任和未来的乡村振兴实践能够符合企业作为盈利组织的市场逻辑，在重塑企业和社会关系中发挥更积极和深远的影响。

第四，在创新、协调、绿色、开放、共享的新发展理念和共同富裕根本原则的指引下，未来企业社会责任的研究不应该再停留在传统企业社会责任的内容，应该对共享价值式企业社会责任以及相关的如何重塑企业与社会的关系展开更多视角、更深层次的研究，对其可能存在的新机制、新情景以及如何衡量、"伪共享"等新问题以及可能的新的发展方向展开探索，提供更多细致深入的经验证据支持。

综上所述，企业扶贫行为的研究不仅需要在理论和实证层面进一步优化，还需要关注利益相关者的期望差异以及企业社会责任理论的新发展方向。这将有助于推动企业扶贫行为的可持续发展，并为未来企业社会责任的研究提供新的思路和方向。

参考文献

步丹璐，贺晨，文彩虹，2021. 外资持股与企业社会责任表现 [J]. 会计研究（2）：86-101.

蔡昉，2018. 四十不惑：中国改革开放发展经验分享 [M]. 北京：中国社会科学出版社.

晁罡，林冬萍，王磊，等，2017. 平台企业的社会责任行为模式：基于双边市场的案例研究 [J]. 管理案例研究与评论，10（1）：70-86.

陈国辉，关旭，王军法，2018. 企业社会责任能抑制盈余管理吗？：基于应规披露与自愿披露的经验研究 [J]. 会计研究（3）：19-26.

陈峻，杨旭东，张志宏，2016. 环境不确定性，企业社会责任与审计收费 [J]. 审计研究（4）：61-66.

陈丽蓉，韩彬，杨兴龙，2015. 企业社会责任与高管变更交互影响研究：基于 A 股上市公司的经验证据 [J]. 会计研究（8）：57-64.

陈凌，陈华丽，2014. 家族涉入、社会情感财富与企业慈善捐赠行为：基于全国私营企业调查的实证研究 [J]. 管理世界（8）：90-101.

陈仕华，马超，2011. 企业间高管联结与慈善行为一致性：基于汶川地震后中国上市公司捐款的实证研究 [J]. 管理世界（12）：87-95.

陈宗仕，郑路，2019. 诱发抑或分散：企业社会责任与企业研发投入 [J]. 社会学评论，7（5）：25-40.

程令国，张晔，2011. 早年的饥荒经历影响了人们的储蓄行为吗？：对我国居民高储蓄率的一个新解释 [J]. 经济研究，46（8）：119-132.

程名望，Jin Yanhong，盖庆恩，2014. 农村减贫：应该更关注教育还是健康？：基于收入增长和差距缩小双重视角的实证 [J]. 经济研究，49（11）：130-144.

崔静波，张学立，庄子银，2021. 企业出口与创新驱动：来自中关村企业自主创新数据的证据 [J]. 管理世界（1）：76-87.

戴亦一，潘越，冯舒，2014. 中国企业的慈善捐赠是一种"政治献金"吗？：来自市委书记更替的证据 [J]. 经济研究（2）：74-86.

邓博夫，陶存杰，吉利，2020. 企业参与精准扶贫与缓解融资约束 [J]. 财经研究，46（12）：138-151.

邓理峰，谷素梅，2022. 互联网媒体平台企业履责实践与社会期望差距研究 [J]. 现代出版，141 (5)：20 - 31.

杜世风，石恒贵，张依群，2019. 中国上市公司精准扶贫行为的影响因素研究：基于社会责任的视角 [J]. 财政研究 (2)：104 - 115.

费显政，李陈微，周舒华，2010. 一损俱损还是因祸得福？：企业社会责任声誉溢出效应研究 [J]. 管理世界 (4)：74 - 82.

冯华，陈亚琦，2016. 平台商业模式创新研究：基于互联网环境下的时空契合分析 [J]. 中国工业经济 (3)：99 - 113.

冯丽艳，肖翔，程小可，2016. 社会责任对企业风险的影响效应：基于我国经济环境的分析 [J]. 南开管理评论 (6)：141 - 154.

傅超，吉利，2017. 诉讼风险与公司慈善捐赠：基于"声誉保险"视角的解释 [J]. 南开管理评论，20 (2)：108 - 121.

高汉祥，2012. 公司治理与社会责任：被动回应还是主动嵌入 [J]. 会计研究 (4)：58 - 64.

高利芳，陈子秋，2020. 产权性质、企业违规与精准扶贫 [J]. 齐齐哈尔大学学报（哲学社会科学版）(9)：70 - 76.

高勇强，陈亚静，张云均，2012. "红领巾"还是"绿领巾"：民营企业慈善捐赠动机研究 [J]. 管理世界 (8)：106 - 114，146.

高勇强，何晓斌，李路路，2011. 民营企业家社会身份、经济条件与企业慈善捐赠 [J]. 经济研究 (12)：111 - 123.

高志辉，赵浏寰，张心灵，2022. 企业扶贫社会责任的同群效应及其启示 [J]. 统计与决策，38 (23)：171 - 175.

宫留记，2016. 政府主导下市场化扶贫机制的构建与创新模式研究：基于精准扶贫视角 [J]. 中国软科学 (5)：154 - 162.

龚晓宽，王永成，2006. 财政扶贫资金漏出的治理策略研究 [J]. 经济理论与经济管理 (6)：45 - 49.

顾雷雷，欧阳文静，2017. 慈善捐赠、营销能力和企业绩效 [J]. 南开管理评论 (2)：94 - 107.

顾天翊，2019. 产业扶贫的减贫实现：理论、现实与经验证据 [D]. 长春：吉林大学.

郭凯明，王钰冰，2022. 供需结构优化、分配结构演化与2035年共同富裕目标展望 [J]. 中国工业经济 (1)：54 - 73.

韩旭，武威，2021. 政府采购能够促进企业履行社会责任吗：基于精准扶贫视角 [J]. 会计研究 (6)：129 - 143.

何康，项后军，方显仓，2022. 企业精准扶贫与债务融资 [J]. 会计研究 (7)：17 - 31.

何轩，宋丽红，朱沆，2014. 家族为何意欲放手？：制度环境感知、政治地位与中国家族企业主的传承意愿［J］. 管理世界（2）：90 - 101，110，188.

贺石昊，孙海尧，2020. 共享经济企业的平台社会责任研究：基于滴滴出行的案例研究［J］. 科技和产业，20（10）：8 - 15.

胡浩志，张秀萍，2020. 参与精准扶贫对企业绩效的影响［J］. 改革（8）：117 - 131.

胡珺，宋献中，王红建，2017. 非正式制度、家乡认同与企业环境治理［J］. 管理世界（3）：76 - 94.

黄乐桢，2005. 企业应承担的八大社会责任：专访全国政协常委、国务院参事任玉岭［J］. 中国经济周刊（41）：1.

黄敏学，李小玲，朱华伟，2008. 企业被"逼捐"现象的剖析：是大众"无理"还是企业"无良"？［J］. 管理世界（10）：115 - 126.

黄少安，2018. 改革开放40年中国农村发展战略的阶段性演变及其理论总结［J］. 经济研究，53（12）：4 - 19.

黄胜忠，林坚，徐旭初，2008. 农民专业合作社治理机制及其绩效实证分析［J］. 中国农村经济（3）：65 - 73.

黄世政，王俊贤，陈燕燕，2017. 供应链合作伙伴整合机制对企业绩效作用研究［J］. 中国物流与采购，535（18）：74 - 75.

黄伟，陈钊，2015. 外资进入、供应链压力与中国企业社会责任［J］. 管理世界（2）：91 - 100.

黄祖辉，2018. 准确把握中国乡村振兴战略［J］. 中国农村经济（4）：2 - 12.

贾明，向翼，张喆，2015. 政商关系的重构：商业腐败还是慈善献金［J］. 南开管理评论（5）：4 - 17.

贾明，张喆，2010. 高管的政治关联影响公司慈善行为吗？［J］. 管理世界（4）：99 - 113，187.

姜长云，2018. 科学理解推进乡村振兴的重大战略导向［J］. 管理世界，34（4）：17 - 24.

靳小翠，2017. 企业文化会影响企业社会责任吗？：来自中国沪市上市公司的经验证据［J］. 会计研究（2）：56 - 62.

孔东民，刘莎莎，应千伟，2013. 公司行为中的媒体角色：激浊扬清还是推波助澜？［J］. 管理世界（7）：145 - 162.

匡远配，2005. 中国扶贫政策和机制的创新研究综述［J］. 农业经济问题（8）：24 - 28.

蓝志勇，张腾，秦强，2018. 印度、巴西、中国扶贫经验比较［J］. 人口与社会（3）：3 - 15.

黎文靖，2012. 所有权类型、政治寻租与公司社会责任报告：一个分析性框架［J］. 会计研究（1）：81 - 88.

李百兴，王博，卿小权，2018. 企业社会责任履行、媒体监督与财务绩效研究：基于 A 股重污染行业的经验数据［J］. 会计研究，369（7）：66-73.

李彬，谷慧敏，高伟，2011. 制度压力如何影响企业社会责任：基于旅游企业的实证研究［J］. 南开管理评论（6）：67-75.

李芳华，张阳阳，郑新业，2020. 精准扶贫政策效果评估：基于贫困人口微观追踪数据［J］. 经济研究（8）：171-187.

李刚，鞠佳，2017. "龙头企业＋贫困户"产业精准扶贫模式探讨：以辽西北地区为例［J］. 渤海大学学报（哲学社会科学版），39（5）：72-75.

李广乾，陶涛，2018. 电子商务平台生态化与平台治理政策［J］. 管理世界（6）：104-109.

李国平，韦晓茜，2014. 企业社会责任内涵、度量与经济后果：基于国外企业社会责任理论的研究综述［J］. 会计研究（8）：33-40，96.

李婧璇，2021. 2021 年中国游戏产业报告发布［N］. 中国新闻出版广电报.

李娜，2017. 企业社会责任、声誉资本与企业价值的实证研究［D］. 兰州：兰州财经大学.

李实，2021. 共同富裕的目标和实现路径选择［J］. 经济研究（11）：4-13.

李实，杨一心，2022. 面向共同富裕的基本公共服务均等化：行动逻辑与路径选择［J］. 中国工业经济（2）：27-41.

李四海，陈旋，宋献中，2016. 穷人的慷慨：一个战略性动机的研究［J］. 管理世界（5）：116-127.

李四海，李震，2023. 企业社会责任报告特质信息含量的信号效应研究：基于自然语言处理技术的分析［J］. 中国工业经济（1）：114-131.

李四海，陆琪睿，宋献中，2012. 亏损企业慷慨捐赠的背后［J］. 中国工业经济（8）：148-160.

李维安，王鹏程，徐业坤，2015. 慈善捐赠、政治关联与债务融资：民营企业与政府的资源交换行为［J］. 南开管理评论（1）：4-14.

李伟阳，2010. 基于企业本质的企业社会责任边界研究［J］. 中国工业经济（9）：89-100.

李伟阳，肖红军，2009. 基于社会资源优化配置视角的企业社会责任研究：兼对新古典经济学企业社会责任观的批判［J］. 中国工业经济（4）：118-128.

李伟阳，肖红军，2010. 全面社会责任管理：新的企业管理模式［J］. 中国工业经济（1）：114-123.

李伟阳，肖红军，2011. 企业社会责任的逻辑［J］. 中国工业经济（10）：87-97.

李文贵，余明桂，钟慧洁，2017. 央企董事会试点、国有上市公司代理成本与企业绩效［J］. 管理世界（8）：123-135，153.

李小云，徐进，于乐荣，2018. 中国减贫四十年：基于历史与社会学的尝试性解释［J］.

社会学研究 (6)：35-61.

李增福，汤旭东，连玉君，2016. 中国民营企业社会责任背离之谜 [J]. 管理世界 (9)：136-148.

李正，李增泉，2012. 企业社会责任报告鉴证意见是否具有信息含量：来自我国上市公司的经验证据 [J]. 审计研究 (1)：78-86.

李志斌，章铁生，2017. 内部控制、产权性质与社会责任信息披露：来自中国上市公司的经验证据 [J]. 会计研究 (10)：86-92.

李志平，2017. "送猪崽"与"折现金"：我国产业精准扶贫的路径分析与政策效果模拟 [J]. 财政研究 (4)：68-77.

李卓，左停，2018. 资产收益扶贫有助于"减贫"吗？：基于东部扶贫改革试验区 Z 市的实践探索 [J]. 农业经济问题 (10)：69-77.

连立帅，陈超，米春蕾，2016. 吃一堑会长一智吗？：基于金融危机与经济刺激政策影响下企业绩效关联性的研究 [J]. 管理世界 (4)：111-126.

林毅夫，2006. 对新农村建设的几点建议 [J]. 科学决策 (8)：28-29.

刘柏，卢家锐，2018. "顺应潮流"还是"投机取巧"：企业社会责任的传染机制研究 [J]. 南开管理评论，21 (4)：182-194.

刘春，孙亮，黎泳康，2020. 精准扶贫与企业创新 [J]. 会计与经济研究 (5)：68-88.

刘建秋，尹广英，吴静桦，2022. 企业社会责任报告语调与资产误定价 [J]. 会计研究 (5)：131-145.

刘建生，陈鑫，曹佳慧，2017. 产业精准扶贫作用机制研究 [J]. 中国人口·资源与环境，27 (6)：127-135.

刘莉亚，周舒鹏，庞元晨，2022. 扶贫的企业力量：来自中国上市公司扶贫效果的证据 [J]. 财贸经济，43 (1)：138-152.

刘明月，陈菲菲，汪三贵，等.2019. 产业扶贫基金的运行机制与效果 [J]. 中国软科学 (7)：25-34.

刘培林，钱滔，黄先海，等，2021. 共同富裕的内涵、实现路径与测度方法 [J]. 管理世界，37 (8)：117-129.

刘彦随，周扬，刘继来，2016. 中国农村贫困化地域分异特征及其精准扶贫策略 [J]. 中国科学院院刊，31 (3)：269-278.

刘玉焕，井润田，2014. 企业社会责任能提高财务绩效吗？：文献综述与理论框架 [J]. 外国经济与管理，36 (12)：72-80.

陆继霞，2020. 中国扶贫新实践：民营企业参与精准扶贫的实践、经验与内涵 [J]. 贵州社会科学 (3)：154-160.

吕鹏，刘学，2021. 企业项目制与生产型治理的实践：基于两家企业扶贫案例的调研 [J].

中国社会科学 (10)：126 - 144，207.

罗党论，唐清泉，2009. 政治关系、社会资本与政策资源获取：来自中国民营上市公司的经验证据 [J]. 世界经济 (7)：84 - 96.

罗珉，杜华勇，2018. 平台领导的实质选择权 [J]. 中国工业经济 (2)：82 - 99.

马虹，李杰，2014. 战略性的企业社会责任投资与市场竞争：基于 Hotelling 模型的分析框架 [J]. 经济学动态 (8)：78 - 89.

马永强，邱煜，金智，2019. CEO 贫困出身与企业创新：人穷志短抑或穷则思变？[J]. 经济管理，41 (12)：88 - 104.

满河军，2008. 企业社会责任的哲学研究 [D]. 北京：中共中央党校.

孟晓俊，肖作平，曲佳莉，2010. 企业社会责任信息披露与资本成本的互动关系：基于信息不对称视角的一个分析框架 [J]. 会计研究 (9)：25 - 29.

莫光辉，2016. 绿化减贫：脱贫攻坚战的生态扶贫价值取向与实现路径：精准扶贫绩效提升机制系列研究之二 [J]. 现代经济探讨 (11)：10 - 14.

莫雷，2005. 教育心理学 [M]. 广州：广东高等教育出版社.

牛海，魏语婷，2021. 精准扶贫中的"道德经济人"：民营企业的角色选择与实践 [J]. 阅江学刊，13 (1)：80 - 91，129.

潘健平，龚若宇，潘越，2021. 企业履行社会责任的共赢效应：基于精准扶贫的视角 [J]. 金融研究 (7)：134 - 153.

潘越，翁若宇，刘思义，2017. 私心的善意：基于台风中企业慈善捐赠行为的新证据 [J]. 中国工业经济 (5)：133 - 151.

逄锦聚，2022. 在建设社会主义现代化中协同推进共同富裕 [J]. 政治经济学评论，13 (1)：3 - 13.

彭飞，范子英，2016. 税收优惠、捐赠成本与企业捐赠 [J]. 世界经济 (7)：144 - 167.

彭丽，2019. 信息时代互联网平台的"自治"之路：以"字节跳动平台责任研究中心"为例 [J]. 传媒，313 (20)：59 - 60.

綦好东，王斌，王金磊，2013. 非上市国有企业信息公开披露：逻辑与事实 [J]. 会计研究 (7)：20 - 27.

钱明，徐光华，沈弋，2016. 社会责任信息披露、会计稳健性与融资约束：基于产权异质性的视角 [J]. 会计研究 (5)：9 - 17.

屈可心，刘思彤，2020. 研发投入与企业财务绩效的影响研究：以华为公司为例 [J]. 商业经济 (8)：146 - 147，153.

阮荣平，2021. "谁来扶"：精准扶贫中帮扶主体的选择：基于柳村结对帮扶随机试验的分析 [J]. 公共管理学报，18 (3)：99 112，173 174.

阮荣平，王若男，程郁，2022. 新冠肺炎疫情中的涉农扶贫企业：生产经营、扶贫带动与政策环境：基于全国 1269 个涉农扶贫企业调查数据的分析［J］. 农业技术经济（4）：32－49.

山立威，甘犁，郑涛，2008. 公司捐款与经济动机：汶川地震后中国上市公司捐款的实证研究［J］. 经济研究（11）：51－61.

邵文武，王若男，2021. 参与精准扶贫对企业创新投入的影响［J］. 沈阳航空航天大学学报，38（1）：86－96.

申云，彭小兵，2016. 链式融资模式与精准扶贫效果［J］. 财政研究（9）：4－15.

沈洪涛，陈涛，黄楠，2016. 身不由己还是心甘情愿：社会责任报告鉴证决策的事件史分析［J］. 会计研究（3）：79－86.

石军伟，胡立君，付海艳，2009. 企业社会责任、社会资本与组织竞争优势：一个战略互动视角：基于中国转型期经验的实证研究［J］. 中国工业经济（11）：89－100.

世界银行，1980.1980 年发展报告［M］. 北京：中国财政经济出版社.

斯丽娟，曹昊煜，2022. 绿色信贷政策能够改善企业环境社会责任吗：基于外部约束和内部关注的视角［J］. 中国工业经济（4）：137－155.

宋献中，胡珺，李四海，2017. 社会责任信息披露与股价崩盘风险：基于信息效应与声誉保险效应的路径分析［J］. 金融研究（4）：161－175.

宋晓华，魏烁，蒋雨晗，2016. 政策环境、经营开放性与企业可持续发展信息披露：来自我国电力行业的实证分析［J］. 会计研究（10）：78－85.

苏冬蔚，贺星星，2011. 社会责任与企业效率：基于新制度经济学的理论与经验分析［J］. 世界经济（9）：140－161.

檀学文，2018. 贫困村的内生发展研究：皖北辛村精准扶贫考察［J］. 中国农村经济（11）：48－63.

唐清泉，罗党论，2007. 政府补贴动机及其效果的实证研究：来自中国上市公司的经验证据［J］. 金融研究（6）：149－163.

唐跃军，左晶晶，李汇东，2014. 制度环境变迁对公司慈善行为的影响机制研究［J］. 经济研究（2）：61－73.

田利辉，王可第，2017. 社会责任信息披露的"掩饰效应"和上市公司崩盘风险：来自中国股票市场的 DID－PSM 分析［J］. 管理世界（11）：146－157.

童泽林，王新刚，李丹妮，2016. 消费者对品牌慈善地域不一致行为的负面评价及其扭转机制［J］. 管理世界（1）：129－138.

涂圣伟，2020. 脱贫攻坚与乡村振兴有机衔接：目标导向、重点领域与关键举措［J］. 中国农村经济（8）：2－12.

汪三贵，郭子豪，2005. 论中国的精准扶贫［J］. 贵州社会科学（5）：147－150.

汪三贵，曾小溪，2018. 从区域扶贫开发到精准扶贫：改革开放 40 年中国扶贫政策的演进及脱贫攻坚的难点和对策［J］. 农业经济问题（8）：40－50.

王定祥，田庆刚，李伶俐，王小华，2011. 贫困型农户信贷需求与信贷行为实证研究［J］. 金融研究（5）：124－138.

王帆，陶媛婷，倪娟，2020. 精准扶贫背景下上市公司的投资效率与绩效研究：基于民营企业的样本［J］. 中国软科学（6）：122－135.

王国勇，邢溦，2015. 我国精准扶贫工作机制问题探析［J］. 农村经济（9）：46－50.

王海妹，吕晓静，林晚发，2014. 外资参股和高管、机构持股对企业社会责任的影响：基于中国 A 股上市公司的实证研究［J］. 会计研究（8）：81－87.

王菁，程博，孙元欣，2014. 期望绩效反馈效果对企业研发和慈善捐赠行为的影响［J］. 管理世界（8）：115－133.

王士红，2016. 所有权性质，高管背景特征与企业社会责任披露：基于中国上市公司的数据［J］. 会计研究（11）：53－60.

王书斌，2021. 扶贫开发政策会促进贫困地区工业企业资本增长吗？［J］. 经济科学（2）：85－96.

王文超，伍新春，2020. 共情对灾后青少年亲社会行为的影响：感恩、社会支持和创伤后成长的中介作用［J］. 心理学报，52（3）：307－316.

王新，李彦霖，李方舒，2015. 企业社会责任与经理人薪酬激励有效性研究：战略性动机还是卸责借口？［J］. 会计研究（10）：51－58.

王雅芳，钟雅，2016. 信息披露质量对企业价值与盈余质量影响之研究：来自企业社会责任履行的证据［J］. 中国会计评论，14（2）：199－226.

王雨磊，苏杨，2020. 中国的脱贫奇迹何以造就？：中国扶贫的精准行政模式及其国家治理体制基础［J］. 管理世界，36（4）：195－209.

文雯，张晓亮，刘芳，2021. CEO 境外居留权与企业社会责任：基于社会身份认同理论的实证研究［J］. 中南财经政法大学学报（4）：61－73.

吴丹红，王德发，杨元，2021. 制度复杂性与企业社会责任报告策略反应：基于多元制度逻辑的视角［J］. 会计研究（8）：68－82.

武咸云，陈艳，李秀兰，等 .2017. 战略性新兴产业研发投入、政府补助与企业价值［J］. 科研管理，38（9）：30－34.

肖红军，2017. 平台化履责：企业社会责任实践新范式［J］. 经济管理（3）：193－208.

肖红军，2020. 共享价值式企业社会责任范式的反思与超越［J］. 管理世界（5）：87－115.

肖红军，李井林，2018. 责任铁律的动态检验：来自中国上市公司并购样本的经验证据［J］. 管理世界，34（7）：114－135.

肖红军，李平，2019. 平台型企业社会责任的生态化治理［J］. 管理世界，35（4）：120－144，196.

肖红军，商慧辰，2022. 数字企业社会责任：现状、问题与对策 [J]. 产业经济评论，53（6）：133-152.

肖红军，阳镇，2020. 平台企业社会责任：逻辑起点与实践范式 [J]. 经济管理，42（4）：37-53.

肖红军，阳镇，2020. 平台型企业社会责任治理：理论分野与研究展望 [J]. 西安交通大学学报（社会科版）（1）：57-68.

肖红军，张俊生，曾亚敏，2010. 资本市场对公司社会责任事件的惩戒效应：基于富士康公司员工自杀事件的研究 [J]. 中国工业经济（8）：118-128.

谢富胜，吴越，王生升，2019. 平台经济全球化的政治经济学分析 [J]. 中国社会科学，228（12）：62-81，200.

谢懿，童立，冉戎，2022. 精准扶贫、社会组织合作与企业财务绩效 [J]. 湖北社会科学（6）：69-83.

徐凤增，袭威，徐月华，2021. 乡村走向共同富裕过程中的治理机制及其作用：两项双案例研究 [J]. 管理世界，37（12）：134-151，196，152.

徐光华，沈弋，2011. 企业共生财务战略及其实现路径 [J]. 会计研究（2）：52-58.

徐娟，童胡艺，徐久香，2022. 如何实现"防止返贫"的长效性?：基于政企协同的角度 [J]. 财经研究，48（7）：18-32.

徐莉萍，辛宇，祝继高，2011. 媒体关注与上市公司社会责任之履行：基于汶川地震捐款的实证研究 [J]. 管理世界（3）：135-143.

许年行，李哲，2016. 高管贫困经历与企业慈善捐赠 [J]. 经济研究（12）：133-146.

许伟琳，2022. 后扶贫时代国有企业兴村模式研究 [D]. 武汉：华中农业大学.

严若森，唐上兴，2020. 上市公司参与精准扶贫能获得政府资源支持吗? [J]. 证券市场导报（11）：2-10.

阳镇，2018. 平台型企业社会责任：边界、治理与评价 [J]. 经济学家（5）：79-88.

阳镇，许英杰，2017. 企业社会责任治理：成因、模式与机制 [J]. 南大商学评论（4）：145-174.

杨灿明，2021. 中国战胜农村贫困的百年实践探索与理论创新 [J]. 管理世界，37（11）：1-15.

杨国成，王智敏，2021. 民营企业参与扶贫能抑制其股价崩盘风险吗? [J]. 广东财经大学学报（2）：86-101.

杨珊华，王斌，张伟华，2021. 重大突发公共卫生事件下的企业业绩考核指标体系优化研究 [J]. 会计研究（10）：43-50.

杨义东，程宏伟，2020. 政治资源与企业精准扶贫：公益项目下的资本性考量 [J]. 现代财经（天津财经大学学报）（9）：64-82.

叶普万，2005. 贫困经济学研究：一个文献综述 [J]. 世界经济（9）：70 - 79.

易玄，吴蓉，谢志明，2020. 产权性质、企业精准扶贫行为与资本市场反应 [J]. 贵州财经大学学报（2）：98 - 104.

尹美群，张继东，王璋，2014. 女性董事、公司绩效与公司慈善捐赠行为研究：基于汶川地震与玉树地震灾后捐赠的经验数据 [J]. 中国会计评论，12（Z1）：467 - 478.

尹志超，郭沛瑶，2021. 精准扶贫政策效果评估：家庭消费视角下的实证研究 [J]. 管理世界（4）：64 - 83.

尤亮，刘军弟，霍学喜，2018. 渴望、投资与贫困：一个理论分析框架 [J]. 中国农村观察（5）：29 - 44.

余明桂，回雅甫，潘红波，2010. 政治联系、寻租与地方政府财政补贴有效性 [J]. 经济研究，45（3）：65 - 77.

岳佳彬，叶颖孜，孙艺雯，2021. 参与贫困治理与企业风险水平 [J]. 当代财经（10）：79 - 91.

曾建光，张英，杨勋，2016. 宗教信仰与高管层的个人社会责任基调：基于中国民营企业高管层个人捐赠行为的视角 [J]. 管理世界（4）：97 - 110.

翟胜宝，程妍婷，许浩然，2022. 媒体关注与企业 ESG 信息披露质量 [J]. 会计研究（8）：59 - 71.

张功富，张木子，2021. 高管党员身份、贫困经历与企业精准扶贫 [J]. 会计之友（2）：65 - 75.

张建君，2013. 竞争—承诺—服从：中国企业慈善捐款的动机 [J]. 管理世界（9）：118 - 129.

张建君，张闫龙，2016. 董事长—总经理的异质性、权力差距和融洽关系与组织绩效：来自上市公司的证据 [J]. 管理世界（1）：110 - 120，188.

张京心，秦帅，谭劲松，2022. 公司业务与"造血型"扶贫：可持续减贫效应和公司战略效应 [J]. 当代财经（2）：138 - 148.

张军，2007. 分权与增长：中国的故事 [J]. 经济学（季刊）（10）：21 - 52.

张麟，王夏阳，陈宏辉，等，2017. 企业承担社会责任对求职者会产生吸引力吗：一项基于实验的实证研究 [J]. 南开管理评论（5）：116 - 130.

张敏，马黎珺，张雯，2013. 企业慈善捐赠的政企纽带效应：基于我国上市公司的经验证据 [J]. 管理世界（7）：163 - 171.

张玉明，邢超，2019. 企业参与产业精准扶贫投入绩效转化效果及机制分析：来自中国 A 股市场的经验证据 [J]. 商业研究（5）：109 - 120.

张曾莲，董志愿，2020. 参与精准扶贫对企业绩效的溢出效应 [J]. 山西财经大学学报（5）：86 - 98.

张兆国，靳小翠，李庚秦，2013. 企业社会责任与财务绩效之间交互跨期影响实证研究 [J]. 会计研究（8）：32 - 39.

张兆国，刘亚伟，亓小林，2013. 管理者背景特征、晋升激励与过度投资研究 [J]. 南开管理评论（4）：32 - 42.

张振刚，李云健，李莉，2016. 企业慈善捐赠、科技资源获取与创新绩效关系研究：基于企业与政府的资源交换视角 [J]. 南开管理评论，19（3）：123 - 135.

张正勇，邓博夫，2017. 社会责任报告鉴证会降低企业权益资本成本吗？ [J]. 审计研究（1）：98 - 104.

章君瑶，强皓凡，俞舒涵，等 . 2022. 中国企业社会责任约束商业信用之谜 [J]. 会计研究（6）：106 - 119.

赵玉洁，黄华青，2019.CEO 贫困经历对上市公司盈余管理的影响 [J]. 证券市场导报（12）：40 - 50.

甄红线，王三法，2021. 企业精准扶贫行为影响企业风险吗？ [J]. 金融研究（1）：131 - 149.

郑登津，谢德仁，2019. 非公有制企业党组织与企业捐赠 [J]. 金融研究，471（9）：155 - 172.

郑志刚，李东旭，许荣，等，2012. 国企高管的政治晋升与形象工程：基于 N 省 A 公司的案例研究 [J]. 管理世界（10）：146 - 156.

周浩，汤丽荣，2015. 市场竞争能倒逼企业善待员工吗？：来自制造业企业的微观证据 [J]. 管理世界（11）：135 - 144.

周宏，建蕾，李国平，2016. 企业社会责任与债券信用利差关系及其影响机制：基于沪深上市公司的实证研究 [J]. 会计研究（5）：18 - 25.

周晔馨，叶静怡，2014. 社会资本在减轻农村贫困中的作用：文献述评与研究展望 [J]. 南方经济（7）：35 - 57.

周祖城，2017. 企业社会责任的关键问题辨析与研究建议 [J]. 管理学报，14（5）：713 - 719.

朱乃平，朱丽，孔玉生，等，2014. 技术创新投入、社会责任承担对财务绩效的协同影响研究 [J]. 会计研究（2）：57 - 63.

朱焱，杨青，2021. 企业社会责任活动对负面事件应对策略有效性的跨情境调节效应研究 [J]. 会计研究（2）：120 - 132.

祝继高，王谊，汤谷良，2019. "一带一路"倡议下中央企业履行社会责任研究：基于战略性社会责任和反应性社会责任的视角 [J]. 中国工业经济（9）：174 - 192.

祝继高，辛宇，仇文妍，2017. 企业捐赠中的锚定效应研究：基于"汶川地震"和"雅安地震"中企业捐赠的实证研究 [J]. 管理世界（7）：129 - 141.

祝丽敏，赵晶，孙泽君，2021. 社会责任承担能提升企业信心吗?：企业参与精准扶贫的实证研究 [J]. 经济管理 (4)：71 - 87.

Abdelrahim K E，2014. Role of corporate social responsibility in alleviating poverty in Jordan：An exploratory study [J]. International Journal of Business & Social Research，4 (3)：87 - 105.

Ackerman R W，1973. How companies respond to social demands [J]. Harvard Business Review，51 (4)：88 - 98.

Adams M，Hardwick P，1998. An analysis of corporate donations：United Kingdom evidence [J]. Journal of management Studies，35 (5)：641 - 654.

Aghion P，Bolton P，1997. A trickle - down theory of growth and development [J]. The Revies of Economic Studies，64 (2)：172 - 191.

Ahn S Y，Park D J，2018. Corporate social responsibility and corporate longevity：The mediating role of social capital and moral legitimacy in Korea [J]. Journal of Business Ethics，150 (1)：117 - 134.

Albuquerque R，Koskinen Y，Zhang C，2019. Corporate social responsibility and firm risk：Theory and empirical evidence [J]. Management Science，65 (10)：4451 - 4469.

Al - Hadi A，Chatterjee B，Yaftian A，et al. ，2019. Corporate social responsibility performance，financial distress and firm life cycle：evidence from Australia [J]. Accounting & Finance，59 (2)：961 - 989.

Attig N，Ghoul S E，Guedhami O，et al. ，2013. Corporate social responsibility and credit ratings [J]. Journal of Business Ethics，117 (4)：679 - 694.

Azpitarte F，2014. Was Pro - poor economic grown in Australia for the income - poor? And for the multidimensionally - poor [J]. Social Indicators Research (117)：871 - 905.

Baldo M D，2014. Developing businesses and fighting poverty：critical reflections on the theories and practices of CSR，CSV，and inclusive business [C]. Emerging Research Directions in Social Entrepreneurship Dordrecht：Springer Netherlands.

Bamber L S，Jiang J，Wang I Y，2010. What's my style? The influence of top managers on voluntary corporate financial disclosure [J]. Accounting Review，85 (4)：1131 - 1162.

Banerjee A，Duflo E，Goldberg N，et al. ，2015. A multifaceted program causes lasting progress for the very poor：evidence from six countries [J]. Science，348 (6236).

Barber B M，Lyon J D，1997. Detecting long - run abnormal stock returns：The empirical power and specification of test statistics [J]. Journal of Financial Economics，43 (3)：341 - 372.

Bardhi F，Eckhardt G M，2012. Access - based consumption：The case of car sharing [J].

Journal of Consumer Research, 39 (4): 881 - 898.

Barney J, 1991. Firmresource and sustained competitive advantage [J]. Journal of Management (17): 99 - 120.

Baron D P, 2001. Private politics, corporate social responsibility, and integrated strategy [J]. Journal ofEconomics & Management Strategy, 10 (1): 7 - 45.

Baron D P, 2008. Managerial contracting and corporate social responsibility [J]. Journal of Public Economics, 92 (1 - 2): 268 - 288.

Baron D P, 2018. Disruptive entrepreneurship anddual purpose strategies: The case of uber [J]. Strategy Science, 3 (2): 439 - 462.

Batson C D, 1987. Prosocial motivation: Is it ever truly altruistic? [J]. Advances in Experimental Social Psychology (20): 65 - 122.

Becker - Olsen K L, Cudmore B A, Hill R P, 2006. The impact of perceived corporate social responsibility on consumer behavior [J]. Journal of Business Research, 59 (1): 46 - 53.

Behrend T S, Baker B A, Thompson L F, 2009. Effects of pro - environmental recruiting messages: The role of organizational reputation [J]. Journal of Business and Psychology, 24 (3): 341 - 350.

Ben - Amar W, Chang M, Mcllkenny P, 2017. Board gender diversity and corporate response to sustainability initiatives: evidence from the carbon disclosure project [J]. Journal of Business Ethics, 142 (2): 369 - 383.

Benlemlih M, Bitar M, 2018. Corporate social responsibility and investment efficiency [J]. Journal of Business Ethics, 148 (3): 647 - 671.

Berman S L, Wicks A C, Kotha S, et al., 1999. Does stakeholder orientation matter? The relationship between stakeholder management models and firm financial performance [J]. Academy of Management Journal, 42 (5): 488 - 506.

Bernile G, Bhagwat V, Rau P R, 2017. What doesn't kill you will only make you more risk - Loving: early - life disasters and CEO behavior [J]. Journal of Finance, 72 (1): 167 - 206.

Bertrand M, Schoar A, 2003. Managing with style: The effect of managers on firm policies [J]. The Quarterly Journal of Economics, 118 (4): 1169 - 1208.

Bhandari A, Javakhadze D, 2017. Corporate social responsibility and capital allocation efficiency [J]. Journal of Corporate Finance (43): 354 - 377.

Bhattacharya C B, S Sen, 2003. Consumer - company identification: A framework for understanding consumers' relationships with companies [J]. Journal of Marketing, 67 (2): 76 - 88.

Blau P M, 1964. Exchange and power in social life [M]. New York: Wiley.

Borghesi R, Houston J F, Naranjo A, 2014. Corporate socially responsible investments: CEO altruism, reputation, and shareholder interests [J]. Journal of Corporate Finance (26): 164-181.

Bouquet C, Deutsch Y, 2008. The impact of corporate social performance on a firm's multi-nationality [J]. Journal of Business Ethics, 80 (4): 755-769.

Bowen H, 1953. Social responsibilities of the businessman. New York: Harper.

Bragdon J H, Marlin J, 1972. Is pollution profitable [J]. Risk Management, 19 (4): 9-18.

Brammer S, Brooks C, Pavelin S, 2006. Corporate social performance and stock returns: UK evidence from disaggregate measures [J]. Financial Management, 35 (3): 97-116.

Brammer S, Millington A, 2008. Does it pay to be different? An analysis of the relationship between corporate social and financial performance [J]. Strategic Management Journal (29): 1325-1343.

Brown J L, 2011. The spread of aggressive corporate tax reporting: A detailed examination of the corporate-owned life insurance shelter [J]. The Accounting Review, 86 (1): 23-57.

Brown J L, Drake, K D, 2014. Network ties among low-tax firms [J]. The Accounting Review, 89 (2): 483-510.

Brown T J, Peter A D, 1997. The company and the product: corporate associations and consumer product responses [J]. Journal of Marketing, 61 (1): 68-84.

Campbell J L, 2007. Why would corporations behave in socially responsible ways? An institutional theory of corporate social responsibility [J]. Academy of Management Review, 32 (3): 946-967.

Campbell M C, 1999. Perceptions of price unfairness: antecedents and consequences [J]. Journal of Marketing Research, 36 (2): 187-199.

Carroll A B, 1979. A Three-dimensional conceptual model of corporate performance [J]. Academy of Management Review, 4 (4): 497-505.

Cespa G, Cestone G, 2007. Corporate social responsibility and managerial entrenchment [J]. Journal of Economics & Management Strategy, 16 (3): 741-771.

Chang Y, He W, Wang J, 2020. Government initiated corporate social responsibility activities: Evidence from a poverty alleviation campaign in China [J]. Journal of Business Ethics (173): 661-685.

Chiu S C, Sharfman M, 2018. Corporate social irresponsibility and executive succession: An empirical examination [J]. Journal of Business Ethics, 149 (3): 707-723.

Christmann P，Taylor G，2001. Globalization and the environment：Determinants of firm self - regulation in China [J]. Journal of International Business Studies，32（3）：439 - 458.

Chun R，2009. Ethical values and environmentalism in China：Comparing employees from tate - owned and private firms [J]. Journal of Business Ethics，84（3）：341 - 348.

Clarkson M E，1995. A stakeholder framework for analyzing and evaluating corporate social performance [J]. Academy of Management Review，20（1）：92 - 117.

Connelly B L，Certo S T，Ireland R D，et al.，2011. Signaling theory：A review and assessment [J]. Journal of Management，37（1）：39 - 67.

Crampton W，Patten D，2008. Social responsiveness，profitability andcatastrophic events：Evidence on the corporate philanthropic response to 9/11 [J]. Journal of Business Ethics，81（4）：863 - 873.

Cronqvist H，Yu F，2017. Shaped by their daughters：Executives，female socialization，and corporate social responsibility [J]. Journal of Financial Economics，126（3）：543 - 562.

Cui J，Jo H，Na H，2018. Does corporate social responsibility affect information asymmetry？[J]. Journal of Business Ethics，148（3）：549 - 572.

Dam L，Scholtens B，2013. Ownership concentration and CSR policy of European multinational enterprises [J]. Journal of Business Ethics，118（1）：117 - 126.

Darendeli A，Fiechter P，Hitz J M，et al.，2022. The role of corporate social responsibility（CSR）information in supply - chain contracting：Evidence from the expansion of CSR rating coverage [J]. Journal of Accounting and Economics，74（2 - 3）：101525.

Davidson R H，Dey A，Smith A J，2019. CEO materialism and corporate social responsibility [J]. The Accounting Review，94（1）：101 - 126.

Davis J H，Schoorman F D，Donaldson L，1997. Toward a stewardship theory of management [J]. Academy of Management Review，22（1）：20 - 47.

Davis K，1960. Can Business afford to ignore corporate social responsibilities？[J]. California Management Review（2）：70 - 76.

Davis K，1983. The Case for and against business assumption of social responsibilities [J]. Academy of Management Journal（16）：312 - 322.

Delgado - Garcia J B，Quevedo - Puente E，Fuente - Sabate J M，2010. The impact of ownership structure on corporate reputation：Evidence from Spain [J]. Corporate Governance. An International Review，18（6）：540 - 556.

Dhaliwal D S，Li O Z，Tsang A，et al.，2011. Voluntary nonfinancial disclosure and the cost of equity capital：The initiation of corporate social responsibility reporting [J]. The Accounting Review，86（1）：59 - 100.

Dietrich E, 2004. The effects of community characteristics on polluter compliance levels [J]. Land Economics, 80 (3): 408 – 32.

DiMaggio P J, Powell WW, 1983. The iron cage revisited: Institutional isomorphism and collective rationality in organizational fields [J]. American Sociological Review, 48 (2): 147 – 160.

Dollar D, Kraay A, 2002. Growth is good for the poor [J]. Journal of Economic Growth, 7 (3): 195 – 225.

Donaldson L, Davis J H, 1991. Stewardship theory or agency theory: CEO governance and shareholder returns [J]. Australian Journal of Management, 16 (1): 49 – 64.

Donaldson T, Preston L E, 1995. The stakeholder theory of the corporation: concepts, evidence, and implications [J]. Academy of Management Review, 20 (1): 65 – 91.

Dyck A, Lins K V, Roth L, et al. , 2019. Do institutional investors drive corporate social responsibility? International evidence [J]. Journal of Financial Economics, 131 (3): 693 – 714.

Earnhart D, Li'zal L, 2006. Effects of ownership and financial performance on corporate environmental performance [J]. Journal of Comparative Economics, 34 (1): 111 – 129.

Eesley C, Lenox M J, 2006. Firm responses to secondary stakeholder action [J]. Strategic Management Journal (27): 765 – 781.

Eisenhardt K M, 1989. Agency theory: An assessment and review [J]. Academy of Management Review, 14 (1): 57 – 74.

Elder G H, 1999. Children of the great depression: Social change in life experience [J]. American Journal of Sociology, 41 (3): 108 – 112.

Ervin D, Wu J, Khanna M, et al. , 2013. Motivations and barriers to corporate environmental management [J]. Business Strategy and the Environment, 22 (6): 390 – 409.

Fabrizi M, Mallin C, Michelon G, 2014. The role of CEO's personal incentives in driving corporate social responsibility [J]. Journal of Business Ethics, 124 (2): 311 – 326.

Fernandez – Kranz D, Santalo J, 2010. When necessity becomes a virtue: The effect of product market competition on corporate social responsibility [J]. Journal of Economics & Management Strategy, 19 (2): 453 – 487.

Fiechter P, Hitz J M, Lehmann N, 2022. Real effects of a widespread CSR reporting mandate: Evidence from the European Union's CSR directive [J]. Journal of Accounting Research, 60 (4): 1499 – 1549.

Fisher J A, 2013. Strengthening conceptual foundations: Analyzing frameworks for ecosystem services and poverty alleviation research [J]. Global Environmental Change, 23:

1098 - 1111.

Fitch H G, 1976. Achieving corporate social responsibility [J]. Academy of Management Review, 1 (1): 38 - 46.

Fort T L, 1996. Business as mediating institutions [J]. Business Ethics Quarterly, 6 (2): 149 - 164.

Fracassi C, 2016. Corporate finance policies and social networks [J]. Management Science, 63 (8): 2397 - 2771.

Freeman R E, 1984. Strategic Management: A stakeholder approach [M]. Boston: Pitman.

Freeman R E, Evan W M, 1990. Corporate governance: A stakeholder interpretation [J]. Journal of Behavioral Economics, 19 (4): 337 - 359.

Friedman M, 2007. The social responsibility of business is to increase its profits [J]. New York Times Magazine, 13 (33): 173 - 178.

Frynas J G, Yamahaki C, 2016. Corporate social responsibility: Review and roadmap of theoretical perspectives [J]. Business Ethics: A European Review, 25 (3): 258 - 285.

Futuyma D J, Fairbairn D J, 1979. Evolutionary biology [M]. Sunderland: Sinauer Associates.

Garriga E, Melé D, 2004. Corporate social responsibility theories: Mapping the territory [J]. Journal of Business Ethics, 53 (1 - 2): 51 - 71.

Giannetti M, Liao G, Yu X, 2015. The brain gains of corporate boards: Evidence from China [J]. Journal of Finance, 70 (4): 1629 - 1682.

Goldsmith RW, 1996. Financial structure and development [M]. New Hanve: Yale University Press.

Goss A, Roberts G S, 2011. The impact of corporate social responsibility on the cost of bank loans [J]. Journal ofBanking & Finance, 35 (7): 1794 - 1810.

Grewal R, Chakravarty A, Chakravarty A, et al. , 2010. Goverance mechanisms in business - to - business electronic markets [J]. Journal of Marketing (4): 45 - 62.

Hall B H, Jaffe A B, 2001. Trajtenberg M, The NBER patent citation data file: Lessons, insights and methodological tools [R]. NBER Working Papers.

Harjoto M A, Jo H, 2011. Corporate governance and CSR nexus [J]. Journal of Business Ethics, 100 (1): 45 - 67.

Hart S L, 1995. A natural resource - based view of the firm [J]. Academy of Management Review, 20 (4): 986 - 1014.

Hillman A J, Keim G D, 2001. Shareholder value, stakeholder management, and social issues: What's the bottom line [J]. Strategic Management Journal, 22 (2): 125 - 140.

Hoi C K, Wu Q, Zhang H, 2013. Is corporate social responsibility (CSR) associated with tax avoidance? Evidence from irresponsible CSR activities [J]. The Accounting Review, 88 (6): 2025 - 2059.

Holman E A, Silver R C, 1998. Getting stuck in the past: Temporal orientation and coping with trauma [J]. Journal of Personality and Social Psychology, 74 (5): 1146 - 1163.

Horen V, Neeltje, 2007. Customer market power and the provision of trade credit: evidence from Eastern Europe and Central Asia [R]. SSRN Electronic Journal, http://dx. doi. org/10. 2139/ssrn. 990782.

Huang S, Ng J, Ranasinghe T, Zhang M, 2021. Do innovative firms communicate more? Evidence from the relation between patenting and management guidance [J]. The Accounting Review, 96 (1): 273 - 297.

Huang Y, Jennings R, Yu Y, 2017. Product market competition and managerial disclosure of earnings forecasts: Evidence from import tariff rate reductions [J]. Accounting Review, 92 (3): 185 - 207.

Hull C E, Rothenberg S, 2008. Firm performance: The interactions of corporate social performance with innovation and industry differentiation [J]. Strategic Management Journal, 29 (7): 781 - 789.

Husted B W, Allen D B, 2000. Is It ethical to use ethics as strategy? [J]. Journal of Business Ethics, 27 (1 - 2): 21 - 32.

Irani L, 2015. The cultural work of microwork [J]. New Media and Society, 17 (5): 720 - 739.

Jalilian H, Kirkpatrick C, 2002. Financial development and poverty reduction in developing countries [J]. International Journal of Finance and Economics, 7 (2): 97 - 108.

Johnson R A, Greening D W, 1999. The effects of corporate governance and institutional ownership types on corporate social performance [J]. The Academy of Management Journal, 42 (5): 564 - 576.

Johnston R J, Roheim C A, 2006. A battle of taste and environmental convictions for ecolabeled seafood: A contingent ranking experiment [J]. Western Journal of Agricultural Economics, 31 (2): 283 - 300.

Jones T M, 1995. Instrumental stakeholder theory: A synthesis of ethics and economics [J]. Academy of Management Review, 20 (2): 404 - 437.

Kirmani A, Rao A R, 2000. No pain, no gain: A critical review of the literature on signaling unobservable product quality [J]. Journal of Marketing, 64 (2): 66 - 79.

Kitzmueller M, Shimshack J, 2012. Economic perspectives on corporate social responsibility [J]. Journal of Economic Literature, 50 (1): 51 - 84.

Klein J G, Smith N C, John A, 2004. Why we boycott: Consumer motivations for boycott participation [J]. Journal of Marketing, 68 (3): 92 - 109.

Kramer M R, Pfitzer M W, 2016. The ecosystem of shared value [J]. Harvard Business Review, 94 (10): 80 - 89.

Kubick T R, Lynch D P, Mayberry M A, Omer T C, 2015. Product market power and tax avoidance: Market leaders, mimicking strategies, and stock returns [J]. Accounting Review, 90 (2): 675 - 702.

Lamberton C P, Rose R L, 2012. When is ours better than mine? A framework for understanding and altering participation in commercial sharing systems [J]. Journal of Marketing, 76 (4): 109 - 125.

Lanis R, Richardson G, 2018. Outside directors, corporate social responsibility performance, and corporate tax aggressiveness: An empirical analysis [J]. Journal of Accounting, Auditing & Finance, 33 (2): 228 - 251.

Lantos G P, 2001. The boundaries of strategic corporate socialresponsibility [J]. Journal of Consumer Marketing, 18 (7): 595 - 630.

Lee DD, Faff R W, 2009. Corporate sustainability performance and idiosyncratic risk: A global perspective [J]. Financial Review, 44 (2): 213 - 237.

Lee M P, 2008. A Review of the theories of corporatesocial responsibility: Its evolutionary path and the road ahead [J]. International Journal of Management Reviews, 10 (1): 53 - 73.

Leibenstein, J. Harvey S, 1975. On the basic proposition of X - efficiency theory [J]. American Economic Review (11): 51 - 69.

Lenox E M J, 2006. Firm responses to secondary stakeholder action [J]. Strategic Management Journal, 27 (8): 765 - 781.

Lev B, Petrovits C, Radhakrishnan S, 2010. Is doing good good for you? How corporate charitable contributions enhance revenue growth [J]. Strategic Management Journal, 31 (2): 182 - 200.

Levitt T, 1958. The dangers of social responsibility [J]. Harvard Business Review, 36 (5): 41 - 50.

Lewis A, 1954. Economic development with unlimited supplier of Labou [J]. Manchester School of Economics and Social Studies (22): 139 - 156.

Li H S, 1998. Explaining international and intertemporal variations in income inequality [J].

Economic Journal, 108 (1): 26 - 43.

Li W, Zhang R, 2010. Corporate social responsibility, ownership structure, and political interference: Evidence from China [J]. Journal of Business Ethics, 96 (4): 631 - 645.

Liang H, Renneboog L, 2017. On the foundations of corporate social responsibility [J]. The Journal of Finance, 72 (2): 853 - 910.

Liang Y, Tokunaga S, 2010. Roles of education and social networks in floating migration: A case study of Hebei Province, China [J]. Japanese Journal of Rural Economics (Special Issue): 549 - 555.

Liel B V, 2016. Creating Shared value as future factor of competition: Analysis and Empirical Evidence [M]: Springer Heidelberg: Springer Nature.

Lins K V, Servaes H, Tamayo A, 2017. social capital, trust, and firm performance: The value of corporate social responsibility during the financial crisis [J]. The Journal of Finance, 72 (4): 1785 - 1824.

Litz R A, 1996. A resourced - based - view of the socially responsible firm: stakeholder interdependence, ethical awareness, and issue responsiveness as strategic assets [J]. Journal of Business Ethics (15): 1355 - 1363.

Liu Y, Xu Y, 2016. A geographic identification of multidimensional poverty in rural China under the framework of sustainable livelihoods analysis [J]. Applied Geography (73): 62 - 76.

Loureiro M L, Lotade J, 2005. Do fair trade and eco - labels in coffee wake up the consumer conscience? [J]. Ecological Economics, 53 (1): 129 - 138.

Lucas J R, 2004. Life earnings and rural - urban migration [J]. Journal of Political Economy, 112 (1): 29 - 59.

Lyoo K I, 2011. The neurobiological role of the dorsolateral prefrontal cortex in recovery from trauma. Longitudinal brain imaging study among survivors of the South Korean subway disaster [J]. Arch Gen Psychiatry, 68 (7): 701 - 713.

Mackenzie C, Rees W, Rodionova T, 2013. Do responsible investment indices improve corporate social responsibility? FTSE4Good's impact on environmental management [J]. Corporate Governance. An International Review, 21 (5): 495 - 512.

Mahoney L S, Thorn L, 2006. An examination of the structure of executive compensation and corporate social responsibility: A Canadian investigation [J]. Journal of Business Ethics, 69 (2): 149 - 162.

Malmendier U, Yan G T, 2011. Overconfidence and early - life experiences: The effect of managerial traits on corporate financial policies [J]. Social Science Electronic Publishing,

66 (5): 1687 – 1733.

Manchiraju H, Rajgopal S, 2017. Does corporate social responsibility (CSR) create share-holder value? Evidence from the Indian Companies Act 2013 [J]. Journal of Accounting Research, 55 (5): 1257 – 1300.

Manner M H, 2010. The impact of CEO characteristics on corporate social performance [J]. Journal of Business Ethics, 93 (1): 53 – 72.

Manski C F, 1993. Identification of endogenous social effects: The reflection problem [J]. Review of Economic Studies (60): 531 – 542.

Margolis J D, Walsh J P, 2003. Misery loves companies: Rethinking social initiatives by business [J]. Administrative Science Quarterly, 48 (2): 268 – 305.

Marquis C, Glynn M A, Davis G F, 2007. Community isomorphism and corporate social action [J]. Academy of Management Review, 32 (3): 925 – 945.

Masulis R W, Reza S W, 2015. Agency problems of corporate philanthropy [J]. The Review of Financial Studies, 28 (2): 592 – 636.

Matten D, Crane A, Chapple W, 2003. Behind de mask: Revealing the true face of corporate citizenship [J]. Journal of Business Ethics, 45 (1 – 2): 109 – 120.

Maudos J, Guevara J F, 2007. The cost of market power in banking: Social welfare loss vs. cost inefficiency [J]. Journal of Banking Finance, 31 (7): 21 – 25.

McGuire J B, Sundgren A, Schneeweis T, 1988. Corporate social responsibility and firm financial performance [J]. Academy of management Journal, 31 (4): 854 – 872.

Mcwilliams A, Siegel D S, Wright P M, 2006. Corporate social responsibility: Strategic implications [J]. Journal of Management Studies, 43 (1): 1 – 18.

Mehta D, Klengel T, Conneely K N et al. , 2013. Childhood maltreatment is associated with distinct genomic and epigenetic profiles in posttraumatic stress disorder [J]. Proceedings of the National Academy of Sciences of the United States of America, 110 (20): 8302 – 8307.

Mitchell S, Gelman A, Ross R, et al. , 2018. The millennium villages project: A retrospective, observational, endline evaluation [J]. Lancet Global Health, 6 (5): 500 – 513.

Montalvo J G, Ravallion M, 2009. The pattern of growth and poverty reduction in China [J]. Journal of Comparative Economics (10): 161 – 180.

Moon H C, Parc J, 2019. Shifting corporate social responsibility to corporate social opportunity through creating shared value [J]. Strategic Change, 28 (2): 115 – 122.

Mudambi R, Swift T, 2013. Knowing when to leap: Transitioning between exploitative and R&D [J]. Strategic Management Journal, 35 (1): 126 – 145.

Mueller K，Hattrup K，Spiess S，et al.，2012. The effects of corporate social responsibility on employees' affective commitment: A cross-cultural investigation [J]. Journal of Applied Psychology，97 (6): 1186-200.

Muller A，Kolk A，2010. Extrinsic and intrinsic drivers of corporate social performance: Evidence from foreign and domestic firms in Mexico [J]. Journal of Management Studies，47 (1): 1-26.

Muller A，Whiteman G，2009. Exploring the geography of corporate philanthropic disaster response: A study of Fortune Global 500 firms [J]. Journal of Business Ethics，84 (4): 605-605.

Murillo D H，Buckland E V，2017. When the sharing economy becomes neoliberalism onsteroids: Unravelling the Controversies [J]. Technological Forecasting and Social Change (125): 66-76.

Murray E A，1976. The social response process in commercial banks: An empirical investigation [J]. Academy of Management Review，1 (3): 5-15.

Murray K B，Montanari J R，1986. Strategic management of the socially responsible firm: Integrating management and marketing theory [J]. Academy of Management Review，11 (4): 815-828.

Muruviwa A，Nekhwevha F，Akpan W，2018. Corporate social responsibility as a drive to community development and poverty reduction: A stakeholder approach to development in Zimbabwe [J]. The Journal for Transdisciplinary Research in Southern Africa，14 (1): 1-9.

Openshaw K，2010. Biomass energy: Employment generation and its contribution topoverty alleviation [J]. Biomass & Bioenergy，34 (3): 365-378.

Osorio-Vega P，2019. The ethics of entrepreneurial shared value [J]. Journal of Business Ethics，157 (4): 981-995.

Perrini F，2006. Corporate social responsibility: Doing the most good for your company and your cause [J]. Academy of Management Perspectives，20 (2): 49-62.

Peteraf M A，1993. The cornerstones of competitive advantage: A resource-based view [J]. Strategic Management Journal，14 (3): 179-191.

Petrick J，Quinn J，2001. The challenge of leadership accountability for integrity capacity as a strategic asset [J]. Journal of Business Ethics (34): 331-343.

Porter M E，Hills G，Pfitzer M，2012. Measuring shared value: How to unlock value by linking social and business results [R]. FSG Report，Available Online at www. fsg. org.

Porter M E，Kramer M R，2002. The competitive advantage of corporate philanthropy [J].

Harvard Business Review, 80 (12): 56 - 69.

Porter M E, Kramer M R, 2006. Strategy and society: The link between competitive advantage and corporate social responsibility [J]. Harvard Business Review, 84 (12): 78 - 92.

Porter M, Kramer M R, 2011. Creating shared value: How to reinvent capitalism - and unleash a wave of innovation and growth [J]. Harvard Business Review, 89 (1 - 2): 62 - 77.

Prahalad C K, Hammond A, 2002. Serving the world's poor, profitably [J]. Harvard Business Review, 80 (9): 48 - 58.

Prahalad C K, Ramaswamy V, 2000. Co - opting customer competence [J]. Harvard Business Review, 78 (1): 79 - 87.

Rao LL, Han R, Ren X P, et al. , 2011. Disadvantage and prosocial behavior: The effects of the Wenchuan earthquake [J]. Evolution and Human Behavior, 32 (1): 63 - 69.

Rauch D E, Schleicher D, 2015. Like uber, but for local government law: The future of local regulation of the sharing economy [J]. Ohio State Law Journal, 76 (1): 901 - 920.

Ravallion M, 1997. Can high inequality developing countries escape absolute poverty? [J]. Economics Letter (56): 51 - 57.

Reinhardt F L, 1998. Environmental product differentiation: Implications for corporate strategy [J]. California Management Review, 40 (4): 43 - 73.

Restaino S E, 2009. The impact of microfinance on poverty [D]. Washington: University of Mary Washington.

Reyes G, Scholz Jr M, Smith N C, 2017. Beyond the 'win - win': Creating shared value requires ethical frameworks [J]. California Management Review, 59 (2): 142 - 167.

Rochet J C, Tirole J, 2006. Two - sided markets: A progress report [J]. RAND Journal of Economics, 37 (3): 645 - 667.

Rowley T J, 1997. Moving beyond dyadic ties: A network theory of stakeholder influences [J]. Academy of Management Review, 22 (4): 887 - 910.

Russo M V, Fouts P A, 1997. A resource - based perspective on corporate environmental performance and profitability [J]. Academy of Management Journal, 40 (3): 534 - 559.

Schaefer J A, Moos R H, 1992. Life crises and personal growth. in: B. N. Carpenter (Ed.) Personal coping: Theory, Research, and Application [M]. Connecticut: Westport.

Schein E H, 1985. Defining organizational culture [J]. Classics of Organization Theory (3): 490 - 502.

Schramm M, 2017. How the (business) world really works: Business metaphysics & creating shared value [M]. Cham: Springer International Publishing.

Schutz T W, 1965. Investing in poor people: An economist's view [J]. American Economic Review (40): 510 - 520.

Scott W R, 2001. Institutions and organizations. Thousand Oaks [M]. CA: Sage.

Seligman M E P, Csikszentmihalyi M, 2000. Positive psychology: An introduction [J]. American Psychologist, 55 (1): 5 - 14.

Selina H C, 2013. Financial intermediation, growth, and microfinance in Turkey: A quantitative study [D]. Syracuse: Syracuse University.

Sen S, Bhattacharya C B, 2001. Does doing good always lead to doing better? Consumer reactions to corporatesocial responsibility [J]. Journal of Marketing Research, 38 (2): 225 - 243.

Serfling M A, 2014. CEO age and the riskiness of corporate policies [J]. Journal of Corporate Finance, (25): 251 - 273.

Servaes H, Tamayo A, 2013. The impact of corporate social responsibility on firm value: The role of customer awareness [J]. Management Science, 59 (5): 1045 - 1061.

Shahzad A M, Mousa F T, Sharfman M P, 2016. The implications of slack heterogeneity for the slack - resources and corporate social performance relationship [J]. Journal of Business Research, 69 (12): 5964 - 5971.

Shanahan F, Seele P, 2017. Creating shared value. Looking at shared value through an Aristotelian lens, in Wieland, J. (eds), Creating Shared Value: Concepts, Experience, Criticism [M]. Cham: Springer International Publishing AG.

Simmons C J, Becker - Olsen K L, 2006. Achieving marketing objectives through social sponsorships [J]. Journal of Marketing, 70 (4): 154 - 169.

Simon H A, 1991. Organizations and markets [J]. Journal of Economic Perspectives, 5 (2): 25 - 44.

Smith T W, 1999. Aristotle on the conditions for and limits of the common good [J]. American Political Science Review, 93 (3): 625 - 637.

Son H, Kakwani N, 2008. Global estimates of pro - poor growth [J]. World Development, 36 (6): 1048 - 1066.

Spence M, 1976. Informational aspects of market structure: An introduction [J]. The Quarterly Journal of Economics, 90 (4): 591 - 597.

Spence M, 2002. Signaling in retrospect and theinformational structure of markets [J]. American Economic Review, 92 (3): 434 - 459.

Staub E, Vollhardt J, 2008. Altruism born of suffering: The roots of caring and helping after victimization and other trauma [J]. American Journal of Orthopsychiatry, 78 (3):

267 - 280.

Surroca J, Tribó J A, Waddock S, 2010. Corporate responsibility and financial performance: The role of intangible resources [J]. Strategic Management Journal, 31 (5): 463 - 490.

Tomar S, 2023. Greenhouse gas disclosure and emissions benchmarking [J]. Journal of Accounting Research, 61 (2): 451 - 492.

Twenge J M, Baumeister R F, Dewall C N, Ciarocco N J, Bartels J M, 2007. Social exclusion decreases prosocial behavior [J]. Journal of Personality and Social Psychology, 92 (1): 56 - 66.

Velasquez M, 1992. International business: Morality and the common good [J]. Business Ethics Quarterly, 2 (1): 27 - 40.

Vollhardt J R, Staub E, 2011. Inclusive altruism born of suffering: The relationship between adversity and prosocial attitudes and behavior toward disadvantaged outgroups [J]. American Journal of Orthopsychiatry, 81 (3): 307 - 315.

Voss G B, Sirdeshmukh D, Voss Z G, 2008. The effects of slack resources and environmental threat on product exploration and exploitation [J]. Academy of Management Journal, 51 (1): 147 - 164.

Waddock S A, Graves S B, 1997. The corporate social performance - financial performance link [J]. Strategic Management Journal, 18 (4): 303 - 319.

Wallich H C, McGowan J J, 1970. Stockholder interest and the corporation's role in social policy: A new rationale for corporate social policy [M]. New York: Committee for Economic Development.

Wang H C, Androws K, 2012. The third way and the third world: poverty reduction and social inclusion in the rise of inclusive liberalism [J]. Study of Finance & Economics (16): 440 - 471.

Wang H, Choi J, Li J, 2008. Too little or too much? Untangling the relationship between corporate philanthropy and firm financial performance [J]. Organization Science, 19 (1): 143 - 159.

Wang LL, 2023. Transmission effects of ESG disclosure regulations through bank lending networks [J]. Journal of Accounting Research, 61 (3): 935 - 978.

Warby B, 2014. Microfinance and poverty reduction: How risks associated with government policies affect whether microfinance alleviates poverty in Latin - America [R]. Provo: Brigham Young University.

Wartick S L, Cochran P L, 1985. The evolution of the corporate social performance model [J]. The Academy of Management Review, 10 (4): 758 - 769.

Wartick S L, Rude R E, 1986. Issues management: corporate fad or corporate function? [J]. California Management Review, 29 (1): 124 - 132.

Wernelfelt B A, 1984. Resource based view of the firm [J]. Strategic Management Review (5): 171 - 180.

Wheeler D, Colbert B, Freeman R E, 2003. Focusing on Value: Reconciling corporate social responsibility, sustainability and a stakeholder approach in a network world [J]. Journal of General Management, 28 (3): 1 - 29.

William R, Hayes J, 2013. Literature review: Seminal papers on shared value [J]. Oxford Policy Management (1): 1 - 23.

Wolf J, 2014. The relationship between sustainable supply chain management, stakeholder pressure and corporate sustainability performance [J]. Journal of Business Ethics, 119 (3): 317 - 328.

Wood D. J, 1991. Corporate social performance revisited [J]. Academy of ManagementReview, 16 (4): 691 - 718.

Wright P, Ferris S P, 1997. Agency conflict and corporate strategy: The effect of divestment on corporate value [J]. Strategic Management Journal, 18 (1): 77 - 83.

Wuttke M, Vilks A, 2014. Poverty alleviation through CSR in the Indian construction industry [J]. Journal of Management Development, 33 (2): 119 - 130.

Xu Q, Kim T, 2022. Financial constraints and corporate environmental policies [J]. The Review of Financial Studies, 35 (2): 576 - 635.

Yuan W, Bao Y, Verbeke A, 2011. Integrating CSR initiatives in business: An organizing framework [J]. Journal of Business Ethics, 101 (1): 75 - 92.

Zerbini F, 2017. CSR initiatives as market signals: A review and research agenda [J]. Journal of Business Ethics, 146 (1): 1 - 23.

Zhang R, Rezaee Z, Zhu J, 2010. Corporate philanthropic disaster response and ownership type: Evidence from Chinese firms' response to the Sichuan earthquake [J]. Journal of Business Ethics (91): 51 - 63.

Zhang R, Zhu J, Zhu Y C, 2010. Corporate philanthropic giving, advertising intensity, and industry competition level [J]. Journal of Business Ethics (94): 39 - 52.

ZhouX, Wu X C, Zhen R, 2017. Understanding the relationship between social support and posttraumatic stress disorder/posttraumatic growth among adolescents after Ya'an earthquake: The role of emotion regulation [J]. Psychological Trauma, 9 (2): 214 - 221.

Zyglidopoulos S C, Georgiadis A P, Carroll C E, et al., 2012. Does media attention drive corporate social responsibility? [J]. Journal of Business Research, 65 (11): 1622 - 1627.

后　记

本书稿是在笔者博士论文的基础上修改而成的。博士阶段的学习，给予我许多，也改变我许多。若要用短短几页纸来概括这几年的成长与时光，我内心有些忐忑。此刻，夜凉如水，世界安静下来，康乐园那曲径通幽、宁静怡人的景致浮现在我眼前：落英缤纷的林间小径，倾泻而下的明媚阳光，雨后洁净如洗的空气，青草间散落的雨滴，夏日晚间的蛙鸣，珠江畔的习习晚风，以及木棉花那红艳欲滴的姿态，都让人无限眷恋，那些在这里经历的一切，至今都依然历历在目。

一．致谢篇

首先，我要深深地感谢我的导师谭劲松老师。记得还在大学的时候，为了了解中大导师，我特意找来了老师您的论文来阅读。记得印象很深的一篇是您和国坚师兄合写的论文《产权安排、治理机制、政企关系与企业效率——以"科龙"和"美的"为例》，当时，我屏气凝神地读了一天，似乎看懂了，又似乎完全没懂。那个时候的我，是个彻头彻尾的学术小白，科研于我那么陌生又那么遥远，感觉那些文字，每个字都认识，组合在一起就完全不认识了。我当时在想，如果自己也写论文，不知会写得多糟糕呢。后来，怀揣着无比憧憬的心情来到中大管院，第一次见到您是在一个研讨会上，您穿着一件红色 Polo衫，当时整场研讨会给我的感觉是非常神奇，因为无论是论文报告还是老师讨论的内容我基本都没听懂，但我心中德高望重的学术大神竟然会穿这么青春有活力的衣服。后来逐渐认识您之后发现，这才是真实的谭老师啊，朝气蓬勃的衣服、机智幽默的谈吐，深刻、热烈、豪放、亲切，又不乏细腻温柔。

谭老师学识渊博，著作等身，您的思想境界和智慧令人景仰。而我这个愚钝的学生，常常跟不上老师的思维节奏。套用现在的网络热词来说，就是我的智商和老师的智商之间隔着一堵墙。我常常苦思冥想，绞尽脑汁也想不明白的问题，您却能三言两语切中要害。我一定要用冗长的人们听不懂的话才能表达的逻辑问题，您用信手拈来的身边小例子立刻把它活灵活现地描述了出来，又那么贴切。您总能看到我看不到的地方，想到我没想过的问题，每次跟您讨论之后，都深觉如梦初醒、醍醐灌顶，又深觉自己智商堪忧，那种激动、满足、感慨、哀叹等各种情绪能在心里久久翻腾，难以平息。感谢老师带领我叩开了科研这扇神秘的大门，引导着懵懂的我逐渐认知和加深对学术研究的理解，从如何认识一篇论文的精髓和亮点、不足和局限，到如何梳理清晰严密的逻辑推理，再到如何精准且细致地理解一个研究问题，如何挖掘论文视角，提出研究问题，拔高论文立意，以及如何表达阐述观点、组织论文结构、绘制图表，甚至如何理解回复审稿人的意见等，您都事无巨细地悉心教导。每一篇论文里，还都有您亲自操刀撰写和详细修改的痕迹。时光如梭，如今，独自踏上学术征途，我感觉肩上沉甸甸的。这几年的博士时光让我刻骨铭心，我将牢记您的教诲，认真走好未来的每一步。

成为您的学生，我不仅在学术上得到了提升，更在心智上获得了成长。您对学生无疑是高标准严要求的，您教会我无论做任何事，都要竭尽全力，力求做到最好，追求精益求精。您更教会我要学会看见现象背后的底层逻辑，这对我思维方式的改变是巨大的，经过博士阶段的学习，我开始更加深入地了解了自己生活的世界，更加透彻地认识自己，我想这都源自您的教导。这不仅是对我安身立命学术生涯的教导，对我的整个人生都有莫大的益处。类似的教导太多："活得清楚，死得明白""通过写来梳理思路"等，我专门整理了一个文档，总结了几十条您说过的启迪人心的话语。生活中，也有很多难忘的美好时光。跟着您吃大餐的快乐当然不在话下，还有一起品酒赏月、一起唱歌、一起爬山，甚至还有一起快乐玩耍却丢了箱子的经历……那么多的快乐，我都记忆犹新。我非常渴望有生之年能跟老师再一起看电影、唱歌、吃宵夜，那真的是死而无憾了！老师虽然英明神武、诸事繁多，但其实也有很细腻的一面。老师似乎是不怕冷体质，在广州温暖的冬天几乎不用穿棉服，这么多年，我就没见过老师穿大棉服。您的办公室空调温度通常也很低，有时候在您办公室感觉到冷抱一下胳膊，您就能敏锐地察觉到并把空调关掉。当我母亲生病我回去探望她时，您还能清楚记得我家里的事情，询问我母亲的情况。

这几年的博士时光，老师恩同再造，师恩永难忘。

其次，我要深深地感谢孔祥婷师姐。师姐不仅科研能力强，而且很会照顾人，博士期间给了我莫大的帮助，无论是科研上的指导，还是生活中的关怀和支持。师姐逻辑清晰，见解深刻，经常在我的论文写作中给予我非常多的细致指导，使我收获颇丰。师姐也经常给我贴心讲述生活中的领悟和心得，甚至分享一些巧妙的生活技能等，是我成长道路上的重要引路人。我还要感谢谭燕老师多年来对我的关怀和帮助，感谢郑国坚老师加师兄的帮助和支持。同时，感谢魏明海老师、林斌老师、唐清泉老师、刘运国老师、辛宇老师、徐莉萍老师、李广众老师、张俊生老师等的谆谆教导，他们潜心科研，孜孜以求的精神时刻激励着我要脚踏实地，砥砺前行。

感谢金智师兄、阳雪师姐、易阳师兄和宋顺林师兄，无论是科研还是生活中都给了我诸多帮助，感谢冯来强师兄那些年带领我们一起吃喝玩乐到飞起，感谢林雨晨师兄和冯飞鹏师兄多年来的帮助和支持。同时，感谢蒋华林师姐、张霖琳师姐、朱佳青师姐、王靖师姐、谢永勤师姐、陈崇萍师姐、于守金师兄、曹健师兄、杜静师兄、汤晓健师兄、曾诗韵师姐、刘梦宁师姐、蔡贵龙师兄、徐悦师姐、赵静师姐等对我不厌其烦地进行计量和Stata的指导，以及生活中对我的照顾和帮助。

感谢跟我一个战壕里奋斗过的战友们，徐伟航、徐玉琳、曹慧娟、李彩玲、秦帅、张文婷、王晨曦、陈文君、黄玉柔、黄仁玉和陈欣。我们一起吃喝玩乐、一起唱歌、一起看电影、一起旅行、一起逛街、一起散步、一起去长隆玩儿、一起吃宵夜……那些快乐的时光太美好太难忘了。记得我们常常一起吃饭，然后几个小时不知疲倦地聊天，还在善思堂4楼楼梯旁一起嗑瓜子、吃好吃的，这些都成了压力山大的学术生活里必不可少的甜味剂和解压神器。当然还有科研上的雪中送炭，你们给了我非常多的启发和帮助。战友们都非常优秀，跟着你们我也学到了很多，希望未来我们都能有光明的前路、稳稳的幸福。

感谢夏雪、吴晓璇、张笑笑、滕飞、郭菁晶、黄志宏、刘倩、周骐、林爱杰、杨炳成、衣昭颖、郑巧、胡馨慧、张婷、沈曼琼、赵坤霞、花莲莲、关静怡、曹哲，以及关月琴师妹、张超师妹、张芮杏师妹、赵勇师弟、金献坤师弟、陈巧师弟等的同窗情谊，感谢这么多年的陪伴和支持，感谢我们一起度过的那些温暖惬意的时光。

感谢我的父母，父母之恩，何以回报，慈如河海，孝若涓尘。今年我30岁，父亲70岁，母亲66岁。而立之年的我还未能真正强大起来，父母却在以超乎自己想象的速度衰老。这几年看着你们不断老去，病痛逐渐找上门来，心里满是难过和酸楚。每时每刻我都在深深思念你们。感谢我的公公婆婆，你们觉得我读书辛苦，对我嘘寒问暖，常常比我父母更对我体贴照顾，感恩你们的无私奉献，让我感到无比幸福。四位爸爸妈妈，将来我会尽我所能报答你们，祈祷你们岁月长留，平安度春秋。

感谢我的爱人李海，自 2017 年初相识至今，将近 5 个年头，相识至今的点点滴滴萦绕心间，对我而言都弥足珍贵。何其有幸，此生与你相遇相知，相伴相守，这是上苍给我的莫大恩赐。余生我只想好好陪伴你，我的故事里有你就已足够。

二．科研篇

科研之路，仿若一场漫长且充满挑战的旅程，常常让我想起《蒹葭》里的诗句：所谓伊人，在水一方，溯洄从之，道阻且长，溯游从之，宛在水中央。科研是力求创新和严谨的，这些年的摸爬滚打，让我逐渐对它有了些许切身体会。

硕博第一年，我学习了高等计量经济学和高级微观经济学两门课程，那个时候我甚至没有学过中级计量经济学，就直接学高等计量经济学，高级微观经济学也和大学时期学习的经济学完全不同，看着李广众老师和陈斌老师直接在课堂上大段大段地推导数学公式，没有任何参考资料，知识都在他们的脑子里，内心升起满满的敬佩！记得那个时候每周只有一节高级微观经济学和高等计量经济学，然而，每周的课程都需要我用一周的时间去消化理解，好不容易把这周学习的内容理解出眉目，下一次课又一座大山压下来。那个时候有的同学本科就已经学习使用 Stata 软件，写过实证论文，我还没有学过 Stata，还处在看连玉君老师教学视频的阶段，也是在那个时候认识了朱佳青师姐等一些计量"大神"，经常去找他们请教，博士期间，计量学习过程中遇见过各种问题，到如今也还有许多不懂的东西，新的顶级期刊中经常出现一些新技能，还有各种新的技术软件出来，博士生是终身学习者，一直不断更新自身所学的过程充满着未知的喜悦，这是人生的迷人之处。

硕博第二年，我学习了硕士课程，跟着新入学的硕士生们一起学习，那种亲切感不仅来自熟悉的内容，还来自与他们相近的年龄和学习风格。硕士课程的学习异常精彩，郑国坚老师生动幽默，总是能结合到最新的现实状况和学术前沿；徐莉萍老师博学多闻，讲解深入浅出，把枯燥难懂的高级财务会计讲得深入浅出。还有各位"大神"老师从自己的研究领域出发，讲授现代公司财务理论和前沿专题课程，让我对具体的学术研究有了浅显的轮廓认知。那一年第一学期，我去香港做了半年研究助理（RA），在那里整理文献和搜集数据，结识了一些可爱的小伙伴，与他们结下了深厚的友谊，还听了很多场学术报告，也是在那个时候，我对阅读学术论文有了更清晰的认知，看一些高质量的论文不再觉得晦涩难懂。

从香港回来后，我开启了硕博第三年的学习。在慢慢积累文献阅读经验的过程中，我开始尝试着写一些小论文，涉及文献综述、企业生命周期、企业风险承担等研究话题，在这个阶段我的 Stata 技能在干中学的过程中实现了飞速提升。也是在这一年，老师带着我写了一篇案例论文，刚开始写的时候，论文的逻辑其实还有很多模糊、没有想明白的地方，在与审稿人和编辑的不断交流和碰撞中，我对论文逻辑的理解也更加丰满清晰起来。因为有了在实践中学习 Stata 的良好体验，这次案例论文也让我学会了使用 VISIO 软件。平时阅读别人的论文和自己动手写论文，完全是两码事。论文写作的过程，给了我更多的切身体会和经验积累。

有了实证论文和案例论文的写作积累，后来的学习期间，我先后完成了以雨晨师兄博士论文为基础改写的短文、全新的案例论文、新的文献综述以及博士论文的撰写。在新的论文写作的过程中，我愈发感受到论文选题的重要性，然而，它也是难度系数非常高的环节，它需要建立在对理论逻辑的透彻把握，对现实生活的敏感洞察，以及对文献的熟悉基础上。因此，持续阅读新的高质量论文，更新自己的理论和文献前沿信息，同时不断实践写作，打磨提升自己的思维能力，这两者相辅相成，缺一不可。

这些年，每周老师都会组织组会，这也是一个让我有了巨大提升的学习机会。开始的时候，对顶级期刊的论文能够坚持读下来，全文读懂已经深觉不易，后来我开始思考论文的亮点、探寻作者选题的契机和巧妙之处，挖掘研究过程中可以学习和借鉴的方法等，通过大量碎片式的文献累积，不断加深对自己研究领域文献的梳理和结构化认知。值得一提的是，老师还会让我们读一些必读专著，观看一些名家讲座，并在组会上进行讨论。每一本新书的阅读，每一次聆听大神的报告，都像是打开了一扇新的大门，让我进入一个新的世界。浩瀚的学术殿堂里，我小小的探索发现，不过是广阔大海中的一滴水珠，前方等待我学习和研究的内容仍然非常多。

博士期间，我还参加了注会考试。注会考试五年一个滚动周期，我也考了五年才通过了专业阶段的六门考试，基本每一年考一到两门，有些科研任务非常紧张的年份，我只能无奈弃考。周围考注会的同学不多，每次看到别人满腔热血搞科研的时候，而我却分出一部分精力在注会考试上，总觉有"不务正业"的愧疚，不过我相信，凡有所学，皆是收获，享受学习的过程本身就是博士期间的重要心灵慰藉。

三．心灵篇

博士阶段的科研探索与老师的悉心教导，自己的心灵也经历了前所未有的成长和变化，这里面包含大大小小的思考和蜕变，是我人生的宝贵财富。

先举个小例子吧，科研的每一个新领域的探索都可以看作是一个崭新的"第一次"人生体验，以前总觉得第一次是挑战，需要勇气，现在愈发觉得第一次探索是机遇，人生如果能够拥有越多的第一次，也意味着我们的人生越丰富、越多彩。年少懵懂的自己，遇见"第一次"时，总会给自己各种"加戏"，在内心掀起滔天巨浪，让那第一次刻骨铭心。如今，我渴望的不再是给内心创造各种戏剧化的剧情冲突，而是在面对每一个"第一次"时都能保持内心的平和，那些新奇的体验从未停歇，它们本就是生活中的寻常之事。

再比如，每一次扎实的学术钻研过程，都是一次深入其中，不断探索和打磨其背后底层逻辑的过程，这让我明白，教条主义是不可取的。我们需要跨领域、无成见地学习吸收新知，不能局限在自己有归属感的安全地带，更不能狭隘地捍卫自己有限的知识。

类似的例子还有很多，学会观察、敏感和好奇；学会敢于一个人笃定前行，矢志不渝等。也正是因为一次次小的学术经历带来的启迪，我开始反思和认识自己的内心，在日常的点滴生活中体会那些根深蒂固的情绪模式，学会开启和转换更多认知和思维视角。

在这个熙熙攘攘的尘世间，我们每个人既是主观的观察者与分析者，同时也是被别人观察及分析的对象。我们常常被各类纷扰虚耗能量，又因为各种各样的恐惧滋生焦虑、贪婪、压抑、抗拒和攻击。如何成为一个真正自由且内心祥和的人，我还在不断学习和成长，唯一可以肯定的是，随着对自己的认识越来越深入，我突然惊觉，过去三十年我竟是在浑浑噩噩中度过的，内心迷茫而浑浊，全然不知成长之路广阔无限，潜力无限。

以纯净之心去创造、去发现、去感悟，人生的酸甜苦辣，皆为命运馈赠的礼物。在时光的洪流里，我们悄然蜕变。时光奔涌不息，唯有变化才是恒久不变的真谛。愿在时光的飞逝中，我更能敏锐地捕捉生命每一份当下的馈赠，生命不息，成长不止。